Scrivere per il Web

Michael Miller

Scrivere per il Web

Diventare un web copywriter e catturare l'attenzione dei clienti

Serie a cura di Luca Conti

EDITORE ULRICO HOEPLI MILANO

via Hoepli 5, 20121 Milano (Italy)
tel. +39 02 864871 - fax +39 02 8052886
e-mail hoepli@hoepli.it

www.hoepli.it

ISBN 978-88-203-5876-1

Ristampa:

4 3 2 1 0 2013 2014 2015 2016 2017

Traduzione: Cinzia Romeo
Redazione: Antonio Zoppetti
Progetto e realizzazione editoriale: Maurizio Vedovati - Servizi editoriali (info@iltrio.it)
Copertina: Sara Taglialegne

Stampa: L.E.G.O. S.p.A., stabilimento di Lavis (TN)

Printed in Italy

A tutti gli scrittori da cui ho tratto
e continuo a trarre ispirazione;
la lista è troppo lunga per essere inserita qui.

INDICE

L'autore

Michael Miller è uno scrittore prolifico e di successo noto per i suoi consigli pratici, la sua accuratezza tecnica e l'eccellente empatia per le esigenze dei lettori. È famoso per il suo stile di scrittura semplice e per i suoi consigli concreti, nonché per la sua abilità nello spiegare un'ampia gamma di temi complessi a ogni tipo di pubblico.

Negli ultimi vent'anni Miller ha scritto oltre 100 best seller di saggistica, tra cui *The Ultimate Web Marketing Guide, B2B Digital Marketing, Fare business con YouTube, The Complete Idiot's Guide to Search Engine Optimization, Online Marketing Heroes, Teach Yourself Business Plans in 24 Hours, 80/20 Guide to Effective Presentations, Webster's New World Vocabulary of Success* e *Management Secrets of the Good, the Bad, and the Ugly.* Ha anche scritto centinaia di articoli su vari siti web e ha lavorato come consulente di design per molti clienti.

Potete scrivere direttamente a Michael Miller all'indirizzo webwords@molehillgroup.com. Il suo sito web è: www.molehillgroup.com.

Ringraziamenti

Grazie ai soliti sospetti di Que Publishing, inclusi, ma non solo, Greg Wiegand, Rick Kughen, Barbara Hacha, Mandie Frank e l'editor tecnico Karen Weinstein.

Introduzione

Questo è un libro su come scrivere. Per la precisione, su come scrivere per il Web. In che modo il web copywriting è diverso dalla scrittura tradizionale? La differenza sta nel come e nel dove i lettori leggono le vostre parole, e quali sono le loro aspettative. Non c'è dubbio che leggere un testo sullo schermo di un computer sia diverso che leggerlo su un quotidiano o una rivista. Dovete usare un approccio differente, usare tecniche differenti e persino scegliere parole differenti. Ciò che funziona bene su un mezzo di comunicazione non necessariamente funziona altrettanto bene su un altro.

Sul Web non avete a che fare soltanto con una diversa presentazione, ma anche con diversi canali di comunicazione. Sebbene appaiano tutti sullo schermo del computer, una pagina web è molto diversa dal post in un blog, che è a sua volta diverso da un aggiornamento Facebook, che è diverso da un'email o da un comunicato stampa online. Ripeto, ciò che funziona bene in una missiva non funziona altrettanto bene in un'altra.

Quindi, non potete semplicemente usare i testi scritti per la stampa e copiarli pari pari in un contesto online. Certo, le parole si incolleranno, ma non avranno la stessa efficacia. Sia il contenuto sia lo stile di scrittura devono essere adattati allo specifico strumento di comunicazione online.

Probabilmente lo sapete o, almeno, lo intuite. Ecco perché state leggendo questo libro: volete scoprire le regole della scrittura online per poter comunicare in modo più efficace con i vostri lettori della Rete.

Per quanto mi possa impegnare, sarò onesto con voi: non esistono delle vere e proprie regole (accidenti!). Potrei tranquillamente dirvi che di volta in volta dovreste fare così e così. Ma non funziona in questo modo; ogni situazione è diversa. Probabilmente, sapete già anche questo.

Vi sono tuttavia delle linee guida generali che dovreste seguire, approcci che si sono dimostrati utili nel generare risultati migliori, e sono proprio queste le regole di cui tratto nel libro che avete sottomano. Ho una certa esperienza in materia di scrittura online di ogni tipo, e so cosa funziona e cosa no. Quindi, quando non saprò offrirvi delle specifiche direttive, proverò sicuramente a darvi dei suggerimenti che potranno tornarvi utili.

Come scoprirete, scrivere per il Web può sembrare facile. A volte basta cambiare leggermente il tono, altre volte è necessario ripensare completamente il contenuto e l'approccio. Lo scopo è comunque di adattare la vostra scrittura online affinché sia la più efficace possibile. Tutto quello che dovete fare è tenere a mente il vostro pubblico di riferimento – ciò che chiamo "pensare come il lettore" – e saprete esattamente che cosa fare.

A chi è rivolto questo libro

Quando si parla di web copywriting, aver già maturato un po' di esperienza nel campo della scrittura sicuramente aiuta. È molto più facile adeguare uno stile esistente che partire da zero, anche se potrebbe essere necessario molto lavoro di adattamento. Essendo consapevole di quanto possa essere difficile cambiare il modo in cui lavorate, cercherò di guidarvi attraverso questo processo nel migliore dei modi.

So anche che molte persone a cui viene chiesto di scrivere pagine web, blog e social media non sono dei copywriter professionisti. Magari molti di voi possiedono una grande esperienza di scrittura, a parte i temi e le altre attività per le lezioni di italiano a scuola. Se questo è il vostro caso, non disperate: c'è posto per tutti su questa barca di volontari riluttanti al servizio. La buona notizia è che non avete acquisito nessuna usanza antica o errata, così potete tuffarvi direttamente (dalla barca figurativa, si spera) e iniziare subito a scrivere testi per il Web.

Non sto dicendo che sarà facile, ma potrebbe essere meno difficile di quanto temete.

Com'è organizzato questo libro

Di cosa parla esattamente questo libro? Dunque, come si evince dal titolo, tratta dell'arte di scrivere per il pubblico online, usando svariati canali di comunicazione basati su Internet. Vi illustrerò alcune linee guida generali per tutti i tipi di

web copywriting, per poi entrare nello specifico su come scrivere per i diversi tipi di pubblicazioni online. Troverete tantissime informazioni utili, quindi preparatevi.
Sapendo che l'organizzazione è importante (lo dirò nel libro), ho strutturato il contenuto di quest'opera in tre parti principali, che sono:

- **Parte I, "Web copywriting: le basi",** illustra le nozioni di base della scrittura di testi per il Web. È il punto di partenza, se si è nuovi alla scrittura in generale, ma presenta anche le linee guida necessarie ai più esperti per imparare a scrivere contenuti per Internet. Scoprirete cosa contraddistingue i testi online, gli elementi essenziali di grammatica e l'uso della punteggiatura, come comunicare concetti complessi e il valore della sintesi e della semplicità. Imparerete anche a organizzare i vostri contenuti, a entusiasmare i lettori, a trovare il vostro stile, a integrare materiali visivi e link multimediali e, molto importante, a ottimizzare i vostri testi per le ricerche sul Web. Esatto, è un corso accelerato sulla scrittura: dovete assolutamente leggere questa parte.
- **Parte II, "Scrivere per canali differenti",** descrive i fondamenti dei vari tipi di scrittura online, ciascuno dei quali ha caratteristiche specifiche. Scoprirete come scrivere pagine web, articoli online, aggiornamenti Facebook e Twitter, newsletter ed email promozionali, annunci pubblicitari e comunicati stampa online, file di aiuto e domande frequenti, nonché le interfacce di pagine web. Imparerete anche ad adattare i vostri testi alla visualizzazione sui dispositivi mobili, prerogativa sempre più importante, visto il crescente utilizzo di iPhone e di altri smartphone per accedere a Internet.
- **Parte III, "Il tocco finale",** offre un'analisi riepilogativa includendo consigli sul lato pratico dell'attività professionale di web copywriter. Vi aiuterò a individuare i formati di distribuzione giusti per il vostro lavoro, a gestire i retroscena del linguaggio HTML, l'architettura delle pagine web e a collaborare con gli altri membri del team dedicato alla creazione del sito.

Infine, troverete una breve appendice dal titolo "200 parole che funzionano sul Web", ovvero un elenco di termini validi in grado di rendere i testi online ancora più efficaci.
Tutti insieme, questi 24 capitoli (più l'appendice) vi aiuteranno a diventare web copywriter migliori. Penso che, se letti in ordine sequenziale, siano più facili da comprendere, ma se preferite leggere qua e là, non me la prenderò. Essendo anche voi scrittori, sapete perfettamente cosa vi si addice di più.

Convenzioni usate nel libro

Come detto all'inizio, questo è un libro sulla scrittura. Spero che la scrittura la faccia da padrona e che riusciate ad apprendere facilmente ciò che vi serve. Se non riuscirete a comprendere qualcosa, significa che non ho fatto bene il mio lavoro.
Sappiate, comunque, che ho usato alcuni trucchi del mestiere per presentare meglio diversi tipi di informazione. Questi trucchi, che chiamiamo *note a margine,* sono perfetti per la stampa, il che significa che non dovreste (o potreste non sapere) usarli online. Ho tuttavia pensato di presentarveli qui, così sapete cosa aspettarvi.

Nota

La *nota* ha lo scopo di fornire informazioni generalmente utili o interessanti, ma non essenziali per ciò che viene trattato al momento.

Suggerimento

Il *suggerimento* è un parere che potrebbe aiutarvi a svolgere un particolare compito in modo più efficace ed efficiente.

Avvertimento

L'*avvertimento* vi indica di stare attenti a eventuali situazioni potenzialmente problematiche. In alcuni casi, ignorare un avvertimento potrebbe causare dei problemi ai vostri lettori, quindi prestate attenzione!

Nella maggior parte dei capitoli ho anche aggiunto uno o più *riquadri aggiuntivi.* Il contenuto di questi riquadri amplia un dato argomento che non richiede necessariamente di essere trattato nel testo principale in modo approfondito. Talvolta, questi box si riferiscono più a opinioni che a fatti, un altro motivo per cui sono a sé stanti. Leggeteli, se volete, oppure saltateli; a voi la scelta.

Fatemi sapere che cosa ne pensate

Essendo uno scrittore, adoro sapere cosa pensano i lettori, soprattutto se sono anch'essi scrittori (a proposito, nel libro ho cercato di evitarli, ma per favore non mandatemi email per segnalarmi errori di ortografia o di grammatica. Ne darei la colpa al revisore e al correttore di bozze).

Tuttavia, se volete contattarmi, mandatemi un'email a webwords@molehill-group.com. Non prometto di *rispondere* a tutti i messaggi, ma prometto che li *leggerò* tutti.

E se volete sapere di più su di me e su qualsiasi nuovo libro io stia scrivendo, date un'occhiata al sito web di Molehill Group all'indirizzo www.molehillgroup.com. Chi può dirlo, magari troverete altri titoli che vorreste leggere. Vi assicuro, le possibilità di scelta non mancano.

Basta con i preliminari. Volete sapere tutto sulla scrittura online e io voglio parlarvene. Quindi mettetevi comodi, regolate le luci e state pronti a voltare pagina. Penso che vi piacerà ciò che troverete.

PARTE I
WEB COPYWRITING: LE BASI

1

In cosa si differenzia la scrittura online?

Dovete scrivere un testo, magari per il vostro sito web, una newsletter via email o dei post da pubblicare su Facebook o Twitter. In ogni caso, c'è un grande spazio bianco in cui andrebbero inserite delle parole; qualcuno deve riempire quello spazio, e quel qualcuno siete voi.

Sarò diretto. Scrivere testi da pubblicare sul Web è un po' diverso da qualsiasi altro tipo di scrittura in cui vi siate mai cimentati. Certo, ci sono delle similitudini: si usano parole, frasi e paragrafi, e la grammatica e la punteggiatura sono comunque importanti. Ma ciò che scrivete e il modo in cui lo scrivete devono essere cuciti su misura per un pubblico e per un mezzo di comunicazione, Internet, unici nel loro genere.

Esaminare i diversi tipi di scrittura online

Prima dell'avvento di Internet tutti leggevano libri, riviste, quotidiani e lettere. A quei tempi la scrittura era un mezzo di comunicazione fisico: le nostre parole finivano stampate su un foglio di carta e distribuite alla vecchia maniera.

Internet ci ha fornito molti più "spazi" in cui inserire le parole. Se avete fatto della scrittura la vostra professione, è una bella cosa, anche se alcuni dei nuovi canali sostituendo quelli tradizionali. Quindi, sebbene possano esserci meno opportunità per i collaboratori di riviste e quotidiani, ci sono molte più nuove pagine web, blog e cose simili che hanno bisogno dei vostri servizi di scrittura professionale.

Potrebbe non sembrare così, vista la crisi dell'editoria tradizionale, ma in realtà si scrive molto di più adesso di quanto si facesse prima. Semplicemente lo si fa in modo un po' diverso.

Per Internet, quindi, che tipo di scrittura serve? Dato che la maggior parte dei media online è di per sé basata su testo, si possono sfruttare svariati canali. Di seguito ve ne elenco solo alcuni dei tanti.

- **Pagine web.** Sono la forma di comunicazione online più diffusa. Tutti i siti web hanno bisogno di un po' di testo, e la maggior parte di molto testo. Tutte le pagine di tutti questi siti devono presentare dei contenuti descrittivi e, più un sito viene aggiornato di frequente, più sono necessari nuovi testi.

Nota

Per saperne di più sulla scrittura di testi per il Web, consultate il Capitolo 11, "Scrivere pagine web".

- **Articoli online.** Che si tratti di siti di notizie o di classici siti dedicati a uno specifico argomento, oggi troviamo tanti articoli online quanti sono sulla carta stampata. Talvolta ci imbattiamo negli stessi testi, ovvero in articoli scritti per la stampa e poi trasferiti sul Web. Altre volte troviamo pezzi scritti appositamente per la pubblicazione in Rete. In ogni caso, esistono molte opportunità per scrivere articoli per i lettori online. Veramente tante.

Nota

Per saperne di più sulla scrittura per blog e siti di notizie, consultate il Capitolo 12, "Scrivere articoli online".

- **Blog.** Il blog è una sorta di sito web dove uno o più scrittori inseriscono con articoli di varia lunghezza. La maggior parte dei post dei blog è sotto forma di testo, anche se di poche frasi. Altri blogger incoraggiano la pubblicazione di post più lunghi, tuttavia alcuni preferiscono un approccio di tipo fotografico. Ciò che rende affascinante scrivere per i blog è la sua frequenza. La maggior parte dei blog pubblica nuovi post su base quotidiana, rendendo l'esigenza di nuovo materiale praticamente infinita. In questa blogosfera esistono notevoli possibilità di natura, di stampo sia personale sia commerciale.

Nota

Per saperne di più sulla scrittura per i blog, consultate il Capitolo 13, "Scrivere post per i blog".

- **Social media.** Eccoci al mondo dei social media in continua espansione, che per la maggior parte delle persone è sinonimo di Facebook e di Twitter. Probabilmente siete abituati a tweet e aggiornamenti di stato che descrivono le attività personali e gli umori di chi scrive, ma ci sono anche moltissimi post semi-promozionali pubblicati da grandi e piccole aziende. Tutti questi tweet e post commerciali devono essere scritti da qualcuno, anche se lunghi soltanto 140 caratteri; infatti, i limiti di spazio rendono la scrittura sui social media una vera e propria sfida. Riuscirete a rendere il vostro messaggio efficace in così poco spazio?

Nota

Per saperne di più sulla scrittura di tweet e aggiornamenti di stato, consultate il Capitolo 14, "Scrivere per i social media".

- **Email.** L'email potrebbe essere un mezzo in via di estinzione (la nuova generazione tende a preferire i social media), ma rimane comunque abbastanza importante, e c'è ancora molta strada da fare prima che finisca i suoi giorni nella tomba digitale. La maggior parte delle aziende usa l'email per scopi promozionali, sotto forma di notifiche, newsletter, pubblicità subliminali, o come volete chiamarle. A tal proposito, scrivere email è molto simile alla scrittura tradizionale di risposte dirette; il testo deve coinvolgere il cliente e includere una forte call to action.

Nota

Per saperne di più sulla scrittura di email, consultate il Capitolo 15, "Scrivere newsletter ed email promozionali".

- **Pubblicità online.** In termini di scrittura, la pubblicità online esiste, sebbene sia molto diversa da quella tradizionale su carta stampata: gli annunci pubblicitari online sono solitamente più corti e più diretti. Non è un caso che la categoria più estesa delle pubblicità online sia quella degli annunci Pay Per Click, di appena quattro righe di testo, una delle quali è un link. Nessuna iperbole linguistica, nemmeno nei banner più grandi; qui la pubblicità è breve e diretta, senza parole inutili.

Nota

Per saperne di più sulla scrittura di testi pubblicitari per il Web, consultate il Capitolo 16, "Scrivere pubblicità online".

- **Comunicati stampa online.** Il mondo delle pubbliche relazioni è sbarcato su Internet e si è evoluto di conseguenza. I comunicati stampa tradizionali puntavano ai media nella speranza di ottenere una recensione o una citazione su un quotidiano o una rivista. I comunicati stampa online sono destinati tanto ai lettori quanto agli altri media sul Web (come i blogger), e pertanto richiedono un approccio alla scrittura più orientato al pubblico.

Nota

Per saperne di più sull'attività di PR online, consultate il Capitolo 17, "Scrivere comunicati stampa online".

Questi sono solo alcuni dei contesti in cui Internet ha bisogno di contenuti scritti. La maggior parte di ciò che è online si può leggere su vari dispositivi, come computer, tablet o smartphone, e ogni tipo di dispositivo presenta delle sfide per i copywriter. Una cosa è scrivere testi per una pagina web tradizionale, un'altra è scrivere per la versione mobile di quella stessa pagina (o per l'app per iPad di quel sito). Il lato positivo è che si tratta di ulteriori opportunità di lavoro pagato per i copywriter a spasso. Il lato negativo è che si tratta di un lavoro ulteriore e scocciante per i copywriter stra-impegnati. Vedetela come volete.

Perché scrivere online è uguale a qualsiasi altro tipo di scrittura

Se siete degli scrittori con una certa esperienza, probabilmente vi starete chiedendo che cosa ci sia di così speciale nello scrivere per siti web, blog e simili. Le parole sono parole, dopotutto; se si parla di scrittura di alto livello, il mezzo non dovrebbe fare la differenza.

C'è del vero in questo. Gli elementi di base della buona scrittura rimangono invariati, indipendentemente dal mezzo di comunicazione usato: se sapete scrivere per riviste e quotidiani, dovreste essere in grado di cavarvela egregiamente anche online.

Alla fine ciò che conta è saper scrivere bene. La scrittura online, come quella tradizionale, si fonda sul corretto utilizzo di punteggiatura, grammatica, costruzione della frase, stile e via dicendo. Se sapete già scrivere, potete adattare la vostra scrittura alle specifiche caratteristiche dei vari media online. Se non sapete scrivere, anche genericamente, dovrete affrontare una strada tutta in salita, online e offline.

Scrivere bene per il Web dipende da ciò che avete appreso durante le lezioni di italiano. Scegliete le parole giuste, le ordinate in frasi, poi organizzate le frasi in paragrafi e raccontate la storia che avete in mente. La vostra padronanza di linguaggio, della struttura della frase e di tutto il resto determina come e quanto bene scriverete quella storia. Potete tirarla per le lunghe o farla breve: questo è il vostro stile personale. Ma il compito da svolgere rimane quello di andare dal punto A al punto B e, per farlo, userete gli stessi strumenti, sia online sia sul cartaceo.

Ciò che sto cercando di dire è che scrivere per i media online si basa sugli stessi princìpi di qualsiasi altro tipo di scrittura. Se sapete scrivere una pubblicità avvincente, un buon articolo per un quotidiano o per una rivista, o perfino un saggio o una demo decente, potete anche scrivere testi per il Web. Naturalmente, esistono delle differenze – tutti i media hanno dei requisiti di scrittura univoci – ma possedete già le competenze di base per iniziare.

Le sfide della scrittura online

Alla fine i testi online sono notevolmente diversi dai tradizionali testi su carta stampata. Ciò è dovuto in parte al modo in cui leggiamo i testi online, a dove li leggiamo e al tipo di dispositivo che usiamo. Ammettiamolo: leggere un articolo sul monitor di un computer o sul display di un tablet con un'illuminazione fredda è molto diverso che leggere lo stesso articolo su un quotidiano accuratamente ripiegato alla calda luce di una lampada da tavolo.

Quando si tratta di valutare perché e in che modo scrivere per il Web differisca dallo scrivere un libro o per una rivista, dovete tenere in considerazione aspetti come la soglia di attenzione dei lettori, le loro aspettative, l'esigenza di contenuti che possano essere "ricercati" e, naturalmente, i diversi tipi di dispositivi su cui vengono letti i contributi.

La soglia di attenzione dei lettori

Iniziamo con la soglia di attenzione dei lettori. Molti sarebbero d'accordo nel dire che negli ultimi decenni la soglia di attenzione di tutti noi si è costantemente ridotta. È evidente per tutti i tipi di media, non solo per quelli che presentano testi scritti.

Prendiamo, per esempio, i film. Negli anni Trenta la durata media delle inquadrature rientrava in un range tra 8 e 11 secondi, mentre oggi è compresa tra 4,3 e 4,9 secondi. Provate a far guardare a un ragazzo un film dell'epoca d'oro del cinema e vi dirà che non riesce a stare seduto fino alla fine, perché ha una soglia di attenzione che non gli permette di tollerare la maggiore durata delle inquadrature dei film d'epoca.

Potete notare la stessa cosa con gli spot televisivi. Decenni dopo che il formato da 30 secondi diventasse uno standard, stiamo assistendo all'avvento di pubblicità più brevi, nell'ordine dei 15 secondi. Il pubblico di oggi è troppo irrequieto per rimanere attento davanti a uno spot che dura 30 secondi, soprattutto perché può fare "zapping" con il telecomando, evitando di annoiarsi davanti a spot lunghi o di scarso interesse.

Nota

Qual è la causa della riduzione della soglia di attenzione? Gli esperti ne hanno identificate diverse, dal numero più elevato di contenuti e media disponibili, al montaggio estremamente frammentato degli attuali programmi (soprattutto i video musicali degli esordi di MTV), fino alla frenetica e altamente programmata vita dei giovani d'oggi. Alcuni fanno risalire il problema della soglia di attenzione ai social media e ai programmi di messaggistica, sebbene io tenda a vedere entrambi come una conseguenza, e non una causa, alla riduzione della soglia di attenzione.

Quindi, perché gli utenti di Internet dovrebbero essere diversi in termini di soglia di attenzione? Non lo sono; infatti i lettori online sono ancora meno propensi a leggere testi particolarmente lunghi di quanto non lo siano i lettori della carta stampata.

In virtù di questo problema della soglia di attenzione, se vi aspettate che il lettore online medio continui a premere il tasto della freccia in giù o il pulsante "Pagina successiva" di un sito web o del post di un blog molto lungo, vi sbagliate di grosso. Il tipico lettore online legge solo l'equivalente digitale di ciò che appare "above the fold";[1] nel migliore dei casi avrete l'attenzione del lettore per un'unica schermata, non di più. E se volete che i vostri contenuti vengano letti e non ignorati, dovete modificare di conseguenza il vostro modo di scrivere.

Nota

Come rapportarsi con la bassa soglia di attenzione online? Scopritelo nel Capitolo 4, "Facciamola breve e semplice".

Gratificazione immediata

La bassa soglia di attenzione diventa ancora più problematica se si considera che la generazione online è abituata alla gratificazione immediata. Provate a pensarci: virtualmente ogni singola informazione in qualunque angolo del globo dista solo una ricerca su Google. Se cercate indicazioni per raggiungere un luogo, per una ricetta di cucina, per la biografia di un personaggio storico o per qualsiasi altra cosa, vi basteranno pochi secondi per trovare ciò di cui avete bisogno. La volete? È vostra, *ora*.

Lo stesso vale per tutte le forme di intrattenimento. I giovani d'oggi non sono abituati ad aspettare: qualsiasi cosa vogliano o desiderino è disponibile su richiesta. Sono finiti i tempi in cui si programmava con una settimana d'anticipo la visione di uno spettacolo televisivo; ora è sufficiente andare online o usare la funzione "on demand" del digitale terrestre per guardare subito tutto ciò che volete all'istante, quando più vi aggrada. È tutta questione di gratificazione, di quella immediata, ed è ciò che la gente si aspetta.

Il motto degli utenti online è: "Nessuna attesa". Se l'informazione non viene servita loro di fronte in *questo preciso istante*, non aspetteranno. Se non riuscite a fornirgliela, la troveranno più velocemente altrove. Non esiste il concetto di "avere pazienza"; dovete dar loro subito ciò che vogliono, senza che debbano cercarlo in lungo e in largo.

Nessuna attesa e nessuna fatica, ecco ciò che esigono i lettori del Web.

---

1. L'espressione indica la parte alta di una pagina digitale che si può leggere senza effettuare alcun clic per scorrerla. Letteralmente significa "sopra la piega" e nasce dal gergo dei giornali stampati per indicare quella porzione di testo (che include testata, titoli e occhielli) stampata e visibile al di sopra della linea di piega del giornale. [N.d.T.]

Non esistono "veri" lettori

Analizziamo ora un altro aspetto interessante. I lettori online non si considerano affatto come tali. Si considerano invece utenti, visitatori, o qualsiasi altra cosa faccia tendenza in quel dato momento. Considerano la lettura un'attività legata ai libri e non alle pagine web.

È triste, ma vero: la gente non vuole essere costretta a leggere online; semplicemente vuole quella determinata informazione che sta cercando. I lettori online (li chiamerò così, anche se loro non si considerano come tali) non hanno né il tempo né la pazienza di "leggere" una pagina web. Vogliono le informazioni adesso, non c'è posto per la lettura.

Significa che tutto ciò che viene fatto online è puramente un mezzo per raggiungere uno scopo. Le persone non leggono le pagine web per puro piacere; non si soffermano sulle parole e non assaporano la struttura della frase. Leggere è un'azione che devono svolgere per ottenere l'informazione di cui hanno bisogno, e meno sforzo richiede, meglio è. Provate a costringere i lettori online a leggere, e li perderete; c'è un altro sito, non molto lontano, che darà l'informazione che cercano in maniera più diretta.

Il fattore schermo

La lettura online è vincolata al contenitore. Ovvero, la dimensione e la forma dello schermo usato per leggere contenuti online influenzano enormemente l'esperienza del lettore e, per certi versi, il contenuto stesso.

Bisogna farsene una ragione: leggere online non è confortevole come sulla carta stampata. Con un libro, una rivista o un quotidiano (perfino con un fumetto o un catalogo), il lettore può indossare la sua mise, appollaiarsi sulla sua poltrona preferita con un bicchiere di vino rosso, accendersi la pipa e godersi una serata di puro relax. Anche se l'esperienza è simile a quella di mettersi a letto con una tazza di tè caldo o sistemarsi all'ombra di un albero, la lettura su carta lascia tuttavia al lettore la comodità di controllare ciò che legge e la velocità con cui farlo.

Leggere online è un'altra cosa. Invece di rilassarvi su una comoda poltrona o a letto, siete seduti alla scrivania (va bene, se possedete un notebook o un tablet, potete comunque sedervi in poltrona). Invece di sostenere il familiare peso di un libro o di un quotidiano, tra le mani avete una tastiera o un tablet. Invece di guardare parole stampate su carta, fissate un piccolo, piatto, sinistro schermo luminoso. Non è esattamente il massimo della comodità.

E quello schermo è *piccolo*, rispetto al formato della carta stampata, e questo significa che le lettere a video sono altrettanto piccole oppure che potete vedere solo una porzione ridotta della pagina. Quest'ultimo è probabilmente il caso più comune, in quanto la maggior parte dei monitor dei computer è più largo che alto. Solitamente non riuscite a leggere un'intera pagina senza dover scorrere verso il basso, e ciò – poiché la stragrande maggioranza delle persone preferisce non dover scorrere – significa che dovete adattare i vostri contenuti a un più piccolo schermo orizzontale, se non volete rischiare che ai lettori arrivi metà del messaggio e che clicchino verso altri lidi.

Nota

Una superficie di lettura orientata in senso orizzontale – più larga che alta – è detta in modalità *panorama*. Una superficie di lettura orientata in senso verticale – più alta che larga, come un libro – è in modalità *ritratto*. Siamo più abituati a leggere in modalità ritratto.

Le cose si complicano se in tutto questo mettiamo anche i dispositivi mobili. Sempre più utenti di Internet accedono al Web, da smartphone e tablet, e i display di questi dispositivi sono ancora più piccoli e difficili da leggere. I tablet non sono male (sebbene non si possa sapere se gli utenti leggano in modalità panorama o ritratto), ma cercare di leggere molte pagine web e altri contenuti sul piccolo schermo di uno smartphone può risultare estremamente frustrante. In un modo o nell'altro, quando create contenuti per il Web dovete tenere conto di questi diversi schermi di lettura. È molto più complesso che scrivere "above the fold" su un quotidiano.

Nota

Per saperne di più sulla scrittura di testi per schermi di dimensioni ridotte, consultate il Capitolo 20, "Scrivere per dispositivi mobili".

Interattività

C'è poi la questione dell'interattività, a cui il Web è letteralmente legato. I lettori online si aspettano che siti e blog includano qualsiasi genere di contenuto multimediale, non solo testo. Dovete pensare in termini di testo, di immagini, di video e tante altre cose. E molte di queste cose potrebbero essere contenuti esterni, da trovare ovunque nel Web.

Sul Web, la forma di interattività per eccellenza è il classico link a un'altra pagina. Gli utenti online adorano cliccare, quindi più saranno i link ad altri contenuti correlati e meglio sarà. A meno che, ovviamente, non includiate troppi link interni o link a siti esterni con contenuti poveri o non rilevanti, oppure a contenuti talmente buoni da far fare brutta figura ai vostri. Lo so, è complicato.

Potreste anche integrare contenuti ospitati altrove. Per esempio, se volete, potete facilmente includere dei video di YouTube in una pagina web o in un blog. È uno dei tanti aspetti attraenti delle pagine web, ma anche un ulteriore elemento che potrebbe distogliere l'attenzione dal vostro contenuto, o magari migliorarlo, invece. Come ho già detto, è complicato.

In ogni caso, quando scrivete un libro o un articolo per una rivista, non avete a che fare con il problema dell'interattività. Quando scrivete per qualsiasi media online, invece, sì; ed è questo che rende la vostra attività davvero impegnativa.

Nota

Per saperne di più su come integrare gli elementi interattivi, consultate il Capitolo 9, "Usare link e contenuti esterni".

Considerazioni sui motori di ricerca

C'è un'altra cosa che contraddistingue i media online: non state scrivendo solo per gli essere umani. Online, la vostra pagina web o i post del vostro blog saranno probabilmente letti tanto da una macchina (per l'esattezza, da un software) quanto da una forma di vita umanoide che respira.

Sto parlando della famosa ricerca online e del modo in cui le persone troveranno i vostri contenuti sul Web. Qui, la maggior parte dei testi viene rintracciata attraverso una ricerca. Ciò significa che il numero di visite a una determinata pagina web o a un blog è determinato dal relativo posizionamento nei risultati di ricerca: più la pagina è in alto, più persone la visiteranno.

È quindi importante progettare il contenuto online in modo che risulti ai primi posti nei principali motori di ricerca come Google, Bing e così via. Per farlo, occorre costruire il contenitore affinché gli spider dei motori di ricerca che scandagliano il Web trovino facilmente una data pagina o un post, e scrivere i contenuti in modo che corrispondano alle ricerche più comunemente effettuate dagli utenti.

Questa operazione è resa complessa dal semplice fatto che l'indicizzazione delle ricerche è completamente automatizzata. Google non ha delle persone in carne e ossa che leggono i contenuti sul Web e decidono quali dovrebbero essere posizionati tra i primi risultati in una determinata pagina di ricerca. Google e gli altri motori di ricerca si affidano agli algoritmi, più che al giudizio umano, e hanno quindi progettato dei software che cercano di analizzare i contenuti web associandoli alle ricerche degli utenti. Questi software valutano vari elementi di ogni pagina per stabilire di cosa tratta, in modo che vengano associati alle ricerche giuste.

Per garantirvi un ottimo posizionamento tra i risultati di ricerca, dovete scrivere i vostri testi (e ideare gli altri elementi della pagina) in modo che risultino interessanti per il software dei motori di ricerca. Si chiama *ottimizzazione per motori di ricerca* (SEO, Search Engine Optimization). In un mondo ideale, scrivere testi originali e informativi è il modo migliore per ottimizzare un sito web per le ricerche, ma esistono dei trucchi che esulano dal puro contenuto. Pertanto, quando scrivete per il Web dovete prendere in considerazione il "fattore ricerca" e modellare la scrittura facendo in modo che diventi attraente sia per i motori di ricerca, sia per gli esseri umani.

Non è sempre facile piacere a due capi, soprattutto quando uno dei due non è umano, ma è ciò che dovete fare per scrivere testi online efficaci. Se ignorate i motori di ricerca, potete anche scrivere i testi migliori del Web, ma nessuno lo saprà mai.

Nota

Per saperne di più su come scrivere per i motori di ricerca, consultate il Capitolo 10, "Ottimizzare i testi per le ricerche online".

E se non siete degli scrittori?

L'ho detto subito: se avete capacità ed esperienza di scrittura sufficienti per i media tradizionali, dovreste riuscire a fare tranquillamente il balzo alla scrittura online. Ma se non avete esperienza? Se siete stati incaricati dalla vostra società di occuparvi degli aggiornamenti sui social media o sul blog aziendale, o addirittura della creazione di nuove pagine web, ma non avete mai scritto niente di più impegnativo di un resoconto o di un memo aziendale?

Allora la vostra vita sta per diventare interessante, molto velocemente. Non indorerò la pillola: senza una preparazione o un'esperienza adeguata, scrivere per i media online sarà impegnativo. Diamine, *qualsiasi* tipo di scrittura è impegnativa. È un peccato che alcuni siano convinti che nel caso del Web lo possa fare chiunque. Non è proprio così; dovete comunque possedere delle solide basi di grammatica, punteggiatura e stile costruire efficacemente il vostro messaggio, indipendentemente dal media che utilizzerete.

Potrete comunque imparare ciò che vi serve per scrivere ciò che avete in mente. Esistono delle regole che potete seguire e delle linee guida che vi orienteranno. Molti aspetti della scrittura online che sicuramente irriteranno gli scrittori "navigati" potrebbero sembrare poco importanti agli occhi di qualcuno che non ha dovuto seguire le vecchie regole.

Imparare a scrivere è un po' più facile se si sfruttano le varie risorse a disposizione. Ovviamente, questo libro è una di queste risorse. Ma vi consiglio di procurarvi anche una copia de *Gli elementi di stile nella scrittura* (William Strunk, Jr., Audino, Roma 2008)[2] o di altre pubblicazioni specifiche; se invece state pensando di scrivere dei romanzi, potete leggere *On Writing* di Stephen King.[3] Naturalmente potete anche partecipare a lezioni di scrittura nella vostra zona. Inoltre, esistono moltissimi ottimi corsi di scrittura online. In altre parole, avete a disposizione un'infinità di risorse.

Prendere per le corna il vostro primo progetto di scrittura potrebbe essere stressante, ma anche più semplice di quanto pensiate. Dovete soltanto mettervi nei panni di coloro che leggeranno i vostri scritti e dare loro ciò che si aspettano. Non sembra difficile, o sì?

2. Benché tradotto in italiano, si tratta di un manuale classico e celebre negli USA che risale al 1918, ma che ha avuto successive revisioni (*The Elements of Style*, William Strunk, Jr. e E.B. White, Longman, edizione rivista del 1999). Per la lingua italiana è consigliabile procurarsi un testo più specifico altrettanto famoso, come per esempio *Il nuovo manuale di stile. Guida alla redazione di documenti, relazioni, articoli, manuali, tesi di laurea*, Lesina Roberto, Zanichelli 1994. [N.d.R.]

3. Tradotto e pubblicato in italiano da Sperling & Kupfer, Milano 2010. [N.d.R.]

Per scrivere online bisogna essere scrittori?

Sebbene io sia oggi noto per essere un autore di libri, in realtà ho iniziato la mia carriera da scrittore come copywriter per il marketing. Nel lontano 1987 fui ingaggiato da ciò che all'epoca si chiamava Que Corporation per scrivere testi per cataloghi e quarte di copertina. E uno dei primi libri per cui ho scritto i testi della quarta di copertina è il pionieristico libro di Que venduto in milioni di copie *Using 1-2-3, Special Edition.*[4] Quel breve testo ha subìto l'esame minuzioso di tutta la redazione!

Ciò che voglio dire è che, visto il mio background, ho ovviamente una predilezione per gli scrittori esperti, in qualsiasi tipo di scrittura. Quando avete bisogno di un lavoro di falegnameria, ingaggiate un falegname. Quando avete bisogno di un lavoro di scrittura, dovreste assumere un bravo scrittore. Mi sembra ovvio.

Tuttavia, so benissimo che non è sempre così ovvio, soprattutto online. Moltissime aziende hanno bisogno di tantissimi testi per il Web, e li fanno scrivere a chiunque sia disponibile al momento. Potrebbe trattarsi di un copywriter esperto, ma spesso non lo è. Quindi, se siete uno di quei non-copywriter trascinato nella scrittura dei post di un blog, un tweet o qualsiasi altra cosa, non siete soli; ci sono tantissime persone come voi, proiettate nel calderone grammaticale.

La buona notizia è che potete imparare a scrivere. Diamine, tutti gli scrittori hanno dovuto imparare a scrivere a un certo punto; è il modo in cui siamo diventati scrittori. Niente panico, arriverà anche per voi questo momento.

Comunque, sebbene mi sia appena definito "autore", preferisco il termine "scrittore". Autore suona troppo pretenzioso. Penso che Mickey Spillane abbia colto nel segno quando ha detto: "Non sono un autore, sono uno scrittore, è tutto ciò che sono". Io scrivo, quindi sono uno scrittore. Mi capita di scrivere anche dei libri, e questo mi rende tecnicamente un autore, ma le mie capacità riguardano la scrittura. È tutto ciò che sono, ed è abbastanza per me.

4. In italiano: *Usare 1.2.3*, Que development group/Gruppo editoriale Jackson, Milano 1991. [N.d.R.]

2

Punteggiatura, grammatica e altre regole a cui prestare attenzione

Prima di elargire consigli specifici sulla scrittura online, è d'obbligo esaminare alcune linee guida relative alla scrittura tout court. Esatto, proprio quelle cose che avete studiato durante le lezioni di italiano al liceo (sì, lo so, anch'io odiavo quella materia, ma a quanto pare mi ha fatto bene!).

Quindi, se siete un po' arrugginiti in materia o se non avete mai scritto in modo professionale prima d'ora, questo è il capitolo che fa per voi. Mettetevi comodi e imparate come scrivere veramente bene!

Perché la punteggiatura e la grammatica sono importanti, anche online

Online, come nel mondo reale, bisogna essere professionali. Se volete che le persone vi prendano sul serio (così come devono prendere sul serio il vostro sito web, il vostro blog o la vostra azienda), questo non sarà possibile se i vostri testi sono pieni di errori. Anche pochissimi refusi o usi impropri di qualche parola possono spingere il lettore a cliccare altrove, verso siti più affidabili; questo tipo di errori vi costerà in termini di credibilità, e porterà i lettori a scartare tutti i vostri contenuti.

Per attrarre un maggior numero di visitatori, il vostro sito deve contenere informazioni esclusive, utili e autorevoli. Se vi sono errori di punteggiatura e di grammatica, i lettori metteranno in dubbio l'accuratezza del contenuto stesso. Nel caso di errori di grammatica, verrà naturale chiedersi: ci sono anche errori a livello di contenuto? Se lo scrittore non si è preso la briga di verificare la grammatica e la punteggiatura, forse non ha verificato neanche l'accuratezza delle informazioni fornite. Gli errori suscitano dubbi, e i dubbi portano i visitatori a diffidare del contenuto del sito.

Non è necessario che si tratti di grandi errori. Prendiamo per esempio banali errori di punteggiatura, come una virgola al posto di un punto con la parola successiva in maiuscolo, oppure dei semplici refusi. Alcuni lettori non se ne accorgeranno o non capiranno che c'è qualcosa di sbagliato, ma la maggior parte di loro sì. Anche gli errori più piccoli distraggono il lettore impedendogli di concentrarsi sul contenuto, e voi non vorrete di certo, né potrete permettervi, questa distrazione. Volete che il lettore si focalizzi su ciò che avete scritto, non sull'errato utilizzo di una virgola.

Un testo scritto bene rafforza la credibilità del vostro sito. Un testo pieno di errori, invece, mina quella stessa credibilità. Se volete che il vostro sito venga considerato serio e affidabile, dovete essere precisi in tutto, anche e soprattutto nella punteggiatura e nella grammatica.

E qui viene fuori il valore del sapere scrivere e del farlo bene. Fortunatamente, non è così difficile; basta seguire alcune semplici regole.

Usare correttamente la punteggiatura

La punteggiatura ha un ruolo importante nella scrittura. In parole povere, consiste nell'utilizzo di alcuni segni e simboli di uso comune per separare le frasi e gli elementi all'interno delle frasi. Se non usata correttamente, le parole scorrono una dopo l'altra creando confusione. Quindi, l'uso corretto della punteggiatura vi aiuterà a rendere più chiari i vostri testi.

Tenendo presenti queste premesse, diamo un'occhiata ai principali segni di punteggiatura e al relativo utilizzo.

Il punto

Il segno di punteggiatura più usato è il punto, come quello che vedete alla fine di questa frase. Questo è l'utilizzo più comune: i punti sono usati per concludere le frasi. O comunque la maggior parte delle frasi; si possono usare anche altri segni, come quello interrogativo o esclamativo. I punti si usano per le frasi dichiarative, che dovrebbero essere le frasi più usate nei vostri testi.

Il punto interrogativo

Quando inserite una domanda nel testo, indicatela usando un punto interrogativo (?) alla fine della frase. Esempio:

È questa la linea d'azione della vostra azienda?

I punti interrogativi sono usati soltanto per le domande dirette. Se state scrivendo una domanda indiretta (più ponderante che inquisitoria), usate il punto al posto del punto interrogativo. Esempio:

Mi chiedo se domani pioverà.

Il punto esclamativo

Usate il punto esclamativo (!) quando il testo necessita di maggiore enfasi o per esprimere entusiasmo, letteralmente, per esclamare qualcosa. Esempio:

C'è stato un incidente pazzesco in autostrada!

Come potete notare, in questo caso il punto esclamativo comunica uno stato d'animo di agitazione.

Potete usare il punto esclamativo anche per esprimere urgenza o sorpresa, oppure per enfatizzare un ordine importante. Esempio:

Fallo subito!

Avvertimento

Non esagerate con i punti esclamativi, soprattutto se state scrivendo testi professionali.

L'uso di troppi punti esclamativi riduce il valore del vostro scritto e suscita dubbi sulla sincerità del vostro testo (e soprattutto mai, *mai*, usare più punti esclamativi insieme; è da dilettanti!!!).

La virgola

La virgola (,) ha vari utilizzi. Vediamoli.

Il primo consiste nel separare gli elementi espressi in serie o gli elenchi. Inserite una virgola dopo ogni elemento, a eccezione dell'ultimo, così:

Doveva comprare penne, matite e carta per la scuola.

La virgola viene usata solo nel caso di tre o più elementi in successione. Se sono solo due, basta aggiungere la congiunzione "e". Esempio:

Doveva comprare penne e matite per la scuola.

Avvertimento

Non inserite una virgola dopo l'ultimo elemento della lista, a meno che non abbia un'altra funzione, come per esempio separare una proposizione dall'altra. Ciò è necessario quando la lista stessa è un inciso a sé stante che potrebbe essere tranquillamente rimosso dalla frase, come in questo esempio:

Doveva comprare un po' di cancelleria, come penne, matite e carta, per la scuola.

Potete usare la virgola anche per delimitare proposizioni o incisi non essenziali, ovvero informazioni che potrebbero essere omesse pur mantenendo intatta la frase. Esempio:

Il signor Rossi, il dipendente assunto più di recente, è originario della Toscana.

In questo esempio, il dato fondamentale è che il signor Rossi viene dalla Toscana. Il fatto che sia l'ultimo assunto è interessante, ma non cruciale.

Nota

L'inciso è un pensiero a sé stante all'interno di una frase. Le frasi semplici contengono un unico inciso; le frasi più complesse o composte contengono due o più incisi.

Virgole seriali

Rimane aperto il dibattito a proposito dell'uso di quella che viene chiamata *virgola seriale*. Una virgola seriale è la virgola dopo il penultimo elemento, prima della congiunzione "e". Nel seguente esempio la virgola in questione è inserita dopo la parola "blu":

Mi piacciono i colori rosso, giallo, blu, e verde.

Senza la virgola seriale, la stessa lista si scrive come segue, senza la virgola dopo la parola "blu":

Mi piacciono i colori rosso, giallo, blu e verde.

Personalmente, preferisco usare la virgola seriale, perché delinea meglio gli elementi nella lista. In questo esempio, senza la virgola seriale si potrebbe immaginare un colore chiamato "blu e verde". Con la virgola, è più chiaro che il blu e il verde sono colori separati.

Un altro caso di utilizzo della virgola è usato per dividere un'espressione o un avverbio che interrompe una frase. Ecco un esempio:

Le previsioni del tempo, naturalmente, erano sbagliate.

Il termine "naturalmente" è un'espressione che funge un po' da dosso rallentatore, e pertanto viene preceduto e seguito da una virgola.

Analogamente, usiamo la virgola dopo gli elementi introduttivi, come la parola "analogamente" all'inizio dei questa frase. Ecco un altro esempio:

Per concludere, ho bisogno che voti per me.

Inoltre, la virgola viene usata prima di alcune parole come "ma", "né", "quindi" e "tuttavia" quando queste parole sono usate per unire due incisi indipendenti in un'unica frase. Esempio:

Gli piaceva il sapore delle banane fresche, ma odiava la torta alla crema di banana.

Suggerimento

Talvolta potete usare un punto e virgola per unire due proposizioni indipendenti, ma senza le parole "e" e "ma".

Il punto e virgola

Il punto e virgola (;) viene usato in una stessa frase per separare due o più proposizioni indipendenti che non sono unite da "ma", "e" o parole simili. Pensate al punto e virgola come alla colla che unisce due frasi. Esempio:

Non andare a caso; leggi le istruzioni.

Inoltre, il punto e virgola può essere usato al posto della virgola anche negli elenchi. In linea di principio, se gli elementi elencati sono concetti complessi contenenti delle virgole, c'è bisogno del punto e virgola per evitare confusione. Prendiamo per esempio un elenco in cui i nomi sono accompagnati da un termine descrittivo, come qui:

I nuovi dipendenti sono Mauro, assistente marketing; Sara, copywriter; e Umberto, assistente alla produzione.

Se in questo elenco usassimo solo la virgola, si creerebbe confusione: **Mauro, assistente marketing, Sara, copywriter, e Umberto, assistente alla produzione.** Sembra che ci siano sei nuovi dipendenti, non tre (il risultato sarebbe ancora più caotico se non usassimo neanche le virgole in serie). Quindi, usate il punto e virgola per rendere i concetti più chiari.

I due punti

I due punti (:) sono usati per indicare qualcosa che segue. Quel qualcosa può essere un elenco, una dichiarazione, una citazione e simili. Esempio:

Ricorda: i due punti sono importanti.

Ricordate che la parola che segue i due punti *non* inizia con la lettera maiuscola.

Il trattino

Potete usare il trattino disgiuntivo (–) lungo, con spazi prima e dopo, per indicare una sospensione nel vostro pensiero (un inciso). Il trattino congiuntivo (-), ovvero quello breve e senza spazi, viene usato con le parole composte, per esempio: **medico-scientifico**.

Nota

Il trattino congiuntivo viene solitamente usato anche per indicare un range di valori, come 1-3 anni o gennaio-giugno.

Spesso, la frase inserita tra i trattini disgiuntivi è un'interiezione, come in questo esempio:

Stavamo seguendo le istruzioni – per filo e per segno – quando tutto è andato a ramengo.

Altre volte, viene usato per indicare un inciso esplicativo:

I tre uffici principali – New York, Chicago e Miami – saranno soggetti a un ridimensionamento.

Il problema dell'uso del trattino disgiuntivo quando si scrive per il Web è che sulla tastiera del computer non esiste il tasto con questo segno. La soluzione più elegante consiste nell'usare il codice HTML **&mdash**, che inserisce un vero e proprio trattino disgiuntivo nel testo.

Le virgolette

Le virgolette ("...") sono usate per indicare parole e brani citati, con quella di apertura all'inizio e quella di chiusura alla fine, come in questo caso:

"Il cane è parte del problema" sostenne Marco.

Potete usare le virgolette anche per indicare definizioni, titoli di articoli di giornale e altre fonti. Ecco come usare, per esempio, le virgolette per indicare il titolo di una canzone:

Il pezzo più suonato di Jimmy Webb è "MacArthur Park".

Avvertimento

Le virgolette non vengono usate per tutti i tipi di titoli. Per esempio, solitamente i titoli delle canzoni sono tra virgolette, ma i titoli degli album sono indicati in corsivo. Anche i titoli di libri, di riviste, giornali e di film vengono indicati in corsivo.

In ogni caso, quando usate le virgolette alte per le citazioni all'interno di una frase, il punto, la virgola, il punto e virgola e i due punti vanno inseriti *all'esterno*. Se le virgolette delimitano una frase intera, come per esempio un testo citato a sé stante, il punto va all'interno delle virgolette di chiusura. Esempio:

"Oggi non voglio andare a scuola."

Il punto esclamativo e interrogativo seguono la stessa regola del punto finale. Ecco un esempio con il punto di domanda dopo le virgolette:

La band ha suonato "MacArthur Park"?

La parentesi

L'ultimo segno di punteggiatura di cui parlerò in questo capitolo è la parentesi (qui la indico al singolare, ma solitamente se ne usano due). Come avrete notato da questa mia ultima frase, di solito le parentesi si usano per indicare un pensiero che non lega con il contenuto che lo circonda. Pensate ai testi tra parentesi come a un contorno, qualcosa che potrebbe essere rimosso senza influire sul resto del contenuto.

Il testo tra parentesi può essere un'intera frase, oppure alcune parole all'interno di un periodo, come in questo caso:

Era una serata bellissima (non troppo fredda, non troppo calda), e questo ha reso la cena molto più gradevole.

La grammatica non è un'opinione

Abbiamo parlato a lungo dell'uso della punteggiatura. La grammatica è più complessa e richiederebbe molto più tempo e sforzo per fare le cose per bene.

Prima di tutto, che cos'è la grammatica? È un guscio, è la struttura del linguaggio, che definisce il modo in cui le parole formano le frasi. Non stupisce il fatto che ci siano delle regole grammaticali che, appunto, indicano come concatenare le parole; si tratta di un gran numero di regole, come queste:

- Verificate la concordanza tra soggetto e verbo. Se il soggetto è singolare, usate il verbo alla forma singolare, non al plurale. Non dite **I cani abbaia**, ma **I cani abbaiano**.
- Usate lo stesso tempo verbale in tutta la frase. Non saltate dal passato al presente al futuro. Per esempio, **Ero cauto, ma penso vada bene così** non va bene, perché **ero** è imperfetto e **penso** è presente.

Dovreste riscrivere la frase così: **Sono cauto, ma penso vada bene così.**

- Scrivete sempre frasi complete. O almeno, quasi sempre.

Ora, potreste non sapere esattamente cosa significhino tutte queste regole. Condivido la sensazione; non so distinguere un participio da un predicato, per non parlare della coniugazione dei verbi irregolari.

Tuttavia, molte delle istruzioni su come scrivere sono focalizzate esclusivamente sulle regole grammaticali. L'idea è che se imparerete tutte le regole, imparerete anche a scrivere bene.

Nota

Anche se seguite le regole grammaticali, sappiate che c'è sempre l'eccezione che conferma la regola. Dipende dal caso, naturalmente.

Mi permetto di dissentire. Penso che possiate imparare a scrivere bene anche senza conoscere ogni singola regola grammaticale. E penso che anche se imparerete tutte le regole, il vostro modo di scrivere potrà comunque sembrare legnoso e non allettante.

In realtà, personalmente non annetto così tanta importanza a tutte queste regole grammaticali. Seguo invece una regola d'oro: il testo deve essere facilmente comprensibile. Tutto qui. Fate in modo che gli altri possano comprendere facilmente ciò che scrivete e andrà tutto bene.

Ecco come faccio per far sì che i miei testi siano facilmente comprensibili: rendendoli colloquiali. Ovvero, plasmo la mia scrittura partendo dal parlato. Se, parlando, una frase suona corretta, scorre bene ed è facile da ascoltare, allora è una buona frase. Dimenticate preposizioni, incisi e cose simili; concentratevi su cosa suona corretto e sarete già a metà strada.

Suggerimento

Lloyd Short, uno dei primi editori con cui ho lavorato ai miei esordi da copywriter, mi ha dato un consiglio inestimabile. Mi disse che non aveva importanza che una frase fosse tecnicamente corretta; se un lettore ci inciampava, era sbagliata. Il senso di questo consiglio era che la scrittura deve sempre essere chiara e diretta, senza attirare l'attenzione su se stessa. Lo scopo è fare in modo che il lettore comprenda facilmente l'informazione che gli state presentando, e niente dovrebbe intralciare il raggiungimento di questo fine.

Quindi, non mi soffermerò su ciascuna regola grammaticale dicendovi che cosa fare e che cosa non fare in ogni circostanza. Vi invito invece a scrivere nel modo più chiaro e sintetico possibile e a rileggere il vostro lavoro a voce alta. Se suona bene, se non inciampate su nessuna parola o frase, se il concetto è chiaro, allora è un buon testo.

Nota

Ci vorrebbe un libro intero per illustrare nel dettaglio tutte le regole grammaticali che dovreste seguire. Infatti, sono stati scritti tantissimi testi su questo argomento. Quindi procuratevi una buona guida grammaticale.

Diagrammare le frasi con l'analisi grammaticale

Un modo per imparare le regole grammaticali consiste nel diagrammare le frasi. In pratica, identificate le parti che compongono la frase – nomi, verbi, avverbi e simili – e create un diagramma. In questo modo dovreste riuscire a scoprire i vari elementi della frase e a capire come dovrebbero essere usati insieme. È l'analisi grammaticale.

Devo confessare che odio diagrammare le frasi. Ai tempi del liceo facevo di tutto per evitarlo. Non che non ne fossi capace, semplicemente lo trovavo estremamente noioso e alquanto inutile; dopotutto, a chi importa della differenza tra un participio e un predicato? E alla fine, anche se ho evitato questa cosa dei diagrammi come la peste, ho comunque imparato a scrivere, e anche bene; almeno questo è quello che mi hanno detto. In altre parole, il fatto di non diagrammare le frasi non ha intaccato minimamente la mia capacità di imparare a scrivere.

Invece, ho imparato a scrivere leggendo. Amavo leggere, e mi piace ancora, e ho cercato di capire perché mi piaceva ciò che mi piaceva. Perché le cose che ha scritto Hemingway sono così d'effetto e quelle di Faulkner molto meno? (Almeno secondo me). Cercando di capire cosa mi portasse a preferire uno scrittore rispetto a un altro, ho imparato a emulare questi stili di scrittura. Una volta capito, tutto il resto è stato semplice.

Ma non è derivato dall'uso meccanico dei diagrammi delle frasi, dal verificare che un dato elemento si incastrasse perfettamente nell'ingranaggio grammaticale. I diagrammi delle frasi sono senz'anima; apprendere da altri scrittori ha molto più cuore e anima.

Usare correttamente le maiuscole

Nonostante la mia originaria riluttanza a studiare la grammatica, devo porre alla vostra attenzione qualche altra regola. Una di queste è l'uso delle maiuscole, che terrorizza alcuni scrittori, soprattutto quelli più abituati a mandare messaggi di testo o tweet che a scrivere interi paragrafi. Niente paura; le regole sull'uso delle maiuscole sono relativamente semplici.

Prime parole e nomi propri

La prima parola di ciascuna frase dovrebbe iniziare con la lettera maiuscola. Ma, a proposito della scrittura online, l'eccezione si verifica solo quando la prima parola è un nome proprio con la prima lettera minuscola. In questo caso, mi riferisco ai nomi di prodotti, come iPhone ed eBay.
Si potrebbe pensare di mettere in maiuscolo anche la prima lettera del nome (EBay), ma sembrerebbe strano (e potenzialmente offensivo agli occhi dei legali che si occupano dei marchi registrati della società). Se vi trovate in questa situazione, è consigliabile riscrivere la frase cercando di evitare di iniziare con il nome del prodotto (esatto, la discrezione è madre della virtù). Lo so, non è sempre possibile; in questo caso, sarebbe meno strano (e sempre più comune), usare il nome del prodotto così com'è:

eBay ha registrato dei profitti superiori alle aspettative.

Se preferite riscrivere la frase per evitare che inizi con una minuscola, potreste farlo così:

I profitti di eBay hanno superato le aspettative.

In tutta onestà, anche questa soluzione suona strana, motivo per cui odio questi nomi di prodotti che iniziano con una minuscola!
Oltre alla prima parola della frase, dovreste far iniziare con una maiuscola anche i nomi propri. Questi includono nomi di persone, luoghi e cose. Inoltre, se state scrivendo un manuale di istruzioni, usate la maiuscola per tutti i nomi di pulsanti, tasti e altre parti importanti, per esempio:

Premere il tasto *Esc* per chiudere la finestra di dialogo *Stampa*.

Usare la forma attiva

Esiste un'altra regola grammaticale che vale la pena seguire. Quando scrivete, cercate di usare la forma attiva ogni volta che è possibile. E cercate di evitare la forma passiva.

Cosa sono esattamente le forme attiva e passiva? Lo stesso concetto più essere espresso usando vari approcci. Nella forma attiva si ha una costruzione del tipo soggetto-verbo; qualcosa fa questo o qualcuno ha fatto quello. Nella forma passiva, l'azione avviene fuori campo: questo *è stato fatto* da qualcuno. La differenza sta nel fare (forma attiva) rispetto a essere fatto (forma passiva).

Quindi, perché la forma attiva è meglio della forma passiva? Per il semplice motivo che la forma attiva è più... beh, *attiva*. È più diretta e attira il lettore nella frase.

Prendete, per esempio, questa frase scritta in forma passiva:

L'armadio è stato costruito da Johnson & Sons.

Non c'è niente di sbagliato nella frase; dichiara un fatto ed è facilmente comprensibile. Ma girate la frase mettendola in forma attiva, e risulterà così:

Johnson & Sons hanno costruito l'armadio.

Il risultato è una frase più corta, più diretta e più potente. Ecco perché dovreste strutturare le vostre frasi in forma attiva ogni volta che potete.

Come passare dalla forma passiva alla forma attiva? Semplice; in questo caso, per esempio, basta sostituire "è stato" con "hanno" e spostare il soggetto (la persona o l'oggetto che compie l'azione) all'inizio della frase. Per esempio, se avete la seguente frase in forma passiva:

È stato deciso dal comitato di rivedere il contratto

iniziate a sostituire "è stato" con "ha". Quindi spostate il soggetto ("il comitato") all'inizio della frase. Sistemate il tutto e avrete questa frase più diretta:

Il comitato ha deciso di rivedere il contratto.

Una modifica semplice, ma efficace.

Rivedere prima di pubblicare

Vista l'importanza della punteggiatura e della grammatica per il buon esito di ciò che scrivete, vale la pena avere a disposizione un altro paio di occhi prima di pubblicare. Esatto, sto dicendo che dovreste far rivedere il vostro lavoro, precisamente da esseri umani in carne e ossa.

So che Microsoft Word e altri programmi integrano la funzione di controllo ortografico, ma questa funzione controlla solo l'ortografia. Non vi dirà se dovete usare "di" invece di "si" perché sono entrambi scritti correttamente. Potreste usare la parola sbagliata scritta correttamente e il controllo ortografico non se ne accorgerebbe.

So anche che Microsoft Word e altre applicazioni includono una rudimentale funzionalità per il controllo grammaticale. Word cercherà di dirvi se qualcosa è grammaticalmente sbagliato. Giuro. Cercherà. Ma questo tipo di controllo grammaticale automatico non è accuratissimo; segnalerà cose che sono perfettamente corrette e salterà altre cose che non lo sono.

Nota

All'inizio degli anni Novanta, l'editore per cui lavoravo acquistò la società che aveva sviluppato il software per il controllo grammaticale RightWriter (prima che la funzione di controllo grammaticale fosse integrata nei programmi di elaborazione di testi). Posso dirvi, per esperienza personale, che è impossibile che un software possa analizzare eventuali variazioni grammaticali; un programma informatico non può cogliere il significato che si cela dietro le parole. Solo un revisore in carne e ossa può farlo.

Per farla breve, non esiste alternativa al revisore e al correttore di bozze umani. È per questo che consiglio sempre di avere una persona a cui passare una copia del vostro testo per far controllare eventuali refusi, la punteggiatura, la grammatica e il resto. E quella persona non dovreste essere voi. Deve essere qualcun altro. Un altro paio di occhi è fondamentale; se avete fatto un errore durante la stesura probabilmente non lo individuerete al momento della rilettura. Avete bisogno di lettore professionista – un revisore, un correttore di bozze o entrambi – che controlli il vostro testo prima che venga pubblicato online. Fidatevi, lo sforzo vale la candela.

Suggerimento

Se non avete un correttore di bozze a disposizione, potete provare a farlo voi stessi, sebbene sia probabile che non vi accorgiate degli errori. In alternativa, potete usare uno dei tanti servizi di revisione e correzione di bozze disponibili online; le tariffe per brevi testi di solito non sono molto alte.

Penso che qualsiasi testo destinato alla pubblicazione online debba essere rivisto. Non importa che sia un testo pubblicitario di quattro righe, un tweet di 140 caratteri, il lungo post di un blog o un sito con tante pagine; non vorrete di certo che si insinuino degli errori? Qualsiasi cosa pubblichiate online ha valore. Anche un singolo refuso o una virgola al posto sbagliato possono essere fonte di un imbarazzo sgradevole per voi e per la vostra azienda. Per questo, qualsiasi cosa pubblichiate online deve essere priva di errori, punto.

Dedicate del tempo a questa operazione fin dall'inizio e fate in modo di avere qualcuno che dia una rilettura finale. Ne varrà la pena.

3

Comunicare chiaramente contenuti confusi

Una delle cose più importanti da fare quando si scrive per i media online – in realtà per qualsiasi media – è dire ai lettori quello che necessitano di sapere in maniera comprensibile. Bando al linguaggio arzigogolato e al gergo; il lettore deve capire ciò di cui state parlando, cosa che, con alcuni argomenti, è un'impresa.

È quindi fondamentale imparare come rendere semplici le cose complicate. Tra queste ci sono anche i vostri testi (semplificando ciò che è complesso) e il vostro stile di scrittura; entrambi devono essere il più user-friendly possibile. Online, fare i saputelli con il lettori non è la mossa giusta.

A chi state parlando?

Prima di scrivere una singola parola, dovete essere molto, ma molto sicuri di sapere da chi è composto il vostro pubblico. Questo perché dovete scrivere in modo differente per persone differenti.

E dovete farlo soprattutto quando comunicate informazioni complesse o specialistiche. Se state parlando a un pubblico particolarmente ferrato sull'argomento, potete presumere che conosca i concetti di base, e quindi usare un livello di scrittura più avanzato. Ma se si tratta di profani del settore, dovete partire dal presupposto che non sappiano niente di niente. Soprattutto, non potete presumere che ne sappiano quanto voi; pertanto, dovete spiegare molto più chiaramente (in italiano semplice, per favore) quale sia l'argomento e come funziona.

È vero anche il contrario. Se state scrivendo per un pubblico esperto e abbassate troppo il livello, potrebbe sentirsi sminuito. Se camminate su un terreno che i lettori conoscono già, correte il rischio di annoiarli e di farli migrare verso altri siti con un livello più idoneo.

È quindi fondamentale essere molto sicuri su chi leggerà i testi che scrivete. Scoprite qual è il vostro pubblico e perché legge ciò che scrivete, quindi dategli quello che vuole in termini di livello e di stile. Non volate troppo alto o troppo basso; trovate la giusta quota.

E di cosa state parlando?

È anche utile sapere di cosa si sta scrivendo. I vostri testi devono essere chiari non solo a voi, ma anche ai vostri lettori. Prima di tutto dovete conoscere bene l'argomento; se non siete particolarmente esperti in una materia, vi sarà difficile scriverne con l'autorità necessaria.

Prima di iniziare a scrivere dovete avere in mente il messaggio o i messaggi chiave che volete comunicare. Non possono essere a casaccio o confusi; devono essere semplici e facilmente comprensibili per il lettore. E non possono esserci troppi messaggi, altrimenti ciò che è veramente importante si perderà come un ago in un pagliaio.

Per questo motivo, di solito traccio un piccolo schema prima di iniziare a scrivere il testo vero e proprio. Anche se si tratta di buttare giù i concetti principali sotto forma di elenco puntato, guardare lo scheletro del pensiero prima di iniziare ad aggiungere del testo vi aiuterà a concentrarvi su ciò che è più importante. Partite da questi elementi chiave, poi abbelliteli; costruite la vostra storia intorno ai punti essenziali.

Tradurre argomenti complessi in italiano semplice

In termini di argomenti, i contenuti online possono coprire – e lo fanno – qualsiasi materia. Alcuni siti web trattano temi popolari, altri tecnici. In ogni caso, qualunque sia l'argomento, dovete essere in grado di comunicarlo in un modo che il lettore casuale riesca a comprendere. Spesso, ciò significa prendere un tema complesso e presentarlo in maniera semplice o prendere un argomento da "insider" e renderlo accessibile agli "outsider".

È solo questione di saper tradurre.

Tutto qui, dovete tradurre quei termini e argomenti complessi in un italiano semplice: parole e concetti che il vostro pubblico di riferimento sia in grado di comprendere. È come se voi e i vostri colleghi "insider" stiate parlando una lingua straniera, perché è quello che state facendo agli occhi del pubblico generico. Prendete questi termini complessi e di tendenza che lanciate in giro come fossero frisbee da quattro soldi, ed esprimeteli usando il linguaggio di tutti i giorni. In pratica, traducete il vostro gergo in italiano.

In che modo è possibile semplificare un testo complesso? Il trucco sta nel conoscere il vostro pubblico. Dovete uscire dalla vostra mente e scoprire cosa sanno e cosa non sanno i vostri lettori, e cosa devono e hanno bisogno di sapere.

Per riuscirci dovete praticamente dimenticare tutto ciò che sapete. Dimenticate il gergo e il linguaggio tecnico. Dimenticate le informazioni da "insider" e i dettagli arcani. Dimenticate tutto ciò che è specialistico e che trovate affascinante, e dimenticate quello che il vostro capo e i colleghi pensano sia importante.

Chiedetevi invece quanto sapreste se inciampaste in questo argomento nella completa ignoranza. Pensate a voi stessi come a un totale novellino, senza anni di esperienza e competenza. Cosa saprebbe veramente un neofita di questo argomento?

Naturalmente, la risposta è: non molto. In base all'argomento, potrebbe essersi fatto una vaga idea leggendo qualche articolo sulla carta stampata, ma più il tema è specialistico, maggiore è la probabilità che quel novellino non ne sappia granché.

È da qui che dovete partire: da zero. Partite dal presupposto che il vostro lettore non sappia niente e costruite tutto da lì.

Ciò significa che dovreste presentare le informazioni chiave in modo cauto, usando un linguaggio comprensibile a un "outsider". Dovete evitare il gergo e i termini specifici del settore; e dovete anche esprimervi attraverso frasi brevi e fluide, e usare parole note ai più.

Immaginarsi "outsider"

So benissimo come funziona. Quando si conosce bene un dato argomento, viene naturale pensare che tutti ne sappiano quanto voi. È difficile che sia così, ma è il modo in cui vengono scritti molti testi scadenti. Parlo dei testi che iniziano già a metà della storia, lasciando che i profani si spremano le meningi per capire di cosa si tratti. Sono testi pieni di gergo e terminologia settoriale che i non addetti ai lavori non possono comprendere. Testi che non si prendono la briga di spiegare i punti arcani o confusi. Testi che voi, i vostri amici e colleghi potete capire, ma che nessun altro comprende.

Questo tipo di contenuti per "insider" è spesso incomprensibile a coloro che non fanno parte del vostro ambiente, e risulta un modo inefficace di comunicare per chiunque legga i vostri testi. Non potete dare per scontato che tutti quelli che capitano sul vostro sito o blog conoscano le stesse cose che conoscete voi e che siano interessati alle stesse cose a cui lo siete voi, o alla stessa stregua. Se entrate troppo nei dettagli, tagliate fuori tutti gli "outsider".

Ecco perché dovete uscire dalla vostra quotidiana camera dell'eco e dalla solita cerchia, per andare dove si trovano i vostri lettori. Ascoltate le cose come le ascoltano i profani, guardate le cose come le guardano gli "outsider". Lasciate che il vostro lato da "insider" diventi "outsider", almeno quando scrivete.

In ogni caso, gli addetti ai lavori spesso si riferiscono ai profani del settore come ai "civili". È una descrizione come un'altra; a meno che non stiate scrivendo proprio per gli "insider", spiegate le cose in modo che i civili riescano a comprendere.

Limitare i dettagli

Bisogna poi chiedersi quanto il lettore voglia o abbia la necessità di sapere. Viene spesso naturale pensare che tutti saranno interessati al vostro argomento tanto quanto lo siete voi, e avranno quindi voglia di leggere i minuziosi dettagli e gli scoop tecnici che voi trovate tanto affascinanti. Credetemi, nessuno tranne voi è interessato a quella roba. Sono certo che potreste dilungarvi sulla storia di questo o sulle implicazioni di quell'altro, ma per la massa suonerebbe soltanto come un inutile bla bla. Tenete per voi le vostre quisquilie e minuzie, o almeno attendete di essere certi di avere un pubblico più ricettivo. Quando scrivete per i neofiti, tenete il numero delle informazioni fornite a un livello ragionevolmente digeribile.

Quindi, date al lettore esattamente ciò che ha bisogno di sapere, non una parola di più. Non abbellite le informazioni, non entrate troppo nel dettaglio. Fatela breve e spiegatevi in modo semplice, andando dritti al punto. Col tempo, avrete tante opportunità di fornire più materiale, se dovesse rendersi necessario e se è ciò che il lettore vuole. Per il momento, partite dall'inizio e procedete fino al punto assolutamente necessario.

Quante informazioni sono necessarie? Ripeto, mettetevi nei panni dei lettori neofiti. Quand'è che la loro domanda iniziale trova risposta, e quando i loro occhi iniziano a guardarsi attorno? Fornite subito le informazioni chiave prima che il lettore cominci a stufarsi. Alla peggio, fate in modo che il lettore voglia saperne di più, piuttosto che senta l'impulso di cliccare per cercare altrove.

La morale della favola è che non potete scrivere per voi stessi, e nemmeno per i vostri colleghi (a meno che non stiate scrivendo una newsletter aziendale, ovviamente). Dovete scrivere per persone che non hanno una conoscenza dell'argomento tanto approfondita quanto la vostra, e rendere il tutto comprensibile e interessante ai loro occhi. Ciò significa che dovrete usare un linguaggio comune, non il gergo settoriale, e spiegare le cose con termini che il lettore medio è in grado di comprendere.

Avvertimento

Se annoiate i lettori online, c'è il rischio che facciano clic per passare a un altro sito o blog e non tornare mai più.

Comunicare vantaggi, non caratteristiche

Rendere semplici e comprensibili le informazioni complesse significa anche non scrivere dell'argomento vero e proprio, ma del modo in cui il lettore medio si potrebbe relazionare con quell'argomento. Una lettrice potrebbe non essere particolarmente interessata ai dettagli su come un dato artista ha creato la sua ultima scultura, ma potrebbe voler sapere in che modo quell'opera abbellisce la piazza in cui è stata installata. Ciò che è interessante non è la scultura in sé, ma il modo in cui il lettore interagisce con essa.

Quello che voglio dire è che dovete comunicare i vantaggi, invece delle caratteristiche. Alla maggior parte delle persone non interessa un bel niente delle caratteristiche e delle specifiche di un prodotto, ma è estremamente interessata al modo in cui potrebbe trarre vantaggio da questo prodotto. Tutto dipende da ciò che voi (o il vostro argomento) potete fare per il lettore; tutti sono interessati a come le cose influiscono su di loro a livello personale.

Poniamo il caso che stiate scrivendo un testo su una nuova automobile. Potreste descrivere il motore, il sistema di trasmissione e l'impianto audio nei minimi dettagli. Facendolo, potreste riempire la pagina di ogni sorta di specifiche tecniche e usare tutti i termini in voga; probabilmente sarete anche tentati di usare i nuovi slogan coniati dal vostro reparto marketing per queste specifiche caratteristiche.

Prendiamo un esempio concreto: un produttore di auto parla del suo motore V8 a 32 valvole DOHC da 5,7 litri con Dual Independent Variable Valve Timing, la sua trasmissione ECT-i a sei velocità e il suo sistema audio Entune con JBL Synthesis. Se non ha tra le mani una sorta di dizionario Toyota-italiano, l'acquirente medio non ha la minima idea della maggior parte di queste caratteristiche. Per esempio, voi sapete che ECT-i sta per Electronically Controlled automatic Transmission with Intelligence,[5] o almeno cosa significa? Naturalmente no.

Ciò che dovete fare nei vostri testi è prendere questo tipo di dati tecnici senza senso e renderli sia comprensibili sia sensati agli occhi del lettore. Invece di comunicare semplicemente le specifiche del motore, parlate del modo in cui rende l'auto talmente potente da percorrere tranquillamente anche tratti di strada scoscesi. Le specifiche del motore sono le caratteristiche; la potenza è un vantaggio. Invece di divagare sulla trasmissione ECT-i, dite al lettore che la trasmissione è talmente intelligente da scegliere la marcia giusta per ottimizzare il consumo di carburante e, pertanto, permette di risparmiare. Invece di buttare qua e là nomi di prodotti come Entune e JBL Synthesis, dite che il sistema audio offre un suono strepitoso con qualsiasi tipo di musica e da qualsiasi dispositivo, inclusi la radio satellitare e l'iPod o l'iPhone.

Vantaggi, non caratteristiche. È un approccio centrato sul lettore che aiuta a rendere le informazioni tecniche più chiare ed eloquenti.

Usare gli esempi

Un altro modo valido per spiegare temi complessi è l'utilizzo di esempi. Mostrate ai lettori, descrivendo un caso specifico, come una cosa complessa sia esattamente come un'altra cosa più semplice con cui hanno maggiore familiarità.

Usate degli esempi per rendere terra terra le tematiche complesse. Illustrate il concetto fornendo un esempio concreto che risulti familiare agli occhi del lettore. In pratica, dovete mostrare l'idea generale attraverso fatti specifici.

Pensate alla difficoltà di spiegare come tenere traccia del budget casalingo. Quando dovete parlare delle entrate e delle uscite, due concetti non sempre chiari a tutti, potreste dire: "Per esempio, lo stipendio è un'entrata, è denaro che

5. Trasmissione automatica a controllo elettronico con sistema intelligente. [N.d.T.]

entra nel conto corrente. I soldi spesi al supermercato sono uscite, perché escono dal conto corrente."

Visto cos'ho appena fatto? Ho usato un esempio per illustrare il concetto di usare esempi nei testi che scrivete. È una specie di metafora, lo so, ma avete capito cosa intendo.

Scrivere istruzioni passo passo

La capacità di semplificare i concetti complessi è particolarmente importante quando dovete spiegare come fare qualcosa. Nel caso di informazioni di questo tipo, occorre accompagnare i lettori passo dopo passo lungo una serie di istruzioni dettagliate. Suddividendo un argomento o un processo in vari passaggi, semplificate una procedura complessa.

Per i lettori è più semplice comprendere cosa sta succedendo quando li guidate un passo alla volta. Invece di costringerli ad afferrare un intero concetto in un colpo solo, rendetelo comprensibile gradualmente, procedendo per passaggi.

Scrivere istruzioni passo passo vi aiuta anche a comprendere tutti i singoli aspetti coinvolti in un dato processo. Quando smontate un processo, siete costretti a pensare e ad apprezzare meglio ogni passaggio. È un'ottima esperienza educativa tanto per lo scrittore quanto per il lettore.

Per scrivere istruzioni passo passo dovete partire dall'inizio e terminare alla fine. Certo, suona estremamente ovvio, ma vi sorprenderete di scoprire quante istruzioni partono da un punto qualsiasi a metà strada e si interrompono prima che il processo sia completato.

Quindi, dovrete pensare a ciò che dovete fare percorrendo un dato processo, un passo alla volta. Partite da dove partirebbero i vostri lettori con il loro livello di competenza. Significa che potete presumere che il pubblico esperto abbia una competenza di base, ma anche che dovete partire dall'inizio, se avete a che fare con lettori con minor esperienza.

Prendete l'esempio di dover illustrare a qualcuno come tuffarsi in piscina. Potreste far iniziare le istruzioni spiegando come posizionare i piedi sul trampolino; ma per alcuni lettori siete già troppo avanti. Potrebbe essere necessario indicare quale tipo di piscina è adatta ai tuffi, quanto alto dovrebbe essere il trampolino, o perfino dire che la piscina deve essere piena d'acqua e che deve esserci una persona o un bagnino nei paraggi. Accompagnerete poi il lettore sulla scaletta fino a raggiungere il trampolino e procederete da lì.

Il modo migliore di scrivere indicazioni passo passo è proprio quello di farlo in passaggi; passaggi numerati, tutto qui. Sebbene sia possibile usare un formato basato su paragrafi, per il lettore è molto più semplice comprendere il processo quando è suddiviso in passaggi, come in questo caso:

1. una volta entrati in negozio, prendete un carrello della spesa;
2. spingete il carrello lungo il corridoio di frutta e verdura;
3. trovate l'area dedicata alle banane;
4. scegliete un ceppo di banane di colore giallo intenso, non verdi e non ancora nere;
5. mettete le banane nel carrello;
6. spingete il carrello fino alla cassa;
7. pagate le banane alla cassiera.

Notate quanto siano chiare e facili da seguire le istruzioni. Viene indicato esattamente cosa fare a ogni passaggio; nulla è lasciato all'improvvisazione.

Suggerimento

Accertatevi di descrivere una sola azione in ogni passaggio. Non inserite più azioni in uno stesso passaggio, creereste confusione.

Ora, potreste dover modificare queste istruzioni per renderle adatte a diversi livelli di lettori. Usando il nostro esempio, se qualcuno non sa come fare la spesa al supermercato, al punto 2 dovreste spiegare che cos'è il corridoio di frutta e verdura e com'è fatto. Oppure, se qualcuno conosce bene i supermercati, potreste saltare il punto 1 perché probabilmente sa già che deve prendere un carrello dopo essere entrato. Tutto sta nel saper adattare i contenuti in base al pubblico di riferimento.

Avvertimento

Non inserite passaggi all'interno di altri passaggi. Se dovete descrivere un processo secondario, illustratelo in un passaggio a sé stante nell'elenco numerato, oppure rimandate il lettore a un altro set di istruzioni per quel dato processo.

Evitare il gergo e il linguaggio settoriale

Passiamo ora a uno dei modi più importanti per semplificare i concetti complessi. Si tratta di usare un linguaggio comprensibile evitando gerghi, acronimi e tecnicismi di settore, quello che chiamo il "linguaggio settoriale".

Come detto prima, è facile (o meglio, comodo) pensare che i vostri lettori siano tanto esperti di una data materia quanto le siete voi. Forse lo sono, nel qual caso, usate pure tutto il linguaggio settoriale che volete. Ma nella maggior parte dei casi, i vostri lettori provengono da un luogo differente e non conoscono il gergo e i neologismi che voi e i vostri colleghi buttate lì con scioltezza.

Per come la vedo io, la vostra scrittura dovrebbe essere onnicomprensiva, invece che esclusiva. Quando il vostro testo contiene troppi termini settoriali e inusuali, escludete coloro che non fanno parte del club. Sarebbe molto meglio essere onnicomprensivi e invitare gli "outsider" nel vostro club; è così che potrete attrarre nuovi lettori, nuovi visitatori e nuovi clienti.

Prendete per esempio questo elenco di termini settoriali tratto da un sito web sulla sicurezza online: *antivirus*, *cracker*, *firewall* e *phishing*. Se siete ferrati in materia di sicurezza online, probabilmente ne conoscete il significato. In caso contrario, non lo sapete. Quindi non sarà di alcun aiuto scrivere di firewall se il vostro pubblico non sa che si tratta dell'impiego di una serie di contromisure di sicurezza per proteggere l'infrastruttura informatica di un'organizzazione (accidenti! Ho appena usato un'altra espressione tecnica, "infrastruttura informatica", per spiegare la prima espressione tecnica!).

In ogni caso, non usate termini che il vostro lettore non conosce o non comprende. Certo, è una comoda scorciatoia per coloro che ne sanno qualcosa, ma per tutti gli altri è solo chiacchiera. Nel dubbio, usate una descrizione in italiano semplice.

C'è poi il problema degli acronimi, ovvero le parole composte dalle iniziali di altre parole.

Il problema legato agli acronimi è uguale a quello dei gerghi; a meno che non si padroneggi quel dato settore o ambiente, non si ha la più pallida idea di cosa significhino. Infatti, alcuni acronimi hanno diversi significati in base al settore in cui vengono usati; ACE, per esempio, può corrispondere ad Agenzia di Credito dell'Esportazione, ma anche ad Apparato Centrale Elettrico, Attestato di Certificazione Energetica, Adobe Certified Expert,[6] Advanced Composition Explorer[7] e un'altra decina di cose. Se scrivete ACE nel vostro testo, ogni lettore lo interpreterà in maniera differente.

Il modo migliore di usare gli acronimi è quello di *non* usarli, punto. Se ritenete di dover usare un acronimo specifico, la prima volta scrivetelo per esteso indicando anche il relativo acronimo, così: **non ha ottenuto l'Attestato di Certificazione Energetica (ACE).** Ma sarebbe meglio evitarli, soprattutto se state scrivendo per un pubblico generico.

6. Esperto certificato Adobe. [N.d.T.]

7. Sonda spaziale lanciata dalla NASA nel 1997. [N.d.T.]

Nota

Gli unici casi in cui è ammesso l'uso di acronimi è quando si scrive per un pubblico "insider" e su Twitter (con un limite di 140 caratteri, bisogna ottimizzare al massimo).

Detto questo, se state invece scrivendo per un pubblico esperto e probabilmente familiare con un dato acronimo o termine tecnico, allora usatelo pure; se non lo fate, rischiereste di apparire stupidi o ignoranti.

Altra eccezione: se un dato acronimo è comunemente più usato rispetto alla relativa definizione, allora si può usare tranquillamente (per esempio, qualcuno ricorda che DVD sta per Disco Video Digitale? Conosciamo tutti l'acronimo, ma non la definizione originale).

Avvertimento

Dovreste anche evitare termini "di tendenza" che daterebbero i vostri contenuti. Per esempio, la parola "omofobia" è molto trendy oggigiorno, ma tra cinque anni sarà obsoleta come il neologismo "metrosessuale" lo è ora.

Scrivere in uno stile colloquiale

Infine, il modo in cui parlate di qualcosa è tanto importante quanto ciò di cui parlate. Il che significa che dovete stare attenti allo stile di scrittura che usate e a far corrispondere quello stile al tipo e al livello dei lettori.

Per il pubblico generico, probabilmente dovrete usare uno stile colloquiale. Non troppo formale, non troppo legnoso, non troppo tecnico; fate in modo che suoni genuino e naturale, come se steste concretamente colloquiando con qualcuno.

Parlerò dello stile di scrittura più avanti nel libro, ma per il momento sappiate che se la vostra scrittura suona troppo tecnica o troppo settoriale, finirà con lo stancare il lettore. Sforzatevi di scrivere con uno stile colloquiale e vi sarà più facile usare le parole giuste e includere le informazioni giuste. Se usate lo stile adatto al vostro pubblico, riuscirete a mantenere alto l'interesse e tutto il resto andrà da sé.

Nota

Per saperne di più sugli stili di scrittura, consultate il Capitolo 7, "Trovare il proprio tono".

4

Facciamola breve e semplice

Una delle caratteristiche fondamentali dello scrivere testi per il Web, di qualsiasi tipo essi siano, è che più sono brevi, meglio è. Al giorno d'oggi le persone hanno una soglia di attenzione particolarmente bassa, soprattutto online; stiamo parlando a una generazione cresciuta a pane e SMS, che non è avvezza a forme di comunicazione più estese, come le lettere e perfino le email. Per i lettori di oggi, qualsiasi cosa sia più lunga di un volantino corrisponde a un romanzo; tutto ciò che è più lungo di 140 caratteri comporta la fatica di scorrere verso il basso. Non c'è tolleranza per le comunicazioni che durano tanto, senza parlare delle digressioni erudite. Tutto deve essere visibile a colpo d'occhio, e non letto e contemplato lentamente.

Avete visto cosa ho appena fatto? Ho scritto un paragrafo lunghissimo con frasi lunghissime e parole lunghissime. Il tipo di cose che non dovreste fare quando scrivete per il Web.

Al contrario, dovete imparare a scrivere in modo conciso. Fatela breve e semplice. Paragrafi brevi. Frasi brevi. Parole brevi.

Come si fa? Continuate a leggere e lo scoprirete.

Perché breve è meglio

Nel Capitolo 1, "In cosa si differenzia la scrittura online?", abbiamo parlato di come la natura della lettura di contenuti web necessiti di testi più brevi rispetto a quelli che si trovano solitamente sulla carta stampata. È utile comprendere il *perché* alle origini del problema prima di passare a parlare di *come* affrontarlo.

Lo schermo del computer non è di carta

Esistono degli ovvi limiti fisici alla lettura di contenuti online. Leggere una pagina web o un'email non è come leggere un libro o una rivista: lo schermo del computer non può essere tenuto comodamente in mano, né riflette e assorbe la luce come fa la carta. Invece, vi trovate di fronte a uno schermo piatto, solitamente seduti alla scrivania, e che emette della luce da dietro le parole. Il livello di comfort non è proprio ideale per lunghe sessioni di lettura.

In effetti, è proprio la retroilluminazione che infastidisce coloro che cercano di leggere seriamente sullo schermo del computer o del tablet. In questi casi, molti lamentano stanchezza agli occhi, e posso capirlo. Maggiore è il tempo trascorso leggendo seduti davanti a un computer, maggiore è la stanchezza che ne deriva.

Nota

Il problema della stanchezza da lettura è il motivo per cui molti lettori di ebook hanno abbandonato il tipico schermo LCD retroilluminato a favore del cosiddetto e-ink (Electrophoretic Ink, inchiostro elettroforetico), che imita il riflesso di luce dell'inchiostro sulla carta.

La risoluzione è bassa

Dovete anche tenere conto della risoluzione degli schermi dei computer, che è notevolmente inferiore a quella dell'inchiostro sulla carta. La risoluzione misura il numero di punti (pixel) che compongono il testo e le immagini a schermo: maggiore è la risoluzione, più nitida è l'immagine.

I tipici notebook con schermo da 15,4" hanno una risoluzione di 1.440 pixel in larghezza per 900 pixel in altezza. Ne risulta una densità di 110 pixel per pollice (PPI, Pixel per Inch). L'iPad di terza generazione di Apple è più adatto per leggere, perché ha una densità di pixel pari a 264 PPI. L'iPhone di quarta generazione, con i suoi 326 PPI, è ancora meglio (tutto ciò mi dice che più grande è lo schermo, minore è la risoluzione).

Confrontate queste risoluzioni con quella di una rivista o di un libro stampato. L'inchiostro su carta non ha una corrispondenza con i pixel dello schermo (l'u-

nità di misura più appropriata per l'inchiostro è quella dei punti per pollice o DPI, Dot per Pixel), ma è comunque possibile fare un confronto. I quotidiani, per esempio, sono solitamente stampati a 1.270 DPI; la maggior parte dei libri è stampata a 2.400 DPI (i libri con copertina rigida con molte immagini hanno una risoluzione ancora più alta). Supponendo che un punto equivalga a un pixel, prendete un libro a 2.400 DPI e uno schermo a 110 PPI: c'è una gran bella differenza in termini di risoluzione e di nitidezza.
Quindi, le immagini e i testi stampati sono più nitidi rispetto a quelli digitali. E questo è uno dei fattori che contribuisce alla stanchezza da lettura online.

Le dimensioni dello schermo sono piccole

Inoltre, molti schermi di computer sono più piccoli delle pagine di un libro o di una rivista, soprattutto se si considera la modalità panorama rispetto alla modalità ritratto. Prendete un tipico schermo da 15": è alto solo poco più di 20 cm. Confrontatelo con un classico libro con copertina rigida che è alto circa 22,5 cm, o con la rivista *Time*, che è alta 26,7 cm (i quotidiani sono ancora più alti...). In pratica, i libri di grande formato devono essere compressi e riformattati per potere "stare" nel tipico schermo dei computer; oppure sarà necessario scorrere verso il basso per leggere l'intera pagina.

Nota

Gli schermi, siano essi di computer o di televisori, vengono misurati in diagonale, da uno degli angoli inferiori all'angolo superiore opposto. Per esempio, uno schermo da 14", in diagonale, misura 14 pollici dall'angolo inferiore sinistro all'angolo superiore destro. Non è possibile calcolare l'altezza e la larghezza esatte di un dato schermo partendo dalla misura diagonale, perché dobbiamo tenere conto anche del rapporto dell'aspetto o del formato: larghezza per altezza. I monitor widescreen hanno un formato diverso (solitamente 16:9) dagli schermi standard (che hanno generalmente un formato 4:3). È un po' complicato.

La situazione non è più rosea con i tablet, soprattutto quelli piccoli. Il Kindle Fire di Amazon, per esempio, ha uno schermo da 7" (diagonale), che si traduce in un'altezza di soli 15 cm. Con il più grande iPad di Apple le cose vanno meglio, grazie al suo display da 7,75", ma è comunque più indicato per leggere libri in brossura che riviste o quotidiani.
Le cose diventano veramente problematiche quando si tratta di leggere su uno smartphone; cosa che fanno in molti, che si tratti di pagine web, libri, tweet e via dicendo. Il tipico display degli smartphone misura solo 3", che non è abbastanza

da permettere di leggere qualsiasi cosa di qualsiasi lunghezza. Per poter leggere sul telefono cellulare bisogna scorrere un po', a volte tanto. E questo è scomodo.

Le soglie di attenzione sono basse

Quindi, gli schermi usati per leggere online sono piccoli e non sono tanto nitidi quanto la carta stampata. Ma questa è solo la punta dell'iceberg.

Nel corso degli ultimi anni, la nostra soglia di attenzione collettiva si è notevolmente ridotta. Questa tendenza ha probabilmente avuto inizio con la diffusione della televisione negli anni Cinquanta, ed è peggiorata con l'avvento di MTV negli anni Ottanta, per raggiungere il suo picco durante la rivoluzione dei personal computer (naturalmente, anche la messaggistica via cellulare ha contribuito notevolmente).

In ogni caso, oggi la gente non ha la pazienza necessaria per seguire ciò che è lungo, che si tratti di un film o di un messaggio scritto. Vogliamo che tutto ciò che ci interessa sia breve e semplice. Non abbiamo tempo per le lunghe conversazioni o per leggere comodamente. Criticate questa tendenza quanto volete, ma è la realtà.

Ciò significa che non potete aspettarvi che i lettori online leggano letteralmente qualcosa.

È più probabile che "spilucchino" il vostro testo più che leggere ogni singola parola. E non faranno neanche lo sforzo di scorrere una pagina web o il blog di un post particolarmente lungo: devono poterli vedere interamente a colpo d'occhio.

Non voglio dire che alcune persone non leggano determinate cose perché sono lunghe. I professionisti potrebbero leggere documenti aziendali; gli acquirenti scaltri potrebbero leggere le specifiche dei prodotti. Ma in generale le persone non hanno una soglia di attenzione abbastanza alta da riuscire a leggere testi lunghi online.

Capito?

È ciò che ci aspettiamo

Oggigiorno, quando scrivete per un media online, non inventate l'acqua calda. Ci sono stati tantissimi scrittori prima di voi che hanno stabilito il modo in cui appare e suona la scrittura online; che è breve e armoniosa. Date un'occhiata qua e là sul Web: la maggior parte delle pagine ha testi concisi che non richiedono che il lettore scorra molto verso il basso. È ciò che siamo arrivati ad aspettarci.

Continuate pure a scrivere testi per pagine web esageratamente lunghi. Non sarà ciò che si aspettano di trovare i visitatori e non li apprezzeranno. Non ha senso cercare di andare controcorrente; dovete fare le cose nel modo in cui le fanno tutti. Tutto sta nel soddisfare le aspettative dei lettori.

E cosa succede se scrivete dei testi esageratamente lunghi? Nel migliore dei casi, i visitatori smetteranno di leggere a metà della pagina. Nel peggiore dei casi, faranno subito clic per passare a un sito che presenta informazioni simili in modo più conciso.

In altre parole, i testi troppo lunghi fanno scappare i visitatori. Quindi siate brevi. Molto brevi.

Facciamolo a pezzi

Come ovviare a tutti questi problemi? È semplice: dovete presentare le vostre informazioni nel modo più conciso possibile.

Questa è forse la differenza principale tra scrivere per il Web e scrivere per la stampa. Ogni aspetto di ciò che viene letto online deve essere breve e facilmente scrutabile; non potete permettervi il lusso di creare una prosa densa e fluida.

Laddove la stampa consenta - o perfino incoraggi - la scrittura di testi lunghi, Internet non lo fa. La scrittura online efficace tiene conto dei rischi legati alla bassa soglia di attenzione di persone che leggono su piccoli schermi e si adegua di conseguenza. I lettori non hanno una soglia di attenzione tale da leggere lunghi passaggi online, quindi dategli passaggi più brevi. I piccoli schermi a bassa risoluzione rendono difficoltosa la lettura di testi lunghi, quindi scrivete testi brevi e che si adattano meglio agli schermi retroilluminati. Si tratta semplicemente di adattare i testi al dispositivo su cui vengono letti.

Potete farlo in molti modi. Dovete organizzare i contenuti in sezioni brevi, ridurre la lunghezza delle frasi e perfino semplificare il linguaggio che usate. Quando siete online, è meglio essere brevi, indipendentemente da come lo fate.

Ciò non significa fornire meno informazioni. Nonostante le problematiche legate alla soglia di attenzione e alle dimensioni dello schermo, molte persone continuano a volere - e hanno bisogno - di un certo numero di informazioni. Quindi, dovete scrivere e formattare quelle informazioni in modo che saltino subito all'occhio sugli schermi piccoli e a bassa risoluzione dei lettori che hanno una bassa soglia di attenzione. Come fossero piccoli assaggi!

Trovo che un buon approccio sia pensare al contenuto che state scrivendo non come a qualcosa che verrà letto dettagliatamente, ma come a qualcosa che salta facilmente all'occhio. Ovvero, dovete presentare soltanto le informazioni che il lettore è in grado di assorbire velocemente. Nella maggior parte dei casi, sono le informazioni che appaiono nello spazio di una schermata, sicuramente non di più, a volte anche meno.

Ciò non significa che dovete limitare il vostro testo alle dimensioni dello schermo. Se dovete comunicare un messaggio più lungo (cosa possibile nel caso di pagine web o post di blog), suddividetelo in più schermate. Non aspettatevi che il lettore scorra verso il basso; invece, fate in modo che clicchi per visualizzare un'altra schermata intera (è così: i lettori del Web preferiscono fare clic piuttosto che scorrere. Non so esattamente perché).

Questo approccio prevede paragrafi che saltano subito all'occhio e frasi che non scorrono su troppe righe. Ripeto, tutto sta nel rendere il testo facilmente scrutabile e assorbibile a colpo d'occhio.

Alla fine avrete un testo *fatto a pezzi,* suddiviso in bocconi brevi e facilmente digeribili. Quello di cui avete bisogno sono pezzi di informazioni o, meglio, un testo a pezzi.

Nota

Lo so, "fare a pezzi" suona un po' forte. Ma è il mio libro, quindi posso farlo (comunque rende l'idea, non pensate?).

Lo scopo è perciò quello di fare a pezzi il vostro testo, suddividendolo in parti facilmente analizzabili. Potete riuscirci in vari modi e, tutti, portano a "farla breve".

Scrivere per lo schermo

Uno degli aspetti che caratterizza il consumo di contenuti online è dato dai limiti del display. Idealmente, il vostro contenuto dovrebbe non essere più lungo di una singola schermata e i lettori non dovrebbero dover scorrere verso il basso per leggerlo tutto. Il problema è che ogni schermo è differente. Provate a pensarci. Diciamo che adattate il vostro contenuto affinché stia entro i margini del monitor da 22" (diagonale) di un computer desktop, che in effetti può contenere moltissimo testo. Bene, quella formattazione non andrebbe bene per lo schermo da 14" (diagonale) di un notebook o, addirittura, per il display da 10" (diagonale) di un tablet (per non parlare della formattazione per quei piccolissimi display degli smartphone).

Ma ci sono altri fattori da considerare. Il font usato, in termini di tipo e dimensioni, fa una grande differenza, così come la larghezza della pagina web o il relativo numero di righe. Una pagina formattata con il font Times Roman a 12 punti può contenere molto meno testo di una pagina formatta

con il font Verdana a 10 punti; e potreste non sapere in anticipo come verrà formattato il vostro contenuto.
La sfida sta quindi nel riuscire a riempire un'intera schermata, ma gli schermi possono avere dimensioni differenti e, probabilmente, non sapete neanche quale sarà il font usato. Come ho detto, è una sfida.
Se state scrivendo per un sito web, potreste essere in grado di lavorare con i designer, avendo così un'idea più precisa di quanto contenuto starà in una data pagina (per saperne di più, consultate il Capitolo 22, "Confrontarsi con il design delle pagine web"). Se non potete permettervi questo lusso, dovrete improvvisare e fidarvi della vostra esperienza. Se possibile, dovreste anche fare qualche piccolo esperimento. Dovrete essere disposti a stringere un po' qui e ad aggiungere qualcosina lì per ottenere un testo della lunghezza perfetta per uno schermo "tipico". È tutta una questione di rifinitura, che è parte integrante del processo di scrittura.

Scrivere sezioni più brevi

Partiamo dal macro per arrivare al micro. Ovvero, iniziamo parlando delle sezioni all'interno del testo.
Se siete abituati a scrivere testi per uso didattico o professionale, siete anche abituati a suddividere il vostro lavoro in sezioni, con titoli di primo livello, titoli di secondo livello e così via, una specie di grande schema. È una cosa positiva, perché anche il vostro contenuto online dovrebbe essere strutturato in un modo simile.
Ciò che differenzia le sezioni online è che dovrebbero essere più corte. Nei testi didattici e professionali, le sezioni possono essere lunghe un'intera pagina o anche di più; online dovrebbero invece essere composte soltanto da pochi paragrafi. Infatti, vanno benissimo anche le sezioni di un solo paragrafo.
Come detto precedentemente, lo scopo è quello di fare a pezzi il testo per renderlo più facilmente consultabile. Usando molte sezioni brevi (con il relativo titolo) si ottiene proprio questo.
Qual è la lunghezza giusta di una sezione di testo, ovvero, quanti paragrafi dovrebbero esserci tra un titolo e l'altro? Non esiste una regola fissa, ma direi più o meno tre o quattro paragrafi, anche meno se sono lunghi. I lettori passano da sezione a sezione, spesso leggendo solo il titolo, quindi date loro tanti titoli da leggere.
Ci sono molti modi per accorciare le sezioni. Prima di tutto, eliminando il testo non fondamentale dalle sezioni più lunghe, sebbene il lettore possa non ricevere

informazioni comunque valide. Un approccio migliore consiste nell'inserire dei titoli descrittivi ogni due o tre paragrafi, in base al contenuto. In questo modo, i titoli creano una sorta di commento continuo nel testo in secondo piano; un lettore impaziente potrebbe leggere soltanto i titoli per farsi un'idea di ciò che avete da dire.

Nota

Per saperne di più su come organizzare i testi in sezioni, consultate il Capitolo 5, "Organizzare i contenuti".

Scrivere paragrafi più brevi

Quando si parla di fare a pezzi un testo, non c'è niente di meglio dello scrivere paragrafi più corti. Online non possono esserci paragrafi lunghi quanto una schermata; dovete essere in grado di passare fluidamente da un paragrafo breve a quello successivo.

Siamo onesti: i paragrafi brevi sono più efficaci in quasi tutti i tipi di scrittura. Un paragrafo molto lungo appare denso sulla pagina e potrebbe scoraggiare il lettore dall'affrontarlo. Un paragrafo più breve è più invitante e promette un premio più veloce. I lettori sono più propensi a leggere i paragrafi di cui possono vedere la fine, invece di quelli che terminano in qualche punto "oscuro" della pagina.

Potete usare varie tecniche per scrivere paragrafi più brevi. Una è l'autocontrollo: mentre scrivete, limitatevi a due o tre frasi per paragrafo. Un altro approccio consiste nel prendere i paragrafi più lunghi già scritti e dividerli in due (tre o quattro). Se scegliete quest'ultima opzione, potrebbe essere necessario riscrivere parte del testo, per essere certi che la prima e l'ultima frase di ciascun paragrafo abbiano senso, e che il passaggio da un paragrafo all'altro sia fluido.

Nota

I paragrafi brevi sono la base di ciò che qualcuno chiama "scrittura pratica". Un esempio è dato dallo stile giornalistico, dove il fine non è la scrittura in sé, quanto comunicare i fatti di una storia. A suo modo, la maggior parte della scrittura online è scrittura pratica; ciò che è importante sono i fatti, non le parole che scegliete.

Prendete per esempio questo singolo paragrafo lungo:

> Per monitorare i siti su darknet, utilizziamo svariate tecniche occulte. Prima di tutto, diffondiamo i nostri agenti software in molti server sicuri in tutto il mondo. Inoltre, gli agenti software sono programmati per simulare il naturale comportamento umano e non quello automatizzato tipico delle ricerche degli spider, celando la loro presenza. Questo processo non intrusivo non lascia pressoché alcuna traccia, permettendo un monitoraggio continuo senza che sia rilevato o interrotto. I dati raccolti dai nostri motori di ricerca vengono inoltrati agli analisti di cyber-intelligence umani della società. Questi professionisti sono in grado di accedere manualmente al sito o canale segnalato, nel caso in cui siano necessarie maggiori informazioni, o di filtrare i dati raccolti e inoltrare le loro analisi ai clienti della società.

Decisamente denso, non trovate? Rendereste la lettura più agevole dividendo questo unico lungo paragrafo in paragrafi più corti, ciascuno dei quali può essere interiorizzato più facilmente dal lettore. Il risultato finale sarà così:

> Per monitorare i siti su darknet, utilizziamo svariate tecniche occulte.
>
> Prima di tutto, diffondiamo i nostri agenti software in molti server sicuri in tutto il mondo.
>
> Inoltre, gli agenti software sono programmati per simulare il naturale comportamento umano e non quello automatizzato tipico delle ricerche degli spider, celando la loro presenza. Questo processo non intrusivo non lascia pressoché alcuna traccia, permettendo un monitoraggio continuo senza che sia rilevato o interrotto.
>
> I dati raccolti dai nostri motori di ricerca vengono inoltrati agli analisti di cyber-intelligence umani della società. Questi professionisti sono in grado di accedere manualmente al sito o canale segnalato, nel caso in cui siano necessarie maggiori informazioni, o di filtrare i dati raccolti e inoltrare le loro analisi ai clienti della società.

Non è ancora perfetto (accorcerei alcune frasi, come vedremo più avanti), ma è già più facile da leggere dell'originale paragrafo singolo.

Scrivere frasi più brevi

Ok, dovete scrivere paragrafi lunghi solo poche frasi. E queste frasi devono essere brevi.

Internet non è un luogo adatto alla prosa pittoresca. È soltanto un contenitore di fatti, signori, e non ammette parole inutili.
Ciò significa che dovete ridurre le vostre frasi ai minimi termini. Non usate espressioni fiorite; attenetevi alla costruzione soggetto-predicato aggiungendo meno aggettivi e avverbi possibili. Usate solo ciò che serve per arrivare al punto. Le frasi brevi hanno il vantaggio di essere più potenti. Una frase è sicuramente più comprensibile se il lettore non deve districarsi tra una serie di virgole e di proposizioni secondarie. Le frasi brevi sono anche più dirette: arrivando al punto più velocemente, il lettore può digerire e ricordare meglio il messaggio di quanto non riesca a fare in caso di frasi lunghe e articolate.
Il modo più semplice per scrivere frasi brevi è quello di auto-educarsi a farlo. Oltre a questo, potete "potare" le frasi lunghe eliminando i termini non necessari e riscrivendo i periodi con molte proposizioni secondarie. Non cercate di dire due cose nella stessa frase; usate due frasi per farlo (non come ho appena fatto io in questa frase.)
Ecco un esempio di una frase lunga e composta, presa dal precedente paragrafo esemplificativo:

Questo processo non intrusivo non lascia pressoché alcun traccia, permettendo un monitoraggio continuo senza che sia rilevato o interrotto.

La rendereste più facile da leggere dividendola in questo modo:

Questo processo non intrusivo non lascia pressoché alcuna traccia. Il monitoraggio può così continuare senza che sia rilevato o interrotto.

Si legge meglio, non è vero?
Qual è la lunghezza giusta per una frase? Non esiste un limite; nella scrittura colloquiale, una frase può essere composta da una sola parola (giuro!). In termini di lunghezza massima, non superate le 10 o 12 parole, se potete. Concentratevi sull'idea principale e tagliate via tutto ciò che non contribuisce a esprimerla.

Suggerimento

Un altro modo per ridurre la lunghezza di una frase consiste nell'evitare termini pesanti e gergali. Per esempio, invece di dire **ai giorni nostri**, dite **ora**. Invece di **nella maggior parte dei casi**, dite **solitamente**. Avete capito: non usate due o tre parole quando ne basta una sola.

Scrivere parole più brevi

Siamo arrivati al livello micro della scrittura, ovvero le parole che usate. Credetemi, sono un fan dei termini fantasiosi. Li amo; più sono inventivi, meglio è per me. Ho anche scritto un libro su come accrescere il proprio vocabolario, pieno di parole cervellotiche.

Nota

Il mio libro sulle parole cervellotiche (forse erano solo parole difficili) è *Webster's New World Vocabulary of Success*, pubblicato da Webster's New World alla fine del secolo scorso (nel 1998, per essere precisi).

Tuttavia, la maggior parte dei lettori non condivide il mio amore per la lingua, e nemmeno ha un vocabolario così esteso. Non che dobbiate esprimervi in modo terra terra, ma dovete scrivere in un modo per loro comprensibile.

Quindi, dovete usare un linguaggio familiare e comodo per i vostri lettori. La vostra pagina web o l'aggiornamento di stato su Facebook non è un posto adatto per educare la massa o per mostrare la vostra conoscenza di sinonimi. Tutto ciò che dovete fare è far arrivare il messaggio; usate le parole che vi permettono di farlo nel modo più efficace.

Ciò significa che dovete scegliere parole corte, usate più comunemente e meno tecniche. Non consumate il dizionario dei sinonimi e dei contrari; usate parole che è probabile che i vostri lettori conoscano.

E se siete un linguista frustrato? Non si tratta di voi, si tratta delle persone che leggono le vostre parole e del contenuto che state comunicando. Non rendete al lettore più difficile di quanto debba essere ottenere le informazioni che vuole e di cui ha bisogno. Se ciò significa imboccarlo con un cucchiaino piccolo piccolo, che sia.

Comunque, mi piacciono tanto le parole brevi quanto le parole lunghe. Quando si parla di linguaggio, le dimensioni non contano, vero?

5

Organizzare i contenuti

Internet non è un posto adatto ai contenuti disorganizzati. Probabilmente nella vostra tesi di laurea siete riusciti a cavarvela con un po' di confusione organizzata, arricchendola di divagazioni personali un po' qua un po' là; ma online non c'è spazio per le digressioni. I lettori del Web vogliono arrivare al punto più velocemente possibile e, se i vostri contenuti seguono percorsi tortuosi invece di andare direttamente dal punto A al punto B, li perderete. Letteralmente.

È quindi importante organizzare i contenuti in modo che siano facilmente comprensibili e che i lettori frettolosi possano trovare subito l'informazione che cercano. Quindi, occorre non solo stabilire dove va ogni cosa, ma anche usare titoli, elenchi e altri trucchi utili a rendere i contenuti più chiari possibile.

Mettere prima le informazioni più importanti

Potrebbe sembrare ovvio: se un pezzo è ben organizzato, per i lettori sarà più facile trovare l'informazione che stanno cercando. Gli utenti non vogliono (e non dovrebbero) far fatica a trovare ciò che è importante; la struttura del testo deve portarli direttamente ai punti principali o alle informazioni generali di interesse.

In molti casi basta semplicemente verificare che le informazioni importanti siano all'inizio della pagina. Non lasciate che il lettore debba girovagare tra paragrafi (o pagine) pieni di dati non fondamentali o non interessanti per trovare il tesoro nascosto; mettete quel concetto chiave di fronte e al centro, così non passerà inosservato.

Non è come scrivere un romanzo, dove il lettore viene trascinato tra decine di capitoli di storie, aneddoti e intrighi prima che giunga al culmine. Nel caso della scrittura informativa (detta anche scrittura pratica), potrebbe esserci una storia da raccontare, ma le nozioni chiave non vanno celate a favore del racconto. In termini giornalistici, i caporedattori anglosassoni direbbero: "Don't bury the lead", ovvero non allontanatevi dal fatto più importante; dovete rivelare il concetto principale nel primissimo paragrafo, meglio ancora, nella frase iniziale.

Il confronto con la scrittura giornalistica calza a pennello. Ciò che fate online è comunicare informazioni e il modo migliore per farlo è piazzarle in bella mostra. I quotidiani lavorano in termini di titoli e sottotitoli, e gran parte della scrittura online funziona allo stesso modo. Dovete inserire le informazioni all'inizio affinché siano visibili a tutti i lettori (anche se sono semplici "passanti"), poi fornite i dettagli aggiuntivi che saranno letti da chi è ancora interessato.

Nel giornalismo, questo approccio viene chiamato *piramide rovesciata*. Come mostrato in Figura 5.1, l'informazione principale va messa all'inizio, alla base (non in cima) della piramide rovesciata. Seguono poi i dettagli importanti e, alla fine, altre informazioni generiche. Se qualcuno legge solo il primo paragrafo, ottiene l'informazione importante. Se continua a leggere un po' oltre, otterrà qualche dettaglio in più e, se legge fino alla fine, scoprirà anche interessanti informazioni correlate. Il lettore diligente viene premiato con l'intera storia, da cima a fondo, ma i lettori meno interessati otterranno comunque le informazioni importanti.

Nota

Nella scrittura giornalistica, il livello più alto della piramide rovesciata contiene chi, cosa, quando, dove, perché e come della storia.

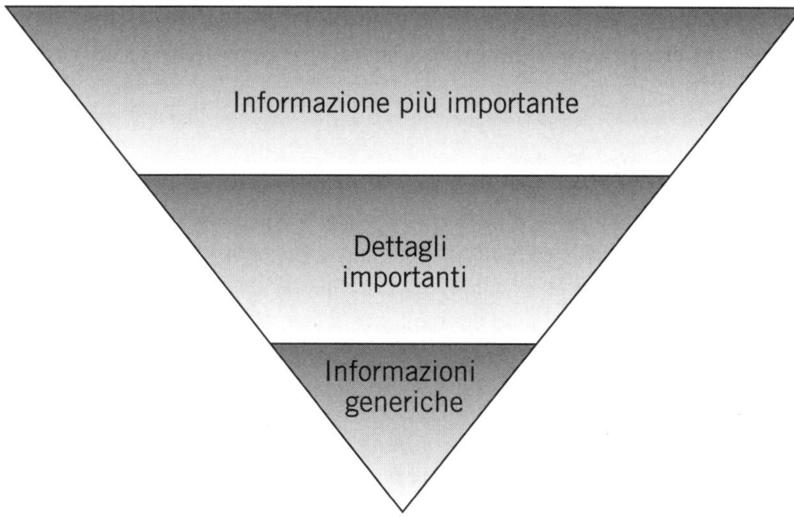

Figura 5.1 La piramide rovesciata della scrittura giornalistica.

Il concetto della piramide rovesciata ha molto senso nella scrittura online. Dite al lettore esattamente ciò che vuole sapere, quindi riempite il resto della pagina, del post o del comunicato stampa, con dettagli aggiuntivi. Non fate in modo che i lettori debbano infangarsi in un'intera pagina web o nel post di un blog per trovare ciò che cercano. Metteteglielo di fronte, e *dopo* raccontate il resto della storia fornendo dettagli aggiuntivi.

Prendiamo per esempio il post di un blog che recensisce un ristorante della zona. Potreste scriverlo cronologicamente, partendo da quanto è stato semplice prenotare un tavolo, quanto velocemente vi hanno fatto sedere, quanto vi è piaciuto l'antipasto, quanto non vi è piaciuto il primo e così via. In questo scenario, la conclusione - quanto vi è piaciuto o non vi è piaciuto il ristorante - sarebbe il culmine della storia, quindi andrebbe alla fine del post.

Ovviamente, il problema è che la maggior parte dei lettori vuole conoscere la vostra conclusione più che come vi siete giunti. Se qualcuno vuole solo sapere se vale la pena andare in quel ristorante, lo costringerete a leggere fino alla fine del post per ottenere l'informazione essenziale.

L'approccio migliore consiste nell'iniziare a scrivere il post partendo dalla conclusione: nel complesso è stata una bella esperienza, il primo non vi ha fatto impazzire, ma probabilmente tornerete in quel ristorante. *Dopo* potete illustrare la cronologia degli eventi, dall'antipasto al dolce, inserendo i dettagli che vi hanno portato alla conclusione.

L'approccio della piramide rovesciata offre ai lettori il premio finale sin dall'inizio. Coloro che vogliono conoscere solo la conclusione saranno subito soddisfatti e potranno passare velocemente a qualcos'altro. I lettori che sono invece interessati ai dettagli continueranno a leggere. È una struttura di comprovata efficacia.

Suggerimento

La struttura a piramide rovesciata aiuta anche a organizzare i contenuti per i diversi media online. Per esempio, nel caso di un post molto breve, userete solo il primo livello con le informazioni fondamentali; includerete anche il secondo livello se il post è un po' più lungo; e andrete fino al terzo livello con le informazioni generiche solo qualora il post preveda una storia completa.

Mettere in evidenza aiuta

Quando si tratta di scrivere testi online più lunghi – ovviamente per pagine web, ma anche per articoli e per alcuni post di blog – può tornare utile usare la capacità di strutturare, che si presume abbiate appreso a scuola. È quella cosa che prevede la suddivisione dei contenuti con titoli di livello uno, livello due e livello tre, con parti di testo sotto ciascun titolo.
Questo tipo di struttura aiuta a individuare a colpo d'occhio i contenuti più importanti. Potete poi riorganizzarla mettendo le informazioni più importanti all'inizio (in realtà ribalterete tutto affinché la *conclusione* sia all'inizio, giusto?).
Questo tipo di riorganizzazione della struttura è particolarmente semplice, se usate Microsoft Word. Basta passare alla visualizzazione *Struttura*, trascinare le sezioni nella posizione desiderata e riassegnare i vari livelli. Vi consiglio di farlo con i titoli, *prima* di iniziare a scrivere i paragrafi, ma potete anche ripensare e riorganizzare la struttura in qualsiasi stadio del processo. Sicuramente vi aiuterà a mettere all'inizio le informazioni importanti.

Suddividere il contenuto su più pagine

Sì, Internet ama i testi brevi. Ma cosa si deve fare quando si scrive di un argomento che richiede un maggiore approfondimento? Non tutte le storie possono essere raccontate online in uno o due paragrafi. I contenuti lunghi esistono anche sul Web. Possono essere articoli o post particolarmente lunghi, magari semplici pagine web con molte informazioni. Indipendentemente dal soggetto, dovete trovare il modo di presentare grandi quantità di testo rimanendo fedeli al prisma della forma breve di Internet.

L'approccio "pigro" consiste nel mettere tutto il testo in una sola pagina. Sicuramente è semplice, ma costringe i lettori a scorrere verso il basso per continuare a leggere. E i lettori online *odiano* scorrere le pagine web lunghe.
L'approccio migliore consiste invece nel suddividere il testo su più pagine sequenziali. Ovvero, dividerlo in sezioni, ciascuna delle quali riempie un'unica schermata. I lettori cliccheranno sul link *Pagina successiva* per continuare a leggere; sembra un po' articolato, ma è decisamente preferibile al dover scorrere una pagina all'infinito. Poiché i lettori vedono una schermata alla volta, il contenuto sarà più facilmente decifrabile di quanto non lo sia su un'unica lunga pagina (dove si vede solo una piccola parte dell'articolo a ogni scorrimento).
Quindi, nel caso di testi particolarmente lunghi, dovete distribuirli su più schermate per evitare che il lettore debba scorrere. Come con tutte le cose inerenti al Web, fate a pezzi i testi per renderli più facilmente digeribili.

Usare i titoli

È importante annunciare i dettagli del testo prima di scaraventare i lettori nel turbinio informativo. È un po' come l'approccio usato dai telegiornali: annunciare ciò che seguirà prima che inizino a leggere la storia.
Sul Web, ciò si traduce nel dividere i contenuti in sezioni brevi (come detto in precedenza) e nell'annunciare ciascuna sezione con un proprio titolo. Usate il titolo per descrivere il soggetto del testo che segue.

Nota

Per saperne di più su come suddividere i contenuti, consultate il Capitolo 4, "Facciamola breve e semplice".

I lettori frettolosi o meno interessati potranno farsi un'idea del contenuto semplicemente leggendo i titoli. I lettori più interessati leggeranno anche il testo tra un titolo e l'altro.
La Figura 5.2 mostra una pagina web in cui l'uso di titoli per organizzare le informazioni è particolarmente efficace. Come potete vedere, basta leggere i titoli per ottenere le informazioni; il testo fornisce invece i dettagli.
Se il testo è molto lungo, potete usare più livelli di titoli. Ovvero, dividerete il testo in sezioni principali e secondarie, assegnando titoli di primo livello alle sezioni principali e titoli di secondo livello alle sezioni secondarie. Potete anche aggiungere titoli di terzo e quarto livello, ma siamo onesti: nessun testo online dovrebbe essere così lungo e articolato.

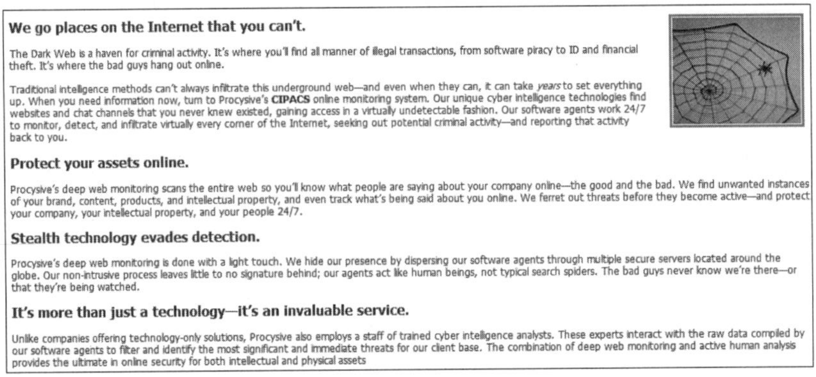

We go places on the Internet that you can't.

The Dark Web is a haven for criminal activity. It's where you'll find all manner of illegal transactions, from software piracy to ID and financial theft. It's where the bad guys hang out online.

Traditional intelligence methods can't always infiltrate this underground web—and even when they can, it can take *years* to set everything up. When you need information now, turn to Procysive's **CIPACS** online monitoring system. Our unique cyber intelligence technologies find websites and chat channels that you never knew existed, gaining access in a virtually undetectable fashion. Our software agents work 24/7 to monitor, detect, and infiltrate virtually every corner of the Internet, seeking out potential criminal activity—and reporting that activity back to you.

Protect your assets online.

Procysive's deep web monitoring scans the entire web so you'll know what people are saying about your company online—the good and the bad. We find unwanted instances of your brand, content, products, and intellectual property, and even track what's being said about you online. We ferret out threats before they become active—and protect your company, your intellectual property, and your people 24/7.

Stealth technology evades detection.

Procysive's deep web monitoring is done with a light touch. We hide our presence by dispersing our software agents through multiple secure servers located around the globe. Our non-intrusive process leaves little to no signature behind; our agents act like human beings, not typical search spiders. The bad guys never know we're there—or that they're being watched.

It's more than just a technology—it's an invaluable service.

Unlike companies offering technology-only solutions, Procysive also employs a staff of trained cyber intelligence analysts. These experts interact with the raw data compiled by our software agents to filter and identify the most significant and immediate threats for our client base. The combination of deep web monitoring and active human analysis provides the ultimate in online security for both intellectual and physical assets

Figura 5.2 Testo di una pagina web con un uso efficace dei titoli delle sezioni.

Suggerimento

Per la maggior parte delle pagine web e degli articoli di notizie, consiglio di limitarsi ai titoli di primo livello. Se avete l'esigenza di inserire anche titoli di secondo livello, significa che la vostra pagina è troppo lunga, e sarebbe opportuno suddividere i contenuti in più schermate.

In ogni caso, i titoli dovrebbero descrivere il testo che segue. Il titolo non deve essere una frase completa, sebbene possa esserlo. Nel dubbio, cercate di essere più chiari possibile. Evitate titoli "creativi" come quello di seguito, usato per una sezione su come incordare una chitarra:

Bella incordata

Invece, siate diretti e chiari in merito al contenuto della sezione:

Come incordare una chitarra

È vero, non è spiritoso come l'altro (come se lo fosse), ma è molto più utile per i lettori.

Creare elenchi puntati e numerati

Quando si pensa a come rendere i contenuti facilmente scrutabili o comprensibili, il trucco sta nel suddividerli in parti facilmente assorbili a colpo d'occhio. Con alcuni tipi di contenuti, il modo migliore per farlo è creare un elenco puntato o numerato.

Elenchi puntati

Adoro gli elenchi puntati. Permettono di cogliere al volo le informazioni fornite semplicemente dando un'occhiata ai vari punti o numeri. È sicuramente molto più facile che cercare di estrapolare pezzi di contenuto da un intero paragrafo. Prendiamo per esempio il seguente paragrafo, che in realtà è un insieme di dati distinti:

> **In termini di prestazioni, mi piacciono molto i ricevitori di Cambridge Audio, Denon, Onkyo e Sony.**

Sarebbe molto più semplice cogliere questi dati se fossero forniti sotto forma di elenco puntato (modificando magari un po' la frase). Potrebbe essere così:

> **In termini di prestazioni, mi piacciono molto i ricevitori di**
>
> - **Cambridge Audio;**
> - **Denon;**
> - **Onkyo;**
> - **Sony.**

Notate quanto sia più semplice cogliere i dati fondamentali puntati (le quattro marche di ricevitori), rispetto a quando erano semplici parole all'interno di una frase.

Suggerimento

Probabilmente non avrebbe senso usare gli elenchi puntati se i dati sono pochi. Se i dati sono solo due, meglio usare il testo standard e conservare gli elenchi per quando si hanno tre o più punti.

Potete usare gli elenchi puntati anche per dettagliare dati originariamente presentati in più frasi. Prendete per esempio un paragrafo dove ciascuna frase rappresenta un singolo punto, come questo:

> **Le città a sud del fiume sono tanti floridi sobborghi. Apple Valley è sede dello zoo del Minnesota e di un viale pieno di negozi in continua espansione chiamato Cedar Avenue. Eagan ha tante grandi società, tra cui Blue Cross. Burnsville è una città più antica e affermata, ma con svariate zone industriali popolari. E Lakeville è tradizionalmente più periferica, ma con molti negozi di medie dimensioni e un incantevole centro urbano.**

Trasformate ciascuna frase in un punto e avrete un elenco di dati più facilmente scrutabili. Potrebbe risultare così:

Le città a sud del fiume sono tanti floridi sobborghi:

- **Apple Valley, sede dello zoo del Minnesota e di un viale pieno di negozi in continua espansione chiamato Cedar Avenue;**
- **Eagan, con tante grandi società, tra cui Blue Cross;**
- **Burnsville, una città più antica e affermata, ma con svariate zone industriali popolari;**
- **Lakeville, tradizionalmente più periferica, ma con molti negozi di medie dimensioni e un incantevole centro urbano.**

È molto più semplice cogliere le informazioni, vero? Il punto è che tutte le volte in cui avete un insieme di elementi dovreste prendere in considerazione l'opzione di separarli dal testo principale mettendoli in un elenco puntato.

Suggerimento

Negli elenchi con punti particolarmente lunghi, potreste mettere in grassetto il soggetto di ciascun punto. Per esempio, nel nostro precedente elenco di città, il nome di ogni città potrebbe essere in grassetto.

Elenchi numerati

Abbiamo già parlato del valore di presentare le istruzioni passo passo ai lettori. Il modo migliore di illustrare i vari passaggi è con gli elenchi puntati. Esatto: al passaggio 1 si fa questo, al passaggio 2 si fa quest'altro e così via. Sebbene le istruzioni possano essere inglobate in paragrafi di testo, il formato dell'elenco puntato è molto più semplice da leggere.
Prendete per esempio questo paragrafo di istruzioni:

Per preparare le polpette, iniziare a preriscaldare il forno portando la temperatura a 350°. Mescolare 700 grammi di carne di manzo con 2/3 di tazza di riso, 1/2 tazza di acqua, cipolla sminuzzata, sale, polvere di aglio e pepe. Usare un cucchiaio da minestra per creare delle polpette con diametro di circa 4 cm e mettere le polpette in una teglia da forno bassa non imburrata. Mescolare gli ingredienti rimanenti e versarli sulle polpette. Coprire e cuocere in forno a 350° per circa 45 minuti. Scoprire le polpette e lasciarle cuocere in forno per altri 15-20 minuti.

Questo è il modo in cui si presenta una tipica ricetta, ma richiede che il cuoco scorra l'intero testo. È anche facile che si perda a metà strada e salti un passaggio. Un modo migliore di presentare queste informazioni è un elenco numerato come questo:

Per preparare le polpette, procedere come segue:

1. **Preriscaldare il forno a 350°.**
2. **Mescolare 700 grammi di carne di manzo con 2/3 di tazza di riso, 1/2 tazza di acqua, cipolla sminuzzata, sale, polvere di aglio e pepe.**
3. **Usare un cucchiaio da minestra per creare delle polpette con diametro di circa 4 cm.**
4. **Mettere le polpette in una teglia da forno bassa non imburrata.**
5. **Mescolare gli ingredienti rimanenti e versarli sulle polpette.**
6. **Coprire e cuocere in forno a 350° per circa 45 minuti.**
7. **Dopo i primi 45 minuti di cottura, scoprire le polpette e lasciarle cuocere in forno per altri 15-20 minuti.**

È molto più semplice da seguire, non pensate?

Usare (o non usare) le tabelle

Quando avete delle parti lunghe di dati complessi, è impossibile inserirle in un paragrafo rendendole comprensibili ai lettori. Per alcuni tipi di dati l'unica soluzione plausibile è il formato delle tabelle.
Se non sapete che aspetto ha una tabella, eccone una. È una sorta di mini foglio di calcolo, completa di titoli in verticale e in orizzontale con celle contenenti i dati:

Città	2000	2010	2020
Avon	50.000	75.000	85.000
Brownsburg	35.000	40.000	38.000
Carmel	75.000	85.000	90.000
Fishers	60.000	70.000	75.000
Greenwood	40.000	40.000	38.000

Non sono certo che esista un modo migliore di presentare questi dati complessi. Il formato preciso di righe e colonne semplifica la comprensione degli elementi;

il lettore può andare direttamente all'intersezione di righe e colonne per trovare il dato che gli interessa.
Tuttavia, le tabelle non sempre funzionano sul Web. Il problema è come inserire una tabella in una pagina web. Perché non esiste un modo semplice di creare una tabella con testo normale; deve essere scritta in codice HTML. Ciò significa che dovrete coordinarvi con gli sviluppatori del sito web per creare una tabella di dati, inserirla nel punto giusto e verificare che sia carina. Se non avete degli esperti di codice HTML a portata di mano (come quando create il post di un blog), potreste non essere in grado di inserire una tabella. Tenetene conto.

Suggerimento

Se non è possibile inserire delle tabelle in un dato contesto, dovrete optare per gli elenchi puntati. Non sono l'ideale, ma potrebbero essere l'unica opzione disponibile.

6

Infervorare i lettori

Naturalmente, uno degli obiettivi della scrittura online è informare il lettore sull'argomento del proprio contenuto. Nella maggior parte dei casi, tuttavia, c'è un altro obiettivo altrettanto importante: convincere i lettori a compiere un'azione specifica.

Se state scrivendo per un sito di e-commerce, quell'azione potrebbe essere fare un ordine per qualsiasi cosa vendiate. Se state scrivendo su un sito per hobbisti, quell'azione potrebbe consistere in un maggior coinvolgimento nell'hobby. Indipendentemente dal caso specifico, volete che i lettori facciano qualcosa, e il vostro testo deve infervorarli tanto da far loro compiere questa azione.

Per ispirare i lettori ad agire come desiderato, il testo che scrivete deve essere avvincente. Deve catturare l'attenzione del lettore e mantenerla fin quanto necessario; e non è cosa da poco, considerando la famosa bassa soglia di attenzione dei lettori. Deve essere abbastanza persuasivo da convincere il lettore a fare ciò che volete che faccia. E non sarebbe male se il testo riuscisse anche a far sentire il lettore contento di farlo.

Questo capitolo illustra come scrivere testi persuasivi, testi che ispirano, testi che convincono. Tratta dei vari modi in cui potete infervorare i lettori con le vostre parole e portarli a fare ciò che volete che facciano.

Capire che cosa li infervora

Prima di riuscire a infervorare i lettori, dovete sapere che cosa li fa accendere, ovvero cosa li attrae e li stimola, e cosa li porta a sentirsi personalmente coinvolti. Questo significa "pensare come il lettore" (oppure, se state scrivendo per un sito di e-commerce, "pensare come l'acquirente"). Fintanto che non sapete con certezza cosa i vostri lettori di riferimento trovano ispirante e stimolante, non sarete in grado di ispirarli e stimolarli, se non per puro caso. Invece di tirare a indovinare, è molto meglio entrare nelle loro teste, scoprire cosa li alletta, quindi dare loro un po' di quel qualcosa. È un approccio decisamente migliore del semplice tirare a indovinare.

In che modo potete conoscere meglio i vostri lettori? Provate a parlare con loro. Non twittando e scambiandovi email, ma parlando realmente. Ponete domande; ascoltate le loro risposte. Cercate di conoscerli personalmente.

Potete anche osservare i vostri lettori, fisicamente (in un gruppo) o virtualmente (tenendo traccia delle loro azioni online). Non è efficace o efficiente quanto costruire relazioni personali, ma potrebbe essere l'unica opzione disponibile.

Ciò che non dovete fare è tirare a indovinare o dare per scontato. Dare per scontato è particolarmente sbagliato; quando iniziate a dare per scontato che i vostri lettori agiranno in un determinato modo (solitamente che agiranno esattamente come fareste voi), è il momento in cui iniziate a uscire dai binari. Convincetevi che non avete la più pallida idea di come sono realmente i vostri lettori (che è probabilmente vero) e partite da qui. È l'unico modo per farlo.

Coinvolgere il lettore

Per spingere il lettore a "entrare" nel testo, dovete parlargli in modo diretto. Non a un lettore qualunque, ma a una specifica persona che legge ciò che avete scritto. Dovete *coinvolgere* il lettore per far sì che continui a leggere.

Scrivere in modo diretto implica scrivere in seconda persona, non in terza. Quindi, dovete usare parole come "tu" e "tuo" invece di "suo", "sua" o "loro". Lasciate che vi faccia qualche esempio.

Nella scrittura "meno personale", potreste dire qualcosa di simile:

L'utente dovrebbe agganciare la manichetta al tubo.

Per presentare questa istruzione in seconda persona, riscrivetela così:

Dovresti agganciare la manichetta al tubo.

Invece di dire:

È un ottimo affare per loro.

Scrivete:

È un attimo affare per te.

Parlate sempre direttamente al lettore. Mai in modo obliquo o a un pubblico generico. Evitate frasi come:

I nostri clienti lo apprezzeranno.

Chi sono i vostri clienti? Sono individui, quindi dite:

Lo apprezzerai.

Capite come funziona? So che la risposta è sì.

Farla breve ed essere chiari

Abbiamo già parlato della necessità di testi brevi online, ma scrivere anche in modo efficiente apporta un valore aggiunto: un più efficace coinvolgimento del lettore. I teti brevi arrivano al punto e spingono il lettore a "entrare" nella pagina; i testi lunghi lo allontanano. Volete che il lettore entri nel vostro testo e, per raggiungere questo scopo, farete in modo che sia semplice entrarvi.

Nota

Per saperne di più su come scrivere testi brevi, consultate il Capitolo 4, "Facciamola breve e semplice".

La chiarezza va a braccetto con la brevità. Il vostro testo deve essere non soltanto breve e visualizzabile a colpo d'occhio, ma anche molto chiaro su ciò che vuole comunicare. Ricordate, non dovete dare per scontato che i lettori sappiano più di quanto sanno realmente (un altro vantaggio del pensare come il lettore è non scrivere per se stessi) e dovete, se possibile, stare alla larga dal gergo e dai termini settoriali. Non siate oscuri; andate al punto velocemente e chiaramente per attirare il lettore nel vostro testo.

Questo è quanto.

Andare al punto

La parte intrigante della scrittura efficiente è andare velocemente al punto. Non fate in modo che il lettore debba affaccendarsi attraverso moltitudini di paragrafi (o pagine!) per capire di cosa state parlando. Diteglielo in faccia e fatelo in modo chiaro.

Avvertimento

Rendere il testo oscuro per confondere il lettore e far sì che continui a leggere non porta alcun vantaggio. Va benissimo liberarsi subito dei visitatori non interessati e inappropriati. Non fate loro perdere tempo.

Fare promesse

Se vogliamo parlare di come andare al punto, un modo per farlo consiste nel fare una promessa e poi mantenerla. Dite al lettore cosa farete per lui e poi fatelo.

La gente ama le promesse. E, ancor di più, ama chi le mantiene. La promessa attira il lettore nella pagina o nel post; mantenere la promessa permette di consolidare il rapporto.

Quindi, se state per informare il lettore su un dato argomento, promettete di farlo all'inizio della pagina o del post. Se dovete svelare alcuni fatti, ditelo. Se state per semplificare la vita del lettore in qualche modo, diteglielo.

Poi, tutto ciò che dovete fare è mantenere quella promessa. Se avete promesso delle informazioni specifiche, dategliele. Se avete promesso una soluzione a un dato problema, fornite quella soluzione.

Tutto qui. Promettete al lettore qualcosa di utile, quindi mantenete quella promessa.

Risolvere problemi

I lettori adorano che qualcuno risolva loro i problemi. È per questo che molte persone navigano sul Web: per trovare la soluzione per qualsiasi cosa li infastidisca o li faccia soffrire. Se siete in grado di offrire quelle soluzioni, attirerete il lettore nella vostra pagina o post.

Il modo migliore per farlo è dichiarare il problema nel paragrafo iniziale, unitamente alla promessa di risolvere quel problema. Poi, lungo il resto del testo, fornirete la soluzione promessa. La promessa di risolvere il problema attira i lettori nella pagina; la soluzione permette di mantenere la promessa.

Raccontare una buona storia

Le informazioni che presentate devono essere coinvolgenti, ma il modo in cui le presentate aiuta anche ad attirare il lettore sul contenuto. A tal fine, considerate tutto ciò che scrivete come il racconto di una storia.

I fatti sono importanti, ma i soli fatti annoiano. Dovete tessere le informazioni in una storia che interessi e coinvolga il lettore.

È certo, le persone amano le storie. Sin dall'inizio dei tempi, la gente ha raccontato storie che hanno informato e intrattenuto gli ascoltatori (e i lettori). Le persone vengono attratte dalle storie; vogliono sapere cosa succede e come va a finire. C'è un richiamo integrato ogni volta che riuscite a presentare le informazioni sotto forma di storia.

Tutte le storie dovrebbero avere un inizio, uno svolgimento e una fine. La storia deve progredire dall'inizio alla fine in un modo che sia veloce e che porti il lettore a cercare di indovinare cosa avverrà dopo. È come accompagnare il lettore dal punto A al punto B, fino al punto C, portandolo al culmine più soddisfacente o alla conclusione dei fatti.

Non si tratta semplicemente di presentare un elenco di fatti; bisogna intrecciare i fatti nella struttura della storia.

Usare parole d'azione

I testi coinvolgenti sono testi brillanti. Iniziano a testa alta e attirano l'attenzione attraverso le parole usate.

Pertanto, il vostro linguaggio deve essere vivace, non sciocco. Scegliete delle parole che smuovono e stimolano, non quelle che giacciono piatte sulle pagina. Quali sono alcune di queste "parole d'azione" che stimolano e ispirano? Eccovi una lista di parole che funzionano sempre, indipendentemente all'argomento trattato:

affare
affermato
affidabile
attraente
autentico
bello
colorato
colossale
completo
comprovato
considerevole
eccellente
eccitante
esclusivo
facilmente
famoso
fantasmagorico
fantastico
forte
garantito
genuino
grande
gratuito
illimitato
immediatamente
impressionante
meraviglioso
migliorato
migliore
notevole
originale
più grande
popolare

potente	sconto	superiore
prezioso	segreto	ultimo
ridotto	sensazionale	unico
rivelatore	speciale	velocemente
rivoluzionario	spettacolare	vendita

Suggerimento

E non dimenticate la più potente delle parole d'azione: "tu".

Frasi d'azione

Ci sono anche delle combinazioni di parole utili ad attirare il lettore nel testo. Probabilmente, conoscete alcune di queste frasi d'azione, come **Fallo subito**, **Offerta limitata nel tempo** e **Ordina il tuo oggi stesso**.

Molte frasi d'azione sono specifiche di un determinato settore. Nel mondo della produzione, per esempio, **Riduzione dei costi del materiale** è una frase potente; per noialtri, tuttavia, non significa molto. Quindi, dovete conoscere le frasi d'azione per una specifica area di competenza – le frasi che stimolano il pubblico – e usarle.

Sappiate, tuttavia, che alcune frasi d'azione possono essere pericolosamente vicine al gergo settoriale e, quindi, non dovrebbero essere usate in abbondanza. Accertatevi che la frase abbia realmente un significato e che non sia un doppio senso da "insider"; evitate questo tipo di frase che è essenzialmente insignificante.

Includere una "call to action"

Concluderemo l'esame della scrittura coinvolgente con la sua conclusione letterale: la parte che dovrebbe stare alla fine di tutto ciò che scrivete. Nella maggior parte dei casi, l'ultima cosa da scrivere è tanto importante quanto la prima, perché è la parte che incoraggia il lettore a compiere un'azione.

Questa parte viene chiamata "call to action", che è un invito a compiere un'azione. A meno che non stiate scrivendo solo perché vi piace il suono della vostra voce (scritta), volete che il lettore faccia qualcosa in base a ciò che avete scritto. Mi vengono in mente solo pochissimi casi in cui la scrittura non include una call to action. Se state scrivendo testi di marketing, volete che il lettore faccia un acquisto. Se state scrivendo un articolo di opinione, volete che il lettore adotti il vostro modo di vedere le cose. Se state scrivendo di un hobby, volete che il lettore sia più coinvolto in quell'hobby. Se state scrivendo istruzioni passo passo, volete che il lettore svolga concretamente il compito che state illustrando.

In pratica, quasi tutto ciò che scrivete dovrebbe incoraggiare il lettore a compiere un'azione.

Il primo passo per costruire una call to action è sapere cosa volete che il lettore faccia. Suona semplice, ma spesso non lo è, soprattutto in ambito aziendale. È un classico che ogni reparto coinvolto abbia una propria opinione sul risultato che un sito web o un blog debba produrre. Dovete districarvi tra questi desideri in competizione per stabilire un'unica azione per ogni pagina web, post del blog e così via.

Questo perché la call to action deve essere una sola. Non potete chiedere ai clienti di fornire i propri dati, recarsi al punto vendita di zona e investire nei vostri titoli aziendali. Potete chiedere loro di fare una di queste cose, ma non tutte. Se chiedete di compiere più di un'azione li confonderete, con il risultato che non agiranno per niente.

In realtà, la call to action aiuta a focalizzare la scrittura sul soggetto che state costruendo. Offre anche un mezzo per misurare la vostra efficacia. Se le persone fanno ciò che chiedete loro di fare, siete stati bravi; se non seguono la vostra call to action, avete fallito.

Come si fa a scrivere una call to action? Chiedendo al lettore di fare una determinata cosa. Se volete che chieda ulteriori informazioni, scrivete: "**Clicca qui per maggiori informazioni**". Se volete che fornisca i suoi dati per essere contattato, dite: "**Compila il modulo per permetterci di contattarti**". Se volete che partecipi a un evento, scrivete: "**Ti aspettiamo lunedì sera**". Se volete che acquisti qualcosa, dite: "**Clicca qui per acquistare**". Tutto qui; siate più chiari e diretti possibile.

Ciò significa, naturalmente, che userete un linguaggio semplice e diretto. Scegliete parole d'azione come **chiama**, **ordina**, **acquista**, **iscriviti** e **dona**. Non siate insistenti, ma neanche timidi. Dite cosa volete in un linguaggio che comunichi chiaramente il messaggio.

Suggerimento

È anche utile conferire alla call to action una sorta di urgenza. Date al lettore una scadenza entro la quale agire (**Solo per un periodo limitato** o **Promozione valida fino al 31 maggio**); potreste anche "corrompere" il lettore offrendogli un regalo o uno sconto, se agirà velocemente.

Ricordate, se non chiedete ai lettori di fare qualcosa, non faranno niente. E cosa ne ricavereste?

7

Trovare il proprio tono

Prendiamo due siti web differenti che presentano informazioni simili. Uno lo fa in modo conciso e altezzoso, indicando solo i fatti. L'altro invece propone le stesse informazioni con un tono divertente e leggermente irriverente. È la differenza che sta tra ciò che è accettabile al TG1 *rispetto alla "quotidianità" di* Striscia la notizia*; entrambi presentano informazioni simili, più o meno, eppure ciascuno ha una propria personalità univoca.*

Quando la maggior parte delle informazioni che fornite è già stata resa pubblica da altre fonti, come potete contraddistinguere la vostra presenza online? Lo fate attraverso lo stile che usate. Le parole che scegliete e il modo in cui le usate creano il vostro tono personale sul Web; e quel tono contribuisce all'immagine che proiettate verso i lettori.

Come date forma al vostro tono online? E che tipo di tono deve essere? La risposta è diversa per ogni scrittore e per ogni sito web, e questo è il motivo per cui il tono è così importante.

Dare al contenuto un tono personale

Se tutto ciò che fate è presentare le informazioni generiche in maniera diretta, il vostro sito web o blog sarà indistinguibile da altre decine, se non centinaia, di altri simili. Per far risaltare il vostro sito o qualsiasi altro canale di comunicazione online, dovete conferirgli una propria personalità.

Naturalmente, la vostra personalità online si esprime con la scelta dei contenuti, ma anche con il vostro stile di scrittura: le parole che usate, le scelte grammaticali e così via. La vostra scrittura potrà essere dura e formale, morbida e casual, o qualsiasi altra cosa stia nel mezzo. Lo stile che scegliete dovrebbe riflettere e definire l'atteggiamento e la personalità della vostra azienda o del vostro sito web.

Suggerimento

La personalità del vostro sito web dovrebbe riflettersi in tutti gli elementi della pagina: layout, colori, immagini, font e così via. Non volete di certo contenuti frivoli associati a immagini serie o viceversa; volete che ciascun elemento del sito rifletta lo stesso stile e approccio.

Che cos'è lo stile? È la combinazione di tutto ciò che scrivete, le parole che scegliete, il linguaggio che usate e perfino le scelte grammaticali che fate. E comprende anche il tono e l'atteggiamento che proiettate. La vostra scrittura è seria o stravagante? È brillante o più adatta alla massa? È sarcastica, diretta, ironica, giudiziosa, mortalmente seria o ampiamente umoristica? E il tono si sposa bene con i contenuti trattati?

Vedete, i vostri contenuti possono essere autoritari o pratici, trendy o evergreen, accademici o casual. Strutturate i contenuti con il vostro stile di scrittura; il tono che proiettate dice ai lettori come considerare quel contenuto.

Come potete creare il vostro tono personale? Tutto, o quasi, dipende dalle scelte di linguaggio che fate. Per esempio, se il vostro stile è personale e colloquiale, usate termini più brevi, un lessico meno formale e un certo numero di forme contratte; usate anche spesso le parole "tu", "noi" e "nostro". Se il vostro stile è più accademico o professionale, usate parole più lunghe, più gergo settoriale e più linguaggio formale.

Il tono viene impostato anche dal ritmo della scrittura. Un tono professionale includerà frasi più lunghe e più complesse; un tono colloquiale richiede frasi più brevi che rendono la lettura più variabile. Se volete parlare con un tono più autoritario, evitate le frasi di tendenza e lo slang; se volete avere un tono più trendy e giovanile, allora fate pure uso dello slang e sentitevi liberi di usare forme contratte.

Avvertimento

Se non siete pratici di una certa cultura, non cercate di usare lo slang o il linguaggio di tendenza. Non c'è niente di più imbarazzante di un cinquantenne brizzolato che scrive per un pubblico giovane e trendy; siatene certi, fratelli!

Scegliere lo stile giusto

Come fate a decidere quali sono lo stile e il tono giusti per i vostri contenuti online? Dipende dall'immagine che volete dare, dal tipo di contenuti che volete presentare e dal pubblico che cercate di raggiungere.

Nota

È importante sapere che non esiste uno stile giusto o sbagliato per la scrittura online. Lo stesso contenuto può essere presentato con toni differenti, ciascuno dei quali può riflettere i singoli scrittori o le singole aziende che stanno dietro le parole. Fintanto che il vostro tono riflette ciò che siete e le persone a cui state parlando, siete a posto.

Far combaciare lo stile con l'immagine di sé

Iniziamo a parlare dell'immagine. Lo stile che usate comunica ai lettori di cosa tratta il vostro sito o il vostro marchio, e dovrebbe riflettere quell'immagine.

Per esempio, se siete persone seriose o se scrivete per un'azienda seriosa, dovreste usare uno stile serioso. Se la vostra società è più estrosa, allora il vostro stile dovrebbe essere un po' più sciolto. Lo stile deve riflettere l'immagine che vi appartiene o che volete proiettare.

Ciò che non dovete fare è lasciare che il vostro stile stoni con la vostra immagine personale o aziendale. Una grande e seria società finanziaria, per esempio, probabilmente perderebbe dei clienti se il suo sito fosse simile a una gag dei Monthy Python.

Ma esistono molti modi per essere seri. Ci sono aziende e banche seriose che sul proprio sito web usano un tono personale (usando molto le parole "tu" e "tuo"), proiettando così un'immagine calda e rassicurante. Non sono sicuro di credere a quell'immagine calda, ma almeno il tono della società è coerente con il suo messaggio.

Nota

Quando l'immagine che proiettate stona con lo stile usato, i lettori avvertono una *dissonanza cognitiva*, ovvero il disagio derivante dal cercare di gestire contemporaneamente due idee contrastanti. È come guardare Richard Nixon in *Scrubs*: l'uno non c'entra niente con l'altro.

Far combaciare lo stile con il contenuto

Il tono che usate nella scrittura dovrebbe anche essere in linea, almeno un po', con il contenuto che state presentando. Le informazioni finanziarie dettagliate, per esempio, sono presentate meglio con uno stile pulito e professionale. I contenuti sul fai da te possono essere invece presentati con un tocco più leggero.

Pensateci: non dovreste presentare informazioni serie in maniera poco seria. Facciamo un esempio estremo: chi legge i necrologi online rimarrebbe scioccato e offeso nel trovare nella pagina web dello humor irriverente; si aspetta uno stile serio e riverente. In modo simile, non dovreste neanche trattare troppo seriamente i contenuti leggeri. Si tratta di far combaciare il contenuto con il tono senza che entrino in conflitto.

Adattare lo stile al pubblico

Infine, il vostro stile di scrittura dovrebbe far sentire il lettore a proprio agio. Il tono usato dovrebbe essere uguale a quello che i vostri lettori usano quando parlano di quell'argomento.

Per esempio, se vi rivolgete alle giovani madri, non usate un tono asciutto; al contrario, esprimetevi con un linguaggio caldo e familiare. Allo stesso modo, se vi rivolgete al settore industriale, non siate troppo estrosi. Dovete far combaciare il vostro stile con quello che i lettori si aspettano.

Quando impostate il tono, dovete tenere conto anche degli standard del lettore in questione, in termini di volgarità, riferimenti sessuali e perfino riferimenti a religione e politica. Per esempio, la maggior parte delle persone non si aspetterebbe di trovare parole volgari su un sito web di notizie (e potrebbe sentirsi offesa), ma le accetterebbe su un sito scolastico umoristico. Dovete comprendere gli standard dei vostri lettori e adattare il tono di conseguenza.

Il vostro tono deve quindi esprimere chi siete (o cos'è la vostra azienda o il vostro sito) e quali informazioni offrite; deve anche riflettere e attirare il pubblico a cui volete rivolgervi. Usate un linguaggio in linea con l'argomento o il prodotto che trattate e che sia familiare al vostro pubblico di riferimento. Tutto sta nello scegliere le parole giuste e nell'usarle nel modo giusto.

Suggerimento

Lo stile che scegliete deve anche essere coerente in tutte le pagine e su tutti i canali di comunicazione online. Se volete comunicare un'immagine divertente, e lo fate sull'home page del vostro sito, non confondete i visitatori passando a uno stile mortalmente serio nelle pagine dei singoli prodotti. Se il messaggio nelle vostre email proietta un'immagine giovanile, non siate impettiti sul vostro blog. Scegliete uno stile e attenetevi a quello, altrimenti rischiate di confondere i lettori.

Usare uno stile professionale

Il modo migliore per comprendere stile e tono consiste nell'esaminare alcuni approcci differenti. A tal fine, diamo un'occhiata a due estremi stilistici che si trovano spesso sul Web: lo stile professionale e quello personale.

Partiamo dallo stile professionale, che potreste usare se scrivete per un'organizzazione industriale, una grande azienda o qualcosa di simile. Per certi versi, lo stile professionale è impersonale, pensato per mantenere a una certa distanza i clienti.

Quando usate uno stile professionale, non siete voi a parlare: è l'azienda, il prodotto o il contenuto. Pertanto, la scrittura professionale *non* è calda e coccolosa; è composta da fatti e va dritta al punto. Dite ciò che dovete dire, niente di più.

Quando usare uno stile professionale

Potete usare un tono professionale per qualsiasi tipo di scrittura; non è limitato ai soli temi aziendali. Ritengo che sia più adatto quando volete imporvi come autorità su un dato argomento.

Per esempio, se state scrivendo per un sito di hobby e volete posizionarlo come uno dei siti più autorevoli su quell'argomento, dovreste usare un tono professionale. Al contrario, se volete che quel sito sia adatto a una comunità attiva di utenti, sarebbe più appropriato uno stile personale.

Naturalmente, quando presentate contenuti legali, finanziari o strettamente aziendali, è fondamentale usare uno stile professionale. Non potete presentare quelle informazioni in uno stile casual; se c'è contenuto professionale è richiesto uno stile professionale.

Come usare uno stile professionale

Riassumendo, la scrittura professionale ha origine dal contenuto professionale. Probabilmente presenterete un'informazione abbastanza chiara, un insieme di

fatti che devono essere comunicati in maniera autoritaria (state svelando dei fatti, non invitando al dibattito).
Significa che dovete essere formali ed evitare un approccio personale. Scrivete in terza persona; non usate la prima persona e le forme "io" o "noi" e non rivolgetevi al lettore personalmente (niente "tu" e "voi"). Non usate frasi umoristiche o aneddoti; semplicemente, presentate ciò che dovete presentare in maniera chiara e concisa. Evitate il tono passivo e riducete al minimo l'uso di abbreviazioni. Non dovreste usare lo slang, ma probabilmente inserirete i comuni termini settoriali, in base al pubblico per cui scrivete.
I contenuti devono essere il più possibile tradizionali. Se comunicate una data informazione, dite ai lettori qual è la fonte di quell'informazione. Ovvero, usate citazioni e perfino note a piè di pagina o finali (in base al tipo di documento). Non inserite opinioni; mantenetevi ai fatti nudi e crudi.
Il risultato dovrebbe essere un articolo trasparente, con una presentazione chiara dei contenuti importanti. Non deve essere confuso con una comunicazione personale o un articolo di opinione; deve suonare tanto autorevole quanto professionale.
Ecco un esempio:

> **Le informazioni personali dei clienti vengono raccolte esclusivamente nel caso in cui siano specificamente e consapevolmente fornite dai clienti stessi. I dati relativi all'ora del giorno, al tipo di browser e all'indirizzo IP sono salvati ogni volta che viene fatta una ricerca. Questi dati vengono usati per verificare i record dei clienti e per fornire agli utenti servizi più pertinenti. Per esempio, la lingua del browser del cliente potrebbe essere rilevata per determinare la lingua da usare quando si mostrano i risultati di ricerca o le pubblicità.**

Usare uno stile personale

Per molti siti web e blog, lo stile personale è più indicato di quello professionale. Significa usare una "voce" che parla direttamente ai lettori e li coinvolge.
In molti ambienti, si dice "usare la voce dell'autore". È sicuramente un approccio più colloquiale rispetto a quello di un pezzo professionale.

Quando usare uno stile personale

Sarò onesto: la maggior parte della scrittura online usa un tono personale. Soprattutto nel caso dei blog, che sono spesso dei diari personali, e dei social media, che si fondano sulle interazioni tra persone. Ma anche molti siti web si pregiano di avere una personalità che deriva dall'utilizzo di un tono colloquiale che crea un collegamento diretto con i lettori.

Sicuramente, qualsiasi canale personale per cui scrivete dovrebbe essere contraddistinto dal vostro stile univoco. Quindi, se avete un vostro sito web o blog, o se postate sui social media degli aggiornamenti di stato, lasciate che la vostra personalità risplenda.

Inoltre, se l'azienda, il marchio o il prodotto di cui state parlando vuole instaurare un collegamento con i clienti, dovete assolutamente usare uno stile più personale. Se mantenete un distacco professionale, non potete creare un legame personale con i clienti; siate personali, lasciate che vi conoscano e create quel collegamento diretto.

Come scrivere in modo colloquiale

La chiave per usare un tono personale consiste nello scrivere in modo colloquiale, ovvero scrivere come se steste parlando direttamente con il cliente. Dovrete quindi usare parole come "io", "mi" e "nostro" quando parlate di voi, e "tu" e "tuo" quando vi rivolgete al lettore. Trattate il vostro testo come se fosse una chiacchierata.

Scrivere in modo colloquiale significa anche usare un linguaggio più casual e meno formale, in termini sia di costruzione della frase sia di scelta delle parole. Le frasi e le parole devono essere brevi, sentitevi liberi di usare abbreviazioni e frammenti di frasi, e siate meno rigidi, grammaticalmente parlando (non troppo, però, Ok?).

Suggerimento

La scrittura colloquiale è meno assoluta della scrittura professionale. Laddove quest'ultima impone in qualche modo il fatto che una cosa sia esattamente quella che è, la scrittura colloquiale limita l'autorità delle dichiarazioni, usando parole e frasi come "spesso", "talvolta", "in un certo senso" e "più o meno".

Personalmente, approccio la scrittura colloquiale simulando una conversazione reale. La scrittura colloquiale dovrebbe imitare la conversazione verbale, quindi accendete il registratore e iniziate a parlare al microfono. Ciò che dite può essere facilmente trascritto.

Dovreste anche sentirvi liberi di inserire osservazioni e opinioni personali. Dite al lettore ciò che pensate, oppure raccontate la vostra esperienza personale. Inoltre, includete uno o due incisi per far sapere al lettore che siete un essere umano e che non sta leggendo un testo generato da computer.

Lo scopo dello stile colloquiale consiste nello stabilire un legame personale con il lettore. Non state tenendo il lettore a debita distanza, perché non state scrivendo in modo professionale, ma lo abbracciate facendolo sentire tra amici. Prendiamo l'esempio usato per la scrittura professionale: da rigido quale era, rendiamolo più morbido con un tono colloquiale:

> **Non raccogliamo le informazioni personali senza il vostro consenso. Ogni volta che fate una ricerca, salviamo solo alcuni dati, come l'ora del giorno, il tipo di browser e l'indirizzo IP. Potrebbe spaventarvi un po', ma usiamo queste informazioni soltanto per verificare i vostri dati e fornirvi servizi più pertinenti. Per esempio, potremmo controllare le impostazioni della lingua del vostro browser per stabilire quale lingua usare quando vi mostriamo i risultati di ricerca o le pubblicità.**

Notate la leggera differenza in termini di lunghezza della frase, l'uso di "noi" e "voi" e perfino un inciso personale all'inizio della terza frase. Vengono fornite le stesse informazioni, ma in modo più dolce e rassicurante. Il lettore ha l'impressione di condividere la conversazione con lo scrittore, che si stia parlando *con* lui, non *a* lui.

Qual è il *vostro* tono?

Idealmente, soprattutto quando si scrive per scopi professionali, la vostra scrittura dovrebbe rispecchiare come siete. Ovvero, dovrebbe suonare come parlate e pensate; non dovrebbe essere più altezzosa o formale di quanto lo siate voi nelle normali conversazioni di tutti i giorni.

Significa che se parlate in maniera leggermente formale, dovreste scrivere più o meno nello stesso modo; non scrivete in modo giovanile e rampante, se nella realtà siete seriosi. Di contro, se siete goliardici, siate divertenti anche nella scrittura. Ovviamente, non dovete eccedere (la sottigliezza e la discrezione hanno un certo valore), ma lasciate che la vostra scrittura rifletta la vostra vera personalità.

È altrettanto importante essere coerenti nel tono usato, soprattutto tra vari testi pubblicati, come quelli di un blog. I lettori noterebbero qualcosa di strano se il vostro tono cambiasse da un post all'altro, e potrebbero anche pensare che si tratti di un altro autore. Fate in modo che sia coerente con la vostra personalità in tutti i contenuti che scrivete.

Comunque, se state scrivendo per qualcun altro o per un'azienda, non è detto che dobbiate usare il vostro tono personale. In questi casi la scrittura dovrebbe avere il tono dell'altra persona o dell'azienda. Significa studiare i materiali precedenti, così da poter imitare lo stile aziendale, fermo restando che la società ne abbia già uno. Siete stati assunti per portare a termine una missione e dovete fare il lavoro che vi viene chiesto.
Ma quando scrivete per il vostro sito web o blog, lasciate che la gente sappia che siete voi a scrivere. Usate lo stesso linguaggio che impiegate nelle conversazioni di tutti i giorni; rivolgetevi ai lettori in modo diretto e fate sì che si fidino di voi.
È tanto semplice quanto tenere una conversazione a due, ma per iscritto.

8

Integrare elementi visivi

Quando si devono comunicare informazioni complesse, le immagini rendono più delle parole. È sempre utile vedere che aspetto ha qualcosa, o come funziona, invece di leggerlo in una descrizione. In particolare online, dove la soglia di attenzione dei lettori è sempre più bassa. I lettori del Web vogliono le informazioni a colpo d'occhio e non c'è niente di più immediato di un'immagine.

In qualità di esperti in parole scritte, come potete integrare gli elementi visivi nel vostro lavoro? Tutto sta nello stabilire quale tipo di immagine sia più adatto, trovare o creare quell'immagine, e inserirla nella pagina web, nel post del blog o in qualsiasi altro canale online.

Perché gli elementi visivi sono importanti

Come dice una vecchia canzone di Rod Stewart: "Ogni foto racconta una storia". È proprio vero: un'immagine convincente può aiutare a comunicare un concetto che altrimenti richiederebbe un intero paragrafo di testo, se non di più.

È vero che alcune cose rendono meglio se viste in un'immagine piuttosto che lette in una descrizione. Posso scrivere un intero poema sulla bellezza di un lago di montagna, ma potete farvene più velocemente un'idea se vi mostro una foto (la Figura 8.1 ne è una prova). La stessa cosa vale con le istruzioni: potrebbe essere più efficace mostrare un diagramma di come incastrare una mensola in una libreria, invece di scrivere fiumi di istruzioni (per alcuni, complesse).

Figura 8.1 Quante parole ci vorrebbero per descrivere questo bellissimo scorcio?

Inoltre, è importante notare che non tutti apprendono allo stesso modo. Magari voi preferite leggere le informazioni sotto forma di testo (cosa molto probabile visto che siete scrittori), ma altre persone potrebbero assimilare meglio attraverso le immagini. Queste persone devono poter vedere le cose rappresentate visivamente per poterle realmente comprendere. Non riuscirete mai a catturare questo tipo di lettori con un approccio basato esclusivamente sul testo; invece, presentate loro il vostro contenuto in modo da generare una risposta migliore.

Infine, integrare elementi visivi in una pagina o un post che sarebbe altrimenti composto da solo testo è un ottimo espediente per migliorarne l'aspetto. Gli elementi visivi aiutano a dare un po' di respiro a ciò che apparirebbe come solo testo statico e a rendere la pagina più attraente e invitante per i lettori. Per esempio, confrontate le pagine mostrate nelle Figure 8.2 e 8.3: la prima usa un approccio di solo testo, mentre la seconda è visivamente più invitante.

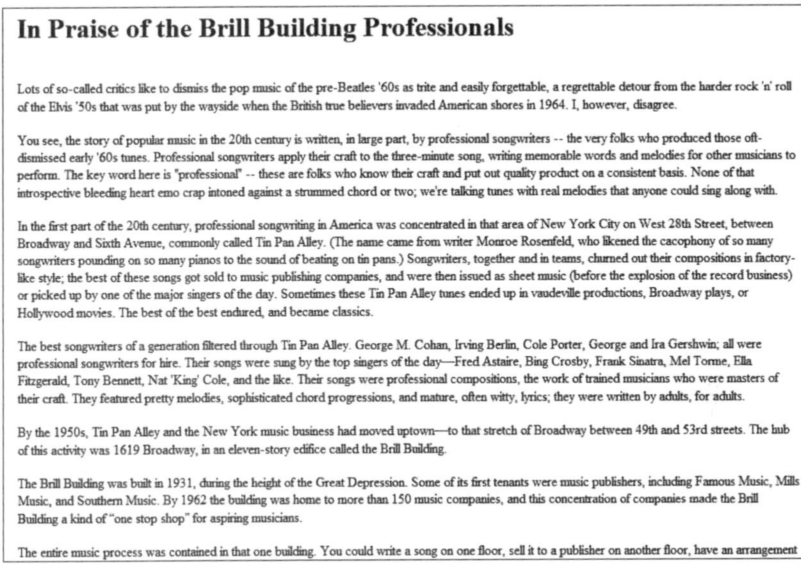

In Praise of the Brill Building Professionals

Lots of so-called critics like to dismiss the pop music of the pre-Beatles '60s as trite and easily forgettable, a regrettable detour from the harder rock 'n' roll of the Elvis '50s that was put by the wayside when the British true believers invaded American shores in 1964. I, however, disagree.

You see, the story of popular music in the 20th century is written, in large part, by professional songwriters -- the very folks who produced those oft-dismissed early '60s tunes. Professional songwriters apply their craft to the three-minute song, writing memorable words and melodies for other musicians to perform. The key word here is "professional" -- these are folks who know their craft and put out quality product on a consistent basis. None of that introspective bleeding heart emo crap intoned against a strummed chord or two; we're talking tunes with real melodies that anyone could sing along with.

In the first part of the 20th century, professional songwriting in America was concentrated in that area of New York City on West 28th Street, between Broadway and Sixth Avenue, commonly called Tin Pan Alley. (The name came from writer Monroe Rosenfeld, who likened the cacophony of so many songwriters pounding on so many pianos to the sound of beating on tin pans.) Songwriters, together and in teams, churned out their compositions in factory-like style; the best of these songs got sold to music publishing companies, and were then issued as sheet music (before the explosion of the record business) or picked up by one of the major singers of the day. Sometimes these Tin Pan Alley tunes ended up in vaudeville productions, Broadway plays, or Hollywood movies. The best of the best endured, and became classics.

The best songwriters of a generation filtered through Tin Pan Alley. George M. Cohan, Irving Berlin, Cole Porter, George and Ira Gershwin; all were professional songwriters for hire. Their songs were sung by the top singers of the day—Fred Astaire, Bing Crosby, Frank Sinatra, Mel Torme, Ella Fitzgerald, Tony Bennett, Nat 'King' Cole, and the like. Their songs were professional compositions, the work of trained musicians who were masters of their craft. They featured pretty melodies, sophisticated chord progressions, and mature, often witty, lyrics; they were written by adults, for adults.

By the 1950s, Tin Pan Alley and the New York music business had moved uptown—to that stretch of Broadway between 49th and 53rd streets. The hub of this activity was 1619 Broadway, in an eleven-story edifice called the Brill Building.

The Brill Building was built in 1931, during the height of the Great Depression. Some of its first tenants were music publishers, including Famous Music, Mills Music, and Southern Music. By 1962 the building was home to more than 150 music companies, and this concentration of companies made the Brill Building a kind of "one stop shop" for aspiring musicians.

The entire music process was contained in that one building. You could write a song on one floor, sell it to a publisher on another floor, have an arrangement

Figura 8.2 Una pagina web di solo testo, con tante belle parole, ma visivamente noiosa.

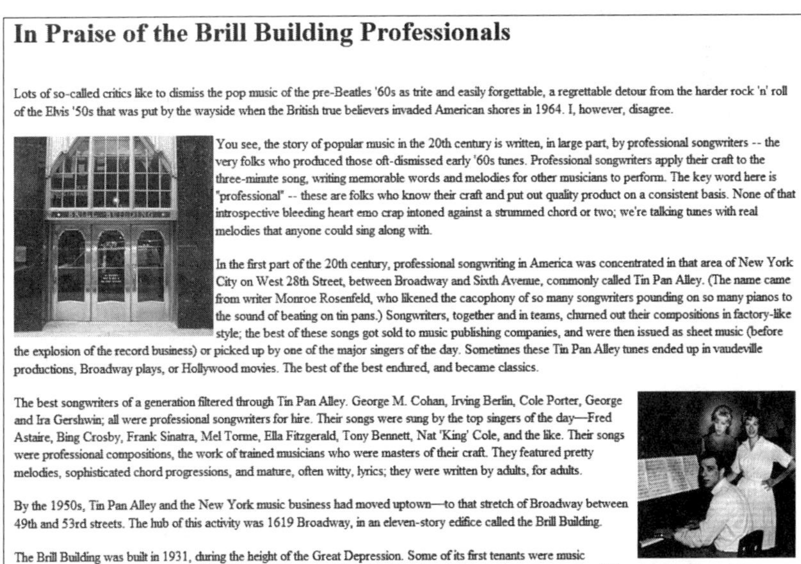

In Praise of the Brill Building Professionals

Lots of so-called critics like to dismiss the pop music of the pre-Beatles '60s as trite and easily forgettable, a regrettable detour from the harder rock 'n' roll of the Elvis '50s that was put by the wayside when the British true believers invaded American shores in 1964. I, however, disagree.

You see, the story of popular music in the 20th century is written, in large part, by professional songwriters -- the very folks who produced those oft-dismissed early '60s tunes. Professional songwriters apply their craft to the three-minute song, writing memorable words and melodies for other musicians to perform. The key word here is "professional" -- these are folks who know their craft and put out quality product on a consistent basis. None of that introspective bleeding heart emo crap intoned against a strummed chord or two; we're talking tunes with real melodies that anyone could sing along with.

In the first part of the 20th century, professional songwriting in America was concentrated in that area of New York City on West 28th Street, between Broadway and Sixth Avenue, commonly called Tin Pan Alley. (The name came from writer Monroe Rosenfeld, who likened the cacophony of so many songwriters pounding on so many pianos to the sound of beating on tin pans.) Songwriters, together and in teams, churned out their compositions in factory-like style; the best of these songs got sold to music publishing companies, and were then issued as sheet music (before the explosion of the record business) or picked up by one of the major singers of the day. Sometimes these Tin Pan Alley tunes ended up in vaudeville productions, Broadway plays, or Hollywood movies. The best of the best endured, and became classics.

The best songwriters of a generation filtered through Tin Pan Alley. George M. Cohan, Irving Berlin, Cole Porter, George and Ira Gershwin; all were professional songwriters for hire. Their songs were sung by the top singers of the day—Fred Astaire, Bing Crosby, Frank Sinatra, Mel Torme, Ella Fitzgerald, Tony Bennett, Nat 'King' Cole, and the like. Their songs were professional compositions, the work of trained musicians who were masters of their craft. They featured pretty melodies, sophisticated chord progressions, and mature, often witty, lyrics; they were written by adults, for adults.

By the 1950s, Tin Pan Alley and the New York music business had moved uptown—to that stretch of Broadway between 49th and 53rd streets. The hub of this activity was 1619 Broadway, in an eleven-story edifice called the Brill Building.

The Brill Building was built in 1931, during the height of the Great Depression. Some of its first tenants were music publishers, including Famous Music, Mills Music, and Southern Music. By 1962 the building was home to more than 150 music companies, and this

Figura 8.3 Lo stesso articolo reso visivamente più interessante con l'aggiunta di un paio di immagini.

Quanto vale un'immagine in termini di parole?

Certo, conosco il detto "un'immagine vale più di mille parole", ma non ne sono un grande fan. Ritengo che le immagini possano sì essere usate, ma sono un copywriter, uno che vive di testo, quindi non sono così sicuro di quelle "mille parole". Sebbene alcuni argomenti possano essere presentati solo visivamente, anche una bella immagine ha bisogno di essere accompagnata da una descrizione.

Quindi, non proverei mai e poi mai a raccontare una storia solo con le immagini (anche la serie di libri *Easy* che scrivo per Que, pensate per i soggetti con apprendimento visivo, ha un bel po' di testo descrittivo). Le immagini possono comunicare grandi idee, ma servono comunque le parole per rendere i dettagli.

Ricordate che uno degli scopi principali della scrittura è rendere un argomento facilmente comprensibile al lettore. Dovreste usare qualsiasi strumento a disposizione, anche quelli che non prevedono parole e lettere.

Scegliere il tipo giusto di elementi visivi

Con il termine "immagine" ci si riferisce a svariati tipi di elementi visivi: fotografie, illustrazioni, animazioni, tabelle, grafici e simili, ciascuno con un impatto differente. Come fate a stabilire *quale* tipo di immagine usare con i vostri contenuti?

Non posso descrivere ogni singolo utilizzo di ogni tipologia di immagine grafica, ma posso offrire alcuni consigli e suggerimenti, che trovate in Tabella 8.1 (ricordate: le tabelle sono perfette per presentare determinate informazioni complesse). Usatela come guida.

Tabella 8.1 Utilizzi di elementi visivi differenti

Tipo di immagine	Adatto a	Non adatto a
Clip art	Bordi (immagine che si ripete)	Qualsiasi cosa sia un minimo professionale
Disegno al tratto	Contenuti passo passo, schemi dettagliati	Rappresentare oggetti della vita reale
Fotografia	Rappresentare oggetti della vita reale, ritratti e cose simili	Esempi tecnici
Grafico	Visualizzare dati semplici e complessi	Rappresentare contenuti non-numerici

Tipo di immagine	Adatto a	Non adatto a
Infografica	Visualizzare vari dati di un unico argomento	Analisi numeriche dettagliate
Animazione	Simulazioni, spiegazione di idee e servizi	Rappresentare situazioni concrete
Video	Dimostrazioni, istruzioni, panoramiche di prodotto, interviste, testimonianze	Qualsiasi situazione in cui non si voglia che il testo sia oscurato

Ciò che dovete fare è associare un dato tipo di elementi visivi al contenuto che state presentando. Le immagini dovrebbero aiutare a illustrare la storia che state raccontando senza distrarre dal testo. Una buona corrispondenza tra testo e immagine dà come risultato qualcosa che è più della somma delle parti; una corrispondenza non corretta porta i visitatori a smettere di leggere.

Avvertimento

L'elemento visivo che scegliete potrebbe dipendere da altri fattori, ovvero da ciò che è disponibile e per quanto tempo. I siti web con un budget limitato potrebbero non avere abbastanza soldi per elementi visivi personalizzati, o perfino per acquistare foto pubblicabili online. In base alla situazione, dovete usare ciò che avete a disposizione.

Usare le clip art

Iniziamo con le clip art, come quella in Figura 8.4. Le clip art sono illustrazioni già pronte che potete inserire facilmente in una pagina web o in un altro tipo di documento. I programmi di elaborazione di testo, come Microsoft Word, solitamente integrano già librerie di clip art; anche sul Web potete trovarne tantissime gratuite.

Suggerimento

La maggior parte delle clip art è libera da diritti d'autore, il che significa che potete usarle ovunque senza dover pagare nulla.

Tuttavia, usare le clip art potrebbe comportare qualche problema, online.
Prima di tutto, la maggior parte delle clip art ha un aspetto scadente e soggetti generici. Molte hanno anche un taglio comico. Sicuramente non è il genere di raffigurazione che vorreste usare per un sito web o blog professionale; sminuirebbe la vostra immagine e darebbe un aspetto non professionale al vostro sito.

Figura 8.4 Questo è un tipo di clip art che si vede spesso ad Halloween.

Inoltre, poiché le clip art sono gratis e disponibili per tutti, le migliori vengono usate spesso, addirittura troppo. Quando troverete lo stesso tipo di clip art su più siti web e blog, inizierete a trovarla fastidiosa. Non vorrete certo che il vostro sito sia uguale o venga confuso con altri siti: volete creare una vostra immagine univoca, quindi usate materiale grafico univoco.
Pertanto, nonostante il loro basso costo e l'ampia disponibilità (o forse a causa di ciò), non consiglierei di integrare le clip art nei vostri testi online. Potete fare di meglio.

Usare i disegni al tratto

I disegni al tratto sono illustrazioni, non fotografie (la Figura 8.5 ne mostra la differenza.) In quanto tale, ogni disegno al tratto più essere più o meno dettagliato o più o meno abbozzato, secondo le preferenze. Può essere una rappresentazione della realtà accurata o caratterizzata da libertà artistiche.
I disegni al tratto possono essere usati per scopi artistici o per rappresentare dettagliatamente un oggetto. Nel primo caso, prendete per esempio i ritratti stilizzati degli editorialisti del sito web del *Wall Street Journal*, mostrati in Figura 8.6. Avrebbero potuto usare delle normalissime foto, ma non è nello stile del *Journal*. Usando delle illustrazioni, hanno caratterizzato i propri contenuti.
I disegni al tratto sono perfetti anche per mostrare i dettagli di un oggetto, come in Figura 8.7. Questa illustrazione "spiega" come collegare un decoder a un televisore. Certo, si potrebbe usare una foto, ma non sarebbe altrettanto chiara e facile da comprendere; il disegno al tratto è l'elemento visivo ideale da associare alle istruzioni.

Figura 8.5 A destra, una fotografia; a sinistra, un disegno al tratto. Notate la differenza?

Figura 8.6 Le illustrazioni stilizzate degli editorialisti del quotidiano sul sito web del *Wall Street Journal*.

Come ci si procura dei disegni al tratto? Probabilmente dovrete farveli creare. Ovvero, dovrete usare un artista interno all'azienda o assumere un illustratore esterno. Questo (e il relativo costo) è uno degli aspetti negativi dell'utilizzo delle illustrazioni, sebbene valga la pena spendere qualcosina per offrire ai lettori un'immagine visiva dei dettagli tecnici.

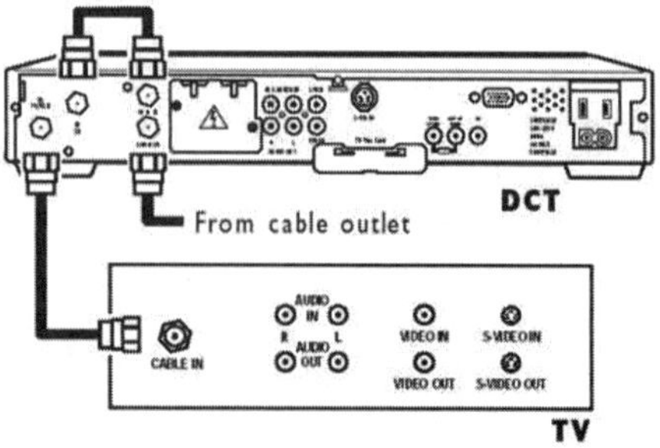

Figura 8.7 Un'illustrazione che mostra nel dettaglio come collegare un decoder a un televisore.

Usare le fotografie

Ok, i disegni al tratto sono perfetti per i dettagli tecnici, ma in molti altri casi niente è più attraente di una fotografia. Questo è il motivo per cui se ne vedono così tante sul Web.

Potete inserire foto nelle pagine del vostro sito web, nei post del blog, nelle comunicazioni via email, e perfino allegarle agli aggiornamenti sui social media. Potete usare foto di cose o di persone che fanno qualcosa. Ma anche, se volete, includere fotografie di micini e bambini.

Nota

Sebbene sia più indicato pubblicare i propri file di immagini sul proprio sito web, è anche possibile integrare foto trovate su altri siti web, naturalmente a patto che si abbia il permesso di farlo. Per saperne di più, consultate il Capitolo 9, "Usare link e contenuti esterni".

Se pensate di usare delle foto a corredo dei vostri testi, accertatevi che siano appropriate e di buona qualità. È meglio evitare di usare una foto piuttosto che inserirne una scadente. Non ha senso usare una fotografia che non c'entra nulla con l'argomento trattato. La foto deve avere un significato e, in un certo qual modo, migliorare il testo. Se la inserite solo per riempire dello spazio, potrebbe andare bene per aggiungere interesse visivo, ma sarebbe meglio che aggiungesse anche significato al testo.

Come reperire foto per i vostri progetti online? Naturalmente, potete scattarle voi stessi, come fanno molti. Oppure potete acquistarle dalle numerose librerie fotografiche disponibili online. Per esempio, la Figura 8.8 mostra una di queste foto, dette "foto di stock", abbinata a un articolo sul sito web Salon.com; aiuta a impostare il tono dell'articolo e aggiunge un interesse visivo a una pagina che sarebbe altrimenti di solo testo.

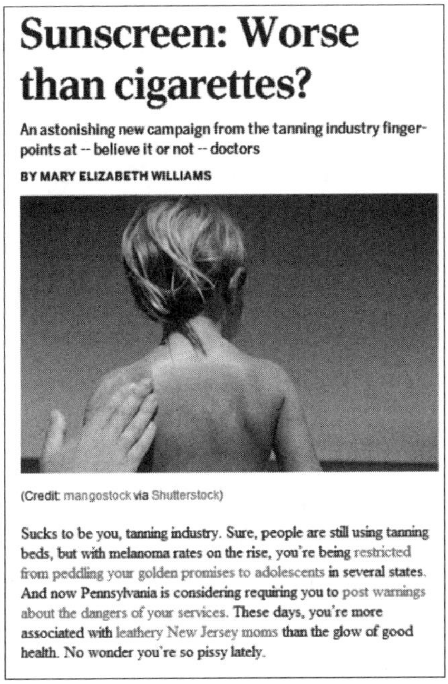
Sunscreen: Worse than cigarettes?

An astonishing new campaign from the tanning industry finger-points at -- believe it or not -- doctors

BY MARY ELIZABETH WILLIAMS

(Credit: mangostock via Shutterstock)

Sucks to be you, tanning industry. Sure, people are still using tanning beds, but with melanoma rates on the rise, you're being restricted from peddling your golden promises to adolescents in several states. And now Pennsylvania is considering requiring you to post warnings about the dangers of your services. These days, you're more associated with leathery New Jersey moms than the glow of good health. No wonder you're so pissy lately.

Figura 8.8 Una foto di stock abbinata a un articolo sul sito Salon.com.

Potete usare anche foto di dominio pubblico o scatti pubblicati su Flickr e altri siti di condivisione di fotografie soggette a licenza per uso commerciale. Semplicemente, accertatevi che la licenza d'uso per una data foto copra l'utilizzo che intendete farne; non prendete una foto con licenza per uso personale per pubblicarla su un sito web commerciale.

Avvertimento

Ovviamente, non vorrete rubare foto (o altre immagini) da altri siti web. Se non avete il permesso di usare una foto, non fatelo; probabilmente riuscirete a trovare qualcosa di simile altrove.

Dritte per foto online migliori

Quando si tratta di scattare o scegliere foto per i vostri contenuti online, l'uso di immagini non adatte potrebbe compromettere la qualità del vostro testo. A tal fine, eccovi di seguito alcuni trucchi per scegliere le foto che possono aggiungere valore al vostro testo, invece di sminuirlo.

→ segue

→ *continua*

- **Usate immagini di qualità.** Ovvero foto con una buona luce e un buon contrasto e prive di difetti, come gli occhi rossi. Le belle foto fanno sembrare bello anche tutto ciò che le circonda.
- **Non lasciate che tirino a indovinare.** Oltre a usare foto di qualità, dovreste anche optare per immagini facilmente comprensibili. Quindi, preferite la foto realistica a quella artistica; le persone devono sapere cosa stanno guardando e non dover tirare a indovinare.
- **Ritagliate la foto per ottimizzarne l'effetto.** Lo spazio sulle pagine web è un lusso, quindi non sprecatelo con elementi visivi di poca importanza. Ritagliate le foto in modo che si veda soltanto la parte pertinente, eliminando così tutto ciò che è superfluo.
- **Evitate immagini stereotipate e troppo usate.** È un problema che si presenta quando si usano foto di stock o immagini di dominio pubblico. Chi vuole vedere l'ennesima foto di una mazzetta di banconote mentre legge un articolo finanziario o di due persone che battono le mani quando legge di un nuovo successo? Cercate di trovare delle idee fresche invece di usare quelle trite e ritrite.
- **Riducete la risoluzione.** Le foto ad alta risoluzione sono sprecate sul Web; non sono più belle di quelle a bassa risoluzione e richiedono più tempo per il download. I visitatori non vogliono attendere ore per caricare una pagina, quindi mantenete bassa la risoluzione e usate le immagini user-friendly.
- **Non usate troppe immagini.** Il fatto che *possiate* aggiungere immagini al vostro testo non significa che *dobbiate* farlo. Il rapporto tra testo e immagini su una pagina deve essere di 75/25; se aggiungete troppe foto il vostro testo inizierà a perdere punti (inoltre, più foto ci sono su una pagina, più tempo ci metterà a caricarsi, il che è un tabu).

Ricordate che le persone prima guardano le foto e poi leggono il testo, quindi le immagini che scegliete devono essere sia pertinenti sia della giusta qualità. Le foto scadenti o non rilevanti avranno un effetto negativo sul testo.

Usare i grafici

Gli elementi visivi non devono per forza essere foto o disegni. Possono essere anche grafici o schemi. I grafici son perfetti per comunicare a colpo d'occhio informazioni numeriche complesse.

Quale tipo di informazioni potete comunicare con un grafico? Quasi tutto, dai numeri delle vendite ai dati demografici, fino a quanti cani e gatti ci sono nella vostra città. Se dovete parlare di numeri, fatelo con un grafico.
Sono tantissimi i tipi di grafici disponibili, dai grafici a torta a quelli a linee, a barre e a dispersione, solo per citarne alcuni (la Figura 8.9 mostra alcuni tipi di grafici). Ogni tipo di grafico è più adatto a rappresentare un dato tipo di informazione, quindi dovrete scegliere il grafico giusto per i vostri dati specifici. La Tabella 8.2 vi aiuterà a prendere questa decisione consapevolmente.

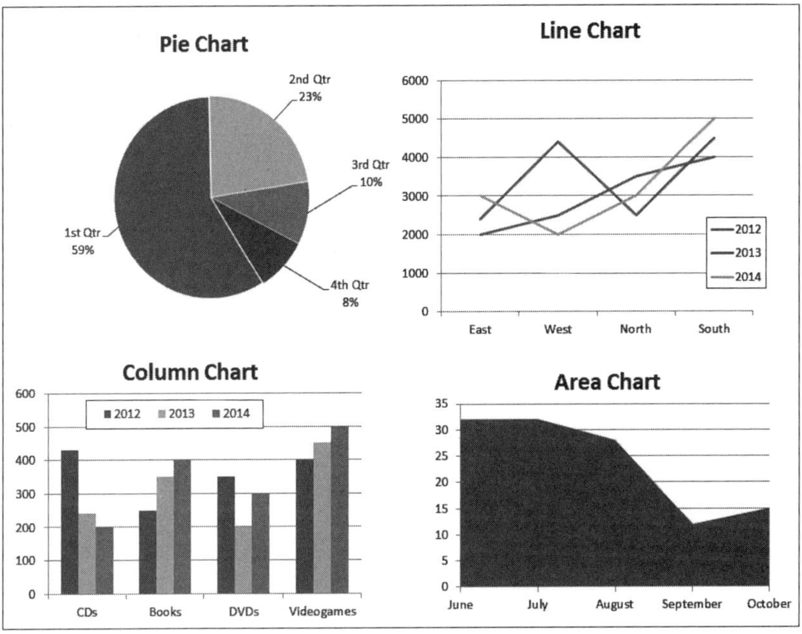

Figura 8.9 Grafico a torta, a linee, a istogramma e ad area.

Tabella 8.2 Utilizzi corretti dei vari tipi di grafici

Tipo di grafico	Adatto a	Non adatto a
Ad area	Mostrare il flusso dei dati per un dato periodo con enfasi sui totali accumulati	Confrontare un elemento con un altro
A barre (orizzontali)	Confrontare più elementi in un dato momento	Confrontare i dati nel tempo
A colonne (verticali)	Confrontare i dati nel tempo	Confrontare più elementi in un dato momento

→ *segue*

→ continua

Tipo di grafico	Adatto a	Non adatto a
A linee	Mostrare il flusso dei dati per un dato periodo con enfasi sulle tendenze	Confrontare un elemento con un altro
A torta	Mostrare relazioni proporzionali in cui ogni parte è rappresentata sotto forma di percentuale di un insieme	Mostrare l'evoluzione dei dati nel tempo

Probabilmente siete in grado di creare dei grafici con Microsoft Excel o PowerPoint e di inserire i dati in un foglio di calcolo e selezionare il tipo di grafico. Da qui non vi resta che formattare il grafico per un effetto ottimale, in termini di font, colori, profili e così via.

Suggerimento

Quando create un grafico per il Web, usate molti colori: la gente si aspetta un po' di colore online. Dovreste comunque scegliere dei font abbastanza grandi e usare descrizioni brevi e semplici. Lo scopo è rendere il grafico comprensibile a colpo d'occhio e far sì che ogni elemento sia facilmente leggibile.

Tuttavia, ciò non significa che il grafico sia sempre l'ideale per presentare dei numeri. Se è troppo complesso, i singoli elementi potrebbero essere troppo piccoli e quindi difficili da leggere, soprattutto sui display piccoli e sugli sartphone. Oppure, è possibile che le informazioni possano essere presentate più facilmente con del testo o con una tabella. In ogni caso, scegliete attentamente il grafico in modo da essere certi che sia adatto e non controproducente.

Suggerimento

Per il massimo della visibilità, i grafici dovrebbero occupare almeno la metà di una normale pagina a video.

Usare le infografiche

Ci sono poi quei nuovi elementi visivi, detti *infografiche,* che contengono ogni tipo di informazione. L'infografica è molto di moda ai giorni nostri e risulta particolarmente attraente agli occhi di chi è interessato principalmente ai dati. Come potete vedere in Figura 8.10, l'infografica permette di presentare qualsiasi tipo di dato in un unico elemento visivo. È facilmente leggibile se non detestate dover scorrere la pagina, in quanto è solitamente più alta che larga. Questo a causa della quantità di informazioni presentate in vari grafici e immagini. È un modo per combinare tanti elementi visivi in un unico elemento visivo.

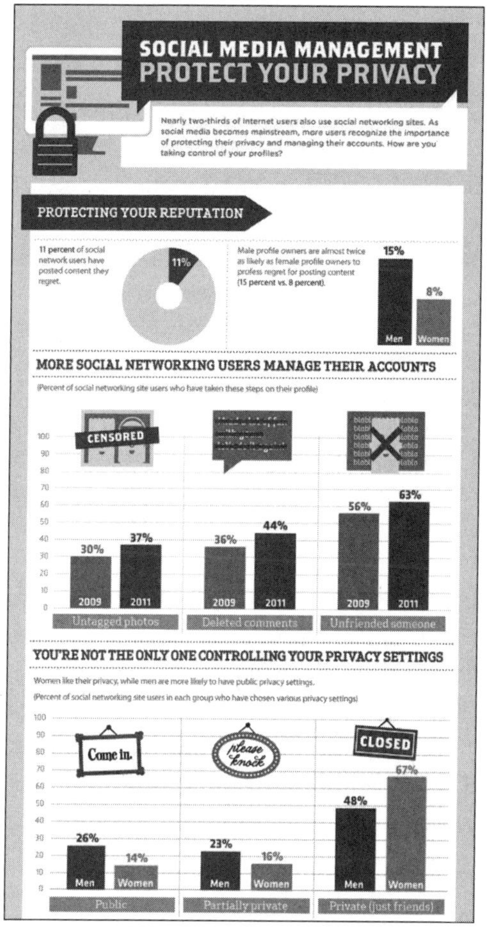

Figura 8.10 Un'infografica (o meglio, parte di essa: in realtà è molto più lunga) tratta da ZoneAlarm.

Attualmente, alcune infografiche sono particolarmente famose, soprattutto in contesti come i social network. Le più significative e divertenti diventano virali; molte vengono infatti condivise sulle bacheche di Facebook e Pinterest.

A causa del loro forte potenziale virale, molte aziende stanno iniziando a pubblicare infografiche sui propri siti web. Non sono certo che sia una buona idea: occupano molto spazio e riempiono quasi tutta la pagina. Personalmente ritengo che siano più adatte ai post dei blog e ai social media, dove possono raccontare un'intera storia e non sostituire i contenuti basati su testo.

In ogni caso, se usate un'infografica, accertatevi che presenti informazioni pertinenti e accurate. La tentazione di presentare più fatti possibili è molto forte, ma se non sono utili, i lettori non scorreranno l'iconografica fino alla fine, figuriamoci se la condivideranno con i loro amici.

Usare le animazioni

Se le immagini statiche sono consigliate, quelle in movimento dovrebbero esserlo ancora di più, giusto? In alcuni casi è così.
Diamo prima un'occhiata alle animazioni, ovvero alle illustrazioni in movimento. Le animazioni possono essere utili o totalmente superflue. Sfortunatamente, quest'ultimo caso è molto più frequente, online.

Nota

Oggigiorno, sul Web, la maggior parte delle animazioni è realizzata in Flash, perché è sviluppata usando la tecnologia Flash di Adobe. Questa tendenza potrebbe cambiare nel tempo, soprattutto in virtù della diffusione del linguaggio HTML5, ma per ora non è così.

Ecco un ottimo utilizzo delle animazioni: dimostrare come funziona un dispositivo o un processo. Con le illustrazioni animate potete mostrare il funzionamento di qualcosa nel tempo. È un'ottima cosa.
Ecco un pessimo utilizzo delle animazioni: cartoni animati divertenti. A meno che non siate dei professionisti del genere o non gestiate un sito comico, dimenticate questo tipo di animazioni. Non hanno nessuno scopo utile e, online, lo spazio è troppo prezioso per essere sprecato.

Avvertimento

La maggior parte delle persone trova le animazioni Flash alquanto noiose. Per esperienza personale posso dire che molte sono inutili e non fanno altro che ostacolare l'individuazione del contenuto interessante. Non usate le animazioni per puro scopo spettacolare; usatele solo quando hanno una funzione utile.

Dovreste usare le animazioni a complemento del vostro testo? Sì, ciò risulta laddove appropriato. Quindi, se dovete dimostrare un processo o un servizio, fatelo tranquillamente in modo animato. Ma se volete semplicemente muovere delle immagini per far apparire trendy la vostra pagina, non fatelo. Non è uno scopo utile; è semplicemente fastidioso.

Avvertimento

Non tutti i dispositivi son in grado di riprodurre le animazioni Flash e i video. Per esempio, iOS di Apple non è compatibile con la tecnologia Flash, quindi le vostre belle animazioni non saranno riprodotte su iPhone e iPad.

Usare i video

Infine, parliamo dei video: brevi filmati integrati nelle pagine web o nei post dei blog. Come le animazioni, i video possono essere un'ottima o una pessima idea. Il lato positivo è che possono aiutare a dimostrare un prodotto o a illustrare come fare qualcosa. Sono fantastici per presentare come operare o per accompagnare ricette e cose simili. Sono indicati anche per mostrare interviste e testimonianze: ascoltare le parole dalla fonte è sempre più convincente.

I video possono anche aggiungere un elemento di intrattenimento a un blog o a un sito web, e sono molto diffusi sui social media. Siate cauti, comunque; non volete di certo fare puro e semplice intrattenimento. Non aggiungete un video perché dovete inserire un tocco di divertimento al contenuto, ma per uno scopo preciso. Il video dovrebbe amplificare il testo che avete scritto, non distogliere l'attenzione.

Avvertimento

Poiché la maggior parte delle persone preferisce guardare video invece di leggere, è possibile che i video offuschino il vostro testo. Infatti, se pubblicate un video sulla vostra pagina web, potrebbe essere l'unica cosa che i visitatori guarderanno, tale è il potere di questo mezzo.

Per esperienza, posso dire che i video online più efficaci sono quelli che educano, informano o intrattengono il visitatore. Se avete un video che apporta un servizio a un dato progetto, allora vale la pena pubblicarlo. Se è un video che intrattiene semplicemente il pubblico, meglio lasciar perdere.

Quindi, se il video è il modo migliore di presentare delle informazioni, va benissimo. Ma se volete che le persone leggano realmente i vostri testi, non distraetele con i video; conservateli per quando saranno più indicati.

Nota

Per saperne di più sui tipi di video più adatti ai diversi tipi di pubblico, leggete il mio libro *Fare business con YouTube. Online video marketing per tutti* (Sperling & Kupfer, Milano 2009).

9

Usare link e contenuti esterni

Il World Wide Web non è altro che una rete di contenuti interconnessi. Quando leggono una pagina web o un articolo online, i lettori si aspettano di trovare dei link ad altri contenuti pertinenti pubblicati su altri siti web. Questo tipo di collegamento rende il testo originale più utile, espandendolo in modo da includere informazioni aggiuntive che si trovano altrove.

Aggiungere link ai testi online è necessario, ma rischioso. Se fatto bene, aumenta il valore dei vostri contenuti. Se fatto male, rischia di annoiare i lettori con troppi link che li portano via dal vostro sito, per non tornare più.

Qual è il modo migliore per aggiungere link e altri contenuti esterni ai vostri testi? La risposta la trovate proprio in questo capitolo.

Come, quando e con che frequenza usare i link

Quando aggiungete dei link ad altri contenuti sul Web, permettete ai lettori di accrescere la loro esperienza di lettura. Potete portarli a dettagli aggiuntivi, a informazioni supplementari, a contenuti correlati, perfino a materiale che pensate troveranno interessante.

Come aggiungere un link

Potete aggiungere link a parole, titoli della pagina, foto e altre immagini. La Figura 9.1 mostra un classico link di testo: quel vecchio e familiare testo blu.

In anticipation of my upcoming book, ***The Ultimate Digital Music Guide***, I've started a new **Ultimate Digital Music Guide Blog**. I post to it whenever I damned well feel like it, about anything I damned well feel like writing about -- music-related, that is. I hope you find it an interesting read, and also hope you purchase the accompanying book when it's released this July!

Figura 9.1 Basta cliccare sul testo blu sottolineato per andare alla pagina linkata.

La maggior parte dei programmi per l'editing di pagine web permette di aggiungere facilmente i link al testo selezionato; Microsoft Word ha anche un pulsante per creare collegamenti ipertestuali. È sufficiente selezionare il testo che diventerà link – in gergo tecnico detto *anchor text* – sulla propria pagina web o post, quindi inserire l'URL della pagina a cui si vuole collegare il testo.

Nota

Il link a un'altra pagina web è detto *collegamento ipertestuale.*

Potete anche aggiungere del testo descrittivo che apparirà quando il lettore passa il mouse sopra il link, come mostrato in Figura 9.2. Se sceglierete di aggiungere delle descrizioni ai link (a essere onesti, pochissimi scrittori per il Web lo fanno), queste dovrebbero includere un testo informativo su ciò a cui state collegando, per esempio una descrizione della pagina o del contenuto a cui saranno indirizzati i visitatori facendo clic sul link.

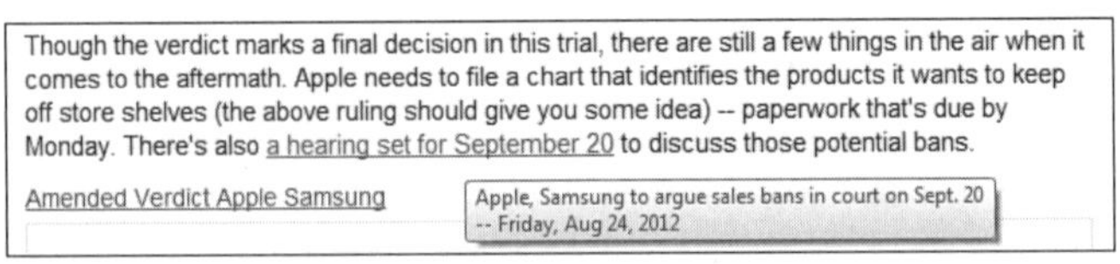
Though the verdict marks a final decision in this trial, there are still a few things in the air when it comes to the aftermath. Apple needs to file a chart that identifies the products it wants to keep off store shelves (the above ruling should give you some idea) -- paperwork that's due by Monday. There's also a hearing set for September 20 to discuss those potential bans.

Amended Verdict Apple Samsung

Apple, Samsung to argue sales bans in court on Sept. 20 -- Friday, Aug 24, 2012

Figura 9.2 Il mouse su un link con il testo descrittivo visualizzato.

Decidere quale testo dovrebbe contenere un link ad altre informazioni è una vera e propria arte. Potete collegare un'unica parola, una parte di frase, un'intera frase e perfino un intero paragrafo. Addirittura, potete integrare dei link negli elementi di un elenco puntato o numerato e nei titoli delle sezioni.
Sappiate comunque che meno testo viene usato per un dato link, più la pagina sarà chiara e per i lettori sarà più semplice identificare dove fare clic. Scegliete le parole giuste, quelle che riflettono meglio il contenuto a cui collegate.
Per esempio, ipotizziamo che abbiate la seguente frase che collega a un articolo sul sito web della CNN:

Le implicazioni legali di questa strategia potrebbero influire sul bilancio finale della società, come illustrato in questo articolo della CNN.

Potreste selezionare come anchor text l'intera frase, ma probabilmente sarebbe troppo. Una strategia migliore consiste nel selezionare **come illustrato in questo articolo della CNN**. Ma sarebbe ancora meglio usare solo **articolo della CNN**: è breve e va dritto al punto; inoltre, rende chiaramente l'idea di dove porta il link.

Avvertimento

Se trasformate un intero paragrafo (o più!) in anchor text, i lettori si sentiranno infastiditi dalla profusione di testo blu sottolineato e, probabilmente, non faranno clic da nessuna parte.

Comunque, ciò che spesso si vede sul Web sono le parole **clicca qui** usate come anchor text. Sebbene possa sembrare una cosa ovvia da fare, in realtà è ridondante; gli utenti del Web sanno cliccare sul testo sottolineato e non hanno bisogno che si dica loro di farlo. Invece, rendete anchor text solo il testo rilevante, e cercate di evitare di usare frasi come "clicca qui", "clicca per maggiori informazioni" e simili.

A cosa collegare

Potete collegare a pressoché qualsiasi cosa si trovi sul Web. Potete fare collegamenti a pagine web, articoli, post di blog, immagini, video; qualsiasi cosa vi venga in mente.
In generale, dovreste collegare a contenuti che arricchiscono le vostre informazioni chiave. Potrebbe essere uno qualsiasi dei seguenti contenuti:

- un articolo di un importante sito di notizie che aggiunge dettagli al vostro contenuto;

- un articolo di Wikipedia (se vi fidate di quel sito) che spiega un concetto o un soggetto di cui state scrivendo;
- il post di un blog attinente curato da un blogger autorevole che tratta il vostro stesso argomento;
- l'home page di un'azienda o una pagina prodotto;
- una recensione attinente su un altro sito web;
- un grafico o un'infografica che mostra nei dettagli l'argomento trattato;
- un video che dimostra ciò di cui state scrivendo.

Per esempio, se state scrivendo la vostra opinione su un ristorante locale, potreste creare un link al sito web di quel ristorante, alle relative recensioni su Yelp o siti simili. Se state scrivendo in merito al vostro artista preferito, potreste creare un collegamento al sito web dell'artista o a uno dei suoi video su YouTube. Se state scrivendo delle future elezioni, potreste creare un collegamento all'articolo che parla proprio delle elezioni sul sito web di un importante quotidiano o a quello di un candidato.

Avvertimento

Per i lettori, niente è più fastidioso del cliccare su un link che non è più disponibile o che porta a una pagina web errata o inesistente. Verificate sempre i link prima che i vostri testi vengano pubblicati, e fatelo anche dopo la pubblicazione, per essere certi che siano sempre attivi e funzionanti.

Quando (e con che frequenza) aggiungere link

I link aggiungono spessore al vostro contenuto, come lo fanno le barre laterali. Invece di inondare i lettori con informazioni aggiuntive e generiche tutte nello stesso momento e nello stesso posto, fornite un link a questi stessi contenuti, che i lettori possono consultare quando preferiscono. Permettendo di fare clic per visualizzare le informazioni aggiuntive, evitate di distrarre i lettori e di interrompere il flusso del testo.

I link andrebbero aggiunti quando c'è un'informazione correlata ma non direttamente pertinente e che potrebbe essere d'interesse per il lettore. Se l'informazione è necessaria per completare la comprensione del testo, dovrebbe essere inclusa nel contenuto principale, non fornita come collegamento. E se l'informazione non è rilevante, non c'è motivo per cui dovreste linkarla, giusto?

Tuttavia, cercate di non diventare matti con i link. Se ne inserite troppi in un'unica pagina web, il lettore non vedrà altro che testo blu sottolineato, cosa che sminuirebbe il valore di ogni singolo link, rendendo anche difficoltoso leggere il contenuto principale (date un'occhiata alla Figura 9.3 per capire cosa intendo). Inoltre, inserendo troppi link in una stessa pagina, rischiereste di perdere molti lettori che si fermeranno sulle pagine che avete linkato.

Michael Miller has been playing drums since he was in grade school, and he attended the prestigious Jazz Studies Program at the Indiana University School of Music. He is also an accomplished composer and arranger, and the author of several best-selling music instruction books.

Figura 9.3 Questo blocco di testo contiene troppi link; mette in confusione il lettore.

Sarebbe quindi meglio includere solo i link che aggiungono spessore ai vostri contenuti. Sicuramente non più di un link in un'unica frase; certo, meglio ancora sarebbe limitarsi a un link per paragrafo. I link che scegliete dovrebbero avere un certo valore aggiunto; come per la maggior parte delle cose: meglio puntare sulla qualità che sulla quantità.
In altre parole, contenetevi, Ok?

Quando *non* linkare

Il fatto che possiate collegare a qualcosa, non significa che dovete farlo. Sebbene sia possibile aggiungere valore ai vostri contenuti creando collegamenti selezionati ad altri siti web, ricordate che ogni volta che qualcuno clicca su uno di questi link, lascia il vostro sito. E una percentuale di quelle persone non tornerà indietro.
Per non rischiare che il lettore abbandoni il vostro sito web, evitate di non inserire *alcun* link. Sicuramente non volete che i lettori clicchino per andare a un sito concorrente e acquistare i relativi prodotti. E non volete neanche che scoprano che quel sito ha contenuti migliori dei vostri, e non tornino più sul vostro deludente sito.
Detto questo, bandire i link dal testo potrebbe non essere fattibile e tanto meno risultare la strategia migliore; ricordate, i lettori online considerano i link parte integrante dell'esperienza sul Web. A tal fine, dovete scegliere *dove* inserire i link all'interno del testo.
Per esempio, se volete che i visitatori leggano un intero paragrafo prima di cliccare su un collegamento a un altro sito, non inserite il link all'interno del paragrafo, ma aggiungete subito dopo una frase a parte rendendola anchor

→ *segue*

→ continua

text. In questo modo i visitatori non cliccheranno prima di aver letto l'intero paragrafo. Non è drastico come escludere qualsiasi link, ma aiuta a fare in modo che i lettori si concentrino sui vostri contenuti il più a lungo possibile, prima di cliccare verso qualcos'altro.

Integrare immagini e altri contenuti web

Creare link è il metodo più comune di collegare altri contenuti della World Wide Websfera, ma non è l'unico modo in cui è possibile farlo. Nelle vostre pagine web, nei post di blog e negli aggiornamenti di stato sui social media potete anche integrare contenuti pubblicati altrove.

Come funziona l'integrazione

Quando integrate un elemento in una pagina web, quell'elemento continua a essere ospitato nella sua posizione originale. La vostra pagina si caricherà come sempre, poi l'immagine, il video o qualsiasi altra cosa si caricherà dall'altro sito all'interno del browser web che mostra la vostra pagina.

Se l'elemento che avete integrato viene modificato sull'altro sito, le modifiche si rifletteranno anche quando l'elemento si carica nella vostra pagina. Se l'elemento viene cancellato dall'altro sito, non apparirà più nemmeno nella vostra pagina.

La cosa interessante dei contenuti integrati, dalla prospettiva dei lettori, è che non appaiono come link su cui fare clic, ma vengono visualizzati direttamente. Ovvero, l'immagine, il video o qualsiasi altra cosa è letteralmente integrata nel vostro contenuto, appare insieme al resto del testo.

Per esempio, la Figura 9.4 mostra un video di YouTube integrato nel mio sito web. Il video è "live", ovvero i lettori possono riprodurlo dalla mia pagina web semplicemente facendo clic sul pulsante *Play*. I lettori non vengono mandati a un sito differente per guardare i contenuti.

Che cosa potete integrare?

Le immagini e i video sono i contenuti integrati più spesso. Se conoscete il codice HTML, inserire l'URL di una data immagine o un video di YouTube nel codice di una pagina web o di un post è semplice. Non tanto quanto creare un collegamento ipertestuale, motivo per cui non lo fanno in molti. Ma se conoscete dei web designer, potete chiedere loro di farlo per voi.

Figura 9.4 Un video di YouTube integrato in una pagina web indipendente.

> *Nota*
>
> Potete anche copiare immagini da altri siti e incollarle nella vostra pagina web. Non è un'integrazione live; il copia e incolla spezza il collegamento alla versione originale del contenuto copiato.

Solitamente, i testi non vengono integrati, ma copiati. Ovvero, copiate del testo da un altro sito web e lo incollate direttamente nel contenuto del vostro sito o blog. Non è "live" come gli oggetti integrati, ma è sicuramente "preso in prestito".

Dovreste integrare contenuti di altri siti web?

Il concetto di prendere in prestito il contenuto di qualcun altro per i vostri scopi è opinabile per una serie di motivi.

Prima di tutto significa far passare per vostro il contenuto di qualcun altro. Il problema si presenta quando copiate del testo da un altro sito e lo incollate sul vostro senza citare la fonte. Questo è plagio, e non è eticamente corretto. È quel genere di cose che, se scoperte, causerebbero la bocciatura di uno studente o l'espulsione di un giornalista da una redazione. Oltretutto, rubare (scusate, "prendere in prestito") il lavoro di un altro scrittore non è solo scorretto, è a tutti gli effetti un inganno.

Nota

Plagiare è l'atto di usare il lavoro di un'altra persona senza che la fonte originale ne sia a conoscenza.

Secondo: copiare o integrare immagini e video potrebbe in effetti essere illegale. Stiamo parlando della legge sul copyright (e lo faremo anche nella seconda sezione di questo capitolo), e usare del materiale protetto dai diritti d'autore senza il premesso esplicito o un compenso adeguato corrisponde a infrangere la legge.

Diamo un'occhiata a qualche esempio:

- state scrivendo il post di un blog sui cantanti famosi e copiate la biografia di Ella Fitzgerald da Wikipedia, inserendola pari pari nel vostro testo senza citare la fonte. È il mandato di plagio per eccellenza, da bandire. Non fatelo;
- state scrivendo il post di un blog sui cantanti famosi e copiate la biografia di Ella Fitzgerald da Wikipedia incollandola nel vostro sito, ma indicate la fonte. In questo modo dribblate il plagio, ma state comunque commettendo il crimine di essere pigri. Vi consiglio di evitarlo;
- state scrivendo il post di un blog sui cantanti famosi e inserite un link alla biografia di Ella Fitzgerald sul sito di Wikipedia. Bravissimi! Questo è fattibilissimo;
- state scrivendo il post di un blog sui cantanti famosi e integrate una foto di Ella Fitzgerald che appare sul sito web dell'artista (esatto, esiste, ed è qui www.ellafitzgerald.com). Non va bene; non avete il permesso di farlo e potreste compiere una violazione dei diritti d'autore. Non fatelo;
- state scrivendo il post di un blog sui cantanti famosi e integrate un video di Ella Fitzgerald che avete trovato su YouTube. Questo va bene, perché YouTube lascia liberi di usare qualsiasi video pubblico presente sul proprio sito e fornisce anche il codice per farlo. È un ottimo uso delle risorse online.

Infine: va bene linkare, ma non sempre è altrettanto giusto copiare o integrare altri contenuti. Infatti, sconsiglio di copiare testi e integrare qualsiasi immagine tutelata dalla legge sul diritto d'autore. YouTube è l'eccezione che conferma la regola, perché incoraggia attivamente l'integrazione dei propri video, ma oltre ciò, limitatevi il più possibile al vostro contenuto originale. Se dovete andare oltre e rimandare a contenuti ospitati altrove sul Web, inserite un link.

Comprendere l'aspetto legale di link e contenuti integrati

Se l'integrazione di contenuti esterni è problematica, il collegamento con link è un'opzione largamente accettata online. I link che create sono soggetti a restrizioni o regole?

Linkare è legale

Collegare con i link è perfettamente legale, anche se i proprietari del sito a cui collegate non vogliono che lo facciate. Ci sono stati casi di siti web che hanno chiesto ad altri siti di non essere linkati, ma anche se queste richieste vengono fatte dai rappresentanti legali del sito (e appaiono legalmente intimidatorie), non hanno valore legale. Ovvero, sebbene possiate accettare la richiesta di non inserire collegamenti a un dato sito, solo per essere un bravo vicino, non ne avete l'obbligo legale. Collegare con link non è illegale; quando create un link non usate effettivamente il contenuto di un altro sito. Quindi sentitevi liberi di linkare al contenuto che vi sta a cuore, non servono gli avvocati.
Dovete ottenere il permesso di collegare a un altro sito? No. Per nulla. Non c'è niente che vi impedisca di linkare qualsiasi cosa sia sul Web. Dopotutto, questa è l'essenza del Web.

Integrare... non proprio

Integrare i contenuti di altri siti è invece meno legale. Mettiamo il caso che il contenuto dell'altro sito (soprattutto le immagini) sia protetto da copyright e non autorizzato alla distribuzione gratuita al pubblico, e che voi lo integriate ugualmente, senza permesso o compenso esplicito; l'integrazione o la copia di quel contenuto sul vostro sito comporta una violazione del diritto d'autore del proprietario. Ovvero: state rubando quel contenuto, letteralmente. E rubare è contro la legge.
Mettiamola in un altro modo: non potete usare il contenuto di un altro sito senza autorizzazione. E anche se ottenete il permesso, è possibile che dobbiate pagare. Il problema non sussiste se il contenuto è di dominio pubblico o è stato concesso in licenza per un uso specifico (commerciale o non commerciale, dipende). Ma se il contento non è stato concesso in licenza e non avete contattato il proprietario del sito informandolo dell'utilizzo, avreste fatto meglio a non integrarlo nel vostro sito; siete legalmente perseguibili per danni.
Ma se viene utilizzato correttamente? Se state copiando una riga o due di testo da un altro sito per una recensione o come riferimento, e citate la fonte, allora vi

state attenendo alla dottrina dell'uso corretto. Le cose cambiano se copiate interi paragrafi da un altro sito. O se copiate contenuti da un altro sito senza citare la fonte. In altre parole, non potete cercare di fregare i lettori facendo credere che i contenuti presi a prestito siano vostri; questo non è un uso corretto.

Nota

L'uso corretto è una clausola della legge sul copyright che permette un utilizzo limitato di materiale coperto dai diritti d'autore senza chiedere l'autorizzazione al proprietario del copyright. La parola chiave qui è "limitato"; l'uso corretto solitamente si applica a un breve estratto di un lavoro a scopo di recensione, critica, commento, notizia e simili. Per esempio, se citate una riga di dialogo di un film nella vostra recensione su quel film, ne state facendo un uso corretto. Se invece vi appropriate di un'intera scena del film di qualcun altro inserendola nella sceneggiatura del vostro film, è tutto fuorché un uso corretto.

Dovreste preoccuparvi?

Per essere onesti, è improbabile che qualcuno faccia causa a una persona che integra un'immagine o altri contenuti su un blog o un sito web personale. Non sto dicendo che è impossibile, ma che è improbabile; siete un pesce troppo piccolo per preoccuparsene. Le aziende sono invece più soggette alle beghe legali se ci sono dei grandi pesci da friggere, come quando un importante sito web commerciale usa dei contenuti senza autorizzazione.

Non è comunque una scusa per copiare o integrare contenuti da siti web o blog minori senza autorizzazione; ciò comporta molte altre piccole problematiche, inclusa la possibilità che perdereste credibilità se i vostri lettori scoprissero che avete "preso in prestito" materiale da altre fonti. Ma è probabile che riusciate a farla franca se vi limitate molto nell'uso non autorizzato e se siete un pesce talmente piccolo da passare inosservato. Non è certo un azzardo da prendere in considerazione, ma potreste farlo.

10

Ottimizzare i testi per le ricerche online

Una cosa che contraddistingue i testi online da quelli tradizionali è che le parole sul Web non vengono lette soltanto dai lettori, o meglio, dai lettori umani. I testi online sono "letti" anche dai software di indicizzazione usati da Google e dagli altri motori di ricerca. Il software stabilirà la posizione della vostra pagina, post o quant'altro, nei risultati di ricerca (naturalmente, vorrete essere più in alto possibile per attrarre più lettori "umani" possibili).

Quindi, quando scrivete dei testi per il Web dovete tenere conto dei motori di ricerca e ottimizzare i contenuti affinché appaiano ai primi posti dei risultati. Significa che state scrivendo sia per gli esseri umani sia per le macchine. Per molti scrittori, questa è una sfida nuova e difficile!

In questi risultati di ricerca può apparire praticamente qualsiasi cosa sia online, per cui dovete ottimizzare tutti i vostri contenuti. Questa ottimizzazione per i motori di ricerca (SEO, Search Engine Optimization) non riguarda soltanto le pagine web, ma anche i post di blog, i comunicati stampa e perfino gli aggiornamenti di stato sui social media. In pratica, dovete rendere i vostri contenuti il più possibile rintracciabili.

Come funziona la ricerca online e perché è importante

I motori di ricerca portano molto traffico alla maggior parte dei contenuti online, per questo dovreste fare in modo che il vostro sito, blog o quant'altro appaia più in alto possibile nei risultati dei principali motori di ricerca. Questa attività viene chiamata *Search Engine Marketing* (SEM), e implica l'ottimizzazione dei contenuti affinché si posizionino nei primi posti in questi risultati di ricerca.

Perché è importante essere ai primi posti

Perché è importante essere ai primi posti nei risultati di ricerca? Semplicemente perché permette di essere trovati.
Prima di tutto, se non appaiono affatto tra questi risultati, i vostri contenuti non saranno mai trovati, punto. Se nessuno è a conoscenza dell'esistenza del vostro sito web o blog, nessuno lo visiterà. Pagine non trovate significa contenuto non letto.
Ma apparire semplicemente nell'indice di ricerca di Google non è sufficiente. Dovete anche posizionarvi più in alto possibile nei risultati di una data ricerca per avere la meglio sui contenuti concorrenti. La maggior parte degli utenti non va oltre la prima pagina di risultati; anzi, molti non scorrono neanche l'intera prima pagina.
Ciò significa che i vostri contenuti devono apparire tra i primi 5 o 10 siti proposti per una data ricerca. Più siete in basso, minore sarà il numero di visitatori che riuscirete ad attrarre.

Come vengono classificati i risultati di ricerca

Prima di iniziare a ottimizzare i contenuti per i motori di ricerca, dovete sapere in che modo Google, Yahoo! e Bing classificano i propri risultati. Cosa fa sì che un motore di ricerca posizioni una data pagina tra i primi risultati e un'altra molto più in basso?
Sebbene ciascuno dei principali motori di ricerca usi un proprio algoritmo per l'indicizzazione delle pagine, tutti seguono una metodologia simile. Ovvero, fattori simili sono importanti per risultare ai primi posti con tutti i principali motori di ricerca.
Poiché Google è di gran lunga il motore di ricerca più famoso del Web, è perentorio scoprire come classifica i risultati. Quando lo fate, tenete a mente che Google, come i suoi concorrenti, cerca di servire i propri utenti posizionando

prima le pagine più importanti e pertinenti, poi quelle meno note. Lo fa applicando un algoritmo complesso basato su tre componenti principali.

- **Analisi del testo.** Prima di tutto, Google cerca le parole nella pagina che corrispondono alle parole della ricerca effettuata. Ma non si limita a far corrispondere il testo, considera anche il modo in cui le parole sono usate. Lo fa esaminando le dimensioni del font, la grammatica, le similitudini e un centinaio di altri fattori che permettono di stabilire la corrispondenza con la ricerca. Google analizza anche il contenuto delle pagine correlate sullo stesso sito web, per essere certo che la pagina selezionata sia la più indicata.
- **Link e testi linkati.** Google controlla poi i link (e il testo per questi link) nella pagina web, per vedere se portano a pagine pertinenti alla ricerca. I link che collegano a contenuti non inerenti alla ricerca fanno perdere posizioni nei risultati di ricerca.
- **Link a quella pagina.** Infine, Google cerca di determinare l'importanza di una pagina contando il numero delle altre pagine che hanno un collegamento a quella pagina. La filosofia è che maggiore è la popolarità di una pagina, maggiore è il suo valore. Sebbene suoni un po' come una gara di popolarità (e lo è), è una teoria che funziona. Risultato: maggiore è il numero di pagine che sono collegate a una data pagina o a un dato post, migliore sarà il relativo posizionamento.

Suggerimento

Sebbene il numero di link alla vostra pagina sia importante, è altrettanto fondamentale *quali* pagine sono collegate al vostro sito. Google ritiene che i link che provengono da pagine più inerenti all'argomento della vostra pagina non siano casuali, a differenza di quelli che provengono da pagine non attinenti. Per esempio, se il vostro sito web tratta di automobili vintage, un link da un sito di ricambi per auto permetterebbe di ottenere un posizionamento migliore rispetto a un link da un sito sulle attrezzature ospedaliere. Inoltre, è probabile che una pagina linkata da meno pagine, che hanno però una posizione migliore, si troverà più in alto nei risultati di ricerca rispetto a una pagina simile linkata da un maggior numero di pagine che non hanno però un buon posizionamento.

Comprendere l'ottimizzazione per i motori di ricerca

Per migliorare il posizionamento nei risultati di ricerca, dovete ottimizzare i vostri contenuti per i motori di ricerca. Questo processo è chiamato *ottimizzazione per i motori di ricerca*, o SEO (Search Engine Optimization).

Sono molti gli elementi da considerare, ma in generale dovete creare i contenuti in modo che corrispondano il più possibile ai termini o alle parole chiave che i vostri lettori di riferimento userebbero per cercarvi. Dovete scoprire quali parole chiave inseriscono nelle ricerche e includerle nel vostro testo, ma anche dietro le quinte o nel codice HTML della pagina o del post.

> **Nota**
>
> La SEO è parte integrante di ciò che viene chiamato *Search Engine Marketing* (SEM). L'attività di SEM può anche prevedere pubblicità sui motori di ricerca, attraverso Google AdWords e altri programmi simili.

La SEO richiede anche che organizziate i vostri contenuti in modo tale che i motori di ricerca possano determinare più efficacemente di cosa trattano. Ma è importante anche il design delle pagine web: alcune tecniche di design possono contribuire a migliorare il vostro posizionamento tra i risultati, altre, invece, porterebbero i motori di ricerca a ignorarvi completamente.

Perché la SEO sia efficace, dovete scrivere nel modo giusto per i motori di ricerca, pur continuando a risultare comprensibili ed efficaci per il vostro pubblico umano. Si tratta di trovare il giusto equilibrio, come scoprirete presto.

Grandi risultati per piccoli portafogli

Se pensate in termini di marketing, la SEO è uno degli strumenti più efficaci che avete a disposizione. È un modo relativamente economico di aumentare il traffico e di generare fatturato.

In termini di costi, dovete sapere che non potete comprare una buona posizione nei risultati dei motori di ricerca; Google, Bing e gli altri non lo permettono. I risultati che otterrete sono esclusivamente organici, ovvero basati sul vero valore del vostro contenuto, niente di più e niente di meno.

Le uniche spese che dovrete sostenere riguardano le attività di SEO. Potrebbero corrispondere a zero se vi occupate personalmente dell'ottimizzazione, oppure a qualcosina in più se vi avvalete di un consulente SEO per l'intero

sito. In ogni caso, il costo legato alla SEO è molto inferiore al costo delle pubblicità sui motori di ricerca attraverso Google AdWords, ed è molto, ma molto più efficiente.
Cosa se ne ricava? Ottimi risultati, senza spendere troppo; è questo che rende la SEO la grande livella sul campo di gioco del marketing. Una piccola azienda con buone capacità di SEO può posizionarsi meglio nei risultati di ricerca di Google rispetto a concorrenti più grandi con budget più importanti. Non contano le dimensioni dell'azienda o il suo budget per il marketing sul Web; i risultati della SEO dipendono più dalle capacità di marketing che dai soldi.
Ecco perché la SEO costituisce uno delle componenti principali del marketing online per molte aziende, piccole o grandi che siano. Non è l'unica cosa necessaria per promuovere una società online, ma è senza dubbio la più importante.

Che cosa cercano i motori di ricerca

Abbiamo già parlato di come Google e gli altri motori di ricerca determinano quali risultati proporre. Questa metodologia - analisi del testo, link da e verso una data pagina - serve a determinare di cosa tratta una specifica parte di contenuto e in che modo quel contenuto corrisponde alla ricerca in corso.
Detto questo, occorre tenere presente che i motori di ricerca tengono conto di tantissimi elementi che, come potete immaginare, sono gli elementi che dovreste ottimizzare per rendere i vostri contenuti adatti alle ricerche.

Parole chiave

I motori di ricerca non sono ancora in grado di leggere frasi e paragrafi e comprendere ciò che leggono. Questo è uno dei vantaggi degli esseri umani sulle macchine: noi abbiamo capacità di comprensione cognitiva.
Google e i suoi soci devono quindi usare processi automatizzati per cercare di emulare la comprensione dei contenuti sul Web. Sfortunatamente, questi processi non sono molto evoluti. La tecnologia attuale consente ai motori di ricerca di pescare specifiche parole e frasi da un dato testo, niente di più; non c'è verso che i motori di ricerca riescano a comprendere quanto correttamente siano usate quelle parole e quelle frasi, e a quale scopo.
Per determinare cosa sia importante in una pagina, i motori di ricerca si basano sulle parole chiave. Per *parola chiave* si intende un termine o una frase usata per

fare una ricerca; i motori di ricerca cercano una data parola chiave nella pagina o nel post online corrispondente, per poi determinare quanto importante sia in quel contesto.

Nota

Nella terminologia SEO, una parola chiave può essere costituita da un unico termine o da più parole. Per esempio, sia **chitarra** sia **chitarra acustica** possono fungere da parola chiave in un sito web che tratta di chitarre.

I motori di ricerca analizzano in quale punto della pagina appare la parola chiave e quante volte viene usata. Una pagina con la parola chiave confinata verso la fine apparirà più in basso nei risultati di ricerca rispetto a una pagina che ha la parola chiave all'inizio; lo stesso avviene se la parola chiave viene usata una sola volta o ripetutamente. Non è un metodo a prova di stupido per determinare l'importanza e l'attinenza, ma è comunque un buon punto di partenza.
Per esempio, se qualcuno sta cercando il termine "golf" e nella vostra pagina web quella parola appare in posizione prominente – diciamo, nella prima frase del primo paragrafo – sarà considerata perfettamente attinente a quella data ricerca. Se, al contrario, avete una pagina sullo sport in generale che non contiene affatto la parola "golf" o lo fa solo verso la fine della pagina, il motore di ricerca stabilirà che il vostro sito *non* va bene per quella ricerca. Non importa se avete pubblicato una bella foto di Arnold Palmer all'inizio della pagina (sfortunatamente, i motori di ricerca non sono in grado di leggere le immagini); a meno che non usiate la parola chiave in posizione prominente e relativamente spesso, non risulterete ai primi posti tra i risultati di quella particolare ricerca.
Quindi, quando esaminano i contenuti, i principali motori di ricerca cercano le parole più importanti: le parole usate nel titolo e nelle intestazioni, le parole che appaiono nel paragrafo introduttivo e le parole che sono ripetute in tutto il testo. Maggiore è l'occorrenza di una parola, maggiore è l'importanza che il motore di ricerca le attribuirà.

Avvertimento

Mettere in posizione prominente le parole *sbagliate* potrebbe influire negativamente sul posizionamento nei risultati di ricerca. Per esempio, se la vostra pagina tratta di sport ma, per qualche motivo, inserite più volte le parole "dente" e "molare", sarà probabilmente considerata una pagina sull'odontoiatria. Questo non soltanto vi porterà i visitatori sbagliati, ma contribuirà anche a farvi perdere posizioni in generale, perché sareste una delle pagine di odontoiatria meno utili.

Tag HTML

Quando cercano di determinare l'argomento di una pagina, i motori di ricerca non setacciano soltanto il testo che i visitatori vedono, ma anche il codice HTML che sta dietro alla pagina o al post, soprattutto i *metadati* nel codice. Lo so, sono cose un po' tecniche e, in qualità di copywriter, potreste non conoscerle. Posso garantirvi, comunque, che il vostro staff tecnico le conosce e le ritiene importanti, e potrà quindi avvalersi dei vostri input.
Non mi soffermerò su tutti gli aspetti tecnici. Sappiate semplicemente che i vostri web designer potrebbero chiedervi delle parole chiave da usare nel codice HTML. Se lo fanno, date loro un elenco. E se non lo fanno, dateglielo lo stesso; non volete che inseriscano delle parole a caso, vero?

Link

Come detto in precedenza, Google e gli altri motori di ricerca tengono conto anche dei link da e verso i vostri contenuti. Per i link ad altre pagine, dovete scegliere con attenzione le pagine esterne da collegare e l'anchor text da usare per ciascun link. Invece, per i link che portano alla vostra pagina, non è tanto responsabilità del copywriter, quanto degli addetti al marketing; potreste anche cercare di convincere i siti attinenti a linkare il vostro sito.

Ottimizzare i contenuti del proprio sito

Potrei illustrare i vari trucchi e gli strumenti adorati da alcuni esperti di SEO, ma non ci credo ciecamente, quindi non voglio scriverne. Quando si parla di SEO efficace, non esistono trucchi: tutto sta nel fornire i contenuti più utili e pertinenti per i propri lettori. Proprio così, la cosa più efficace che potete fare per migliorare il vostro posizionamento nei risultati di ricerca è migliorare i vostri contenuti. Tutto il resto è secondario; in termini di SEO e buon posizionamento, i contenuti la fanno da padrone.

Che cosa sono i contenuti di qualità?

In che modo i motori di ricerca definiscono i contenuti di qualità? Più o meno come faccio io e come fate voi. Sono quei contenuti che soddisfano le esigenze dei lettori, che sono inerenti e rispondono alle domande poste nelle ricerche.
I contenuti di qualità sono i contenuti utili. Sono informativi e accurati. Grammaticalmente corretti, con la giusta punteggiatura e piacevoli da leggere. Sono originali, diretti ed essenziali. Sono pertinenti all'argomento ricercato e, ancora più importante, sono autorevoli.

Avvertimento

Nella maggior parte dei casi, i contenuti di qualità *non* sono apertamente promozionali o commerciali. I contenuti devono informare il lettore senza essere focalizzati su se stessi; devono avere uno scopo utile e pratico, non parlare solo di voi o del prodotto che state offrendo.

In pratica, i contenuti di qualità contraddistinguono la vostra pagina web o il vostro post dalle pagine concorrenti. Quando un visitatore dice: "Qui ho imparato qualcosa di importante", sapete che i vostri contenuti sono di qualità. Se invece dice: "Non so perché ho perso tempo visitando questo sito", significa che la qualità è scarsa.

Suggerimento

La qualità dei vostri contenuti dipende anche dalla loro *quantità*: maggiore è la quantità di testo, maggiore è la probabilità che stiate coprendo esaustivamente l'argomento. Per questo motivo, alcuni motori di ricerca tengono conto della lunghezza del testo, presumendo che per creare una pagina web particolarmente lunga sia stato fatto uno sforzo maggiore, e pertanto è più probabile che sia di alta qualità. Ciò potrebbe non essere sempre vero, ma è qualcosa che dovete considerare quando scrivete, cercando di trovare il giusto equilibrio tenendo presente il desiderio dei vostri lettori di avere pagine corte.

Perché i contenuti di qualità sono importanti?

I contenuti di qualità sono importanti perché permettono di ottenere ottimi risultati. Tutti i principali motori di ricerca vogliono proporre i siti che meglio corrispondono alla ricerca dell'utente, per evitare che rimanga insoddisfatto e continui a porre la stessa domanda.

Ci sono anche altri motivi per cui è importante migliorare i contenuti online. In primo luogo, più il vostro contenuto è pertinente e di qualità, più i vostri lettori saranno soddisfatti. Dovreste creare i contenuti più utili e autorevoli possibile su un dato argomento; non partite con l'idea di offrire contenuti di seconda scelta a persone che potrebbero facilmente cliccare per andare su altri siti che offrono qualcosa di meglio.

Inoltre, migliore è il vostro contenuto, maggiore è la probabilità che altri siti vi si colleghino con dei link, e, come ben ricordate, essere linkati è importante ai fini di un buon posizionamento nei risultati di ricerca. Se il vostro contenuto è deludente, gli altri siti non lo linkeranno; se il vostro contenuto eccelle, ci saranno tantissimi link al vostro sito senza che dobbiate chiederli.

Nota

Gli esperti chiamano *linkworthy*[8] i contenuti che ricevono link da altri siti di qualità. Se i vostri contenuti sono uguali a tutti gli altri presenti sul Web, non sono meritevoli di essere linkati, ovvero non c'è motivo per cui altri siti dovrebbero linkarvi.

Fornire informazioni autorevoli

Tutto questo parlare dell'importanza di creare contenuti di qualità ha un senso se si cerca anche di capire come fare. Tanto per iniziare, dovete fornire informazioni autorevoli.

È facile dire che volete creare contenuti talmente esaustivi che gli utenti non dovranno visitare altri siti per ottenere maggiori informazioni su quel dato argomento. Inserite tutte le informazioni pertinenti, accertatevi di rispondere a qualsiasi domanda i lettori possano porre e vedrete che voi e il vostro sito diventerete dei luminari dell'argomento.

C'è poi da considerare il fattore *pertinenza*. Se sapete esattamente quali informazioni cercano i vostri lettori di riferimento, potreste, e dovreste, creare contenuti più concisi dei siti concorrenti che buttano lì un po' di tutto. In altre parole, è molto meglio offrire informazioni mirate piuttosto che essere inutilmente onnicomprensivi.

La chiave per fornire informazioni autorevoli è sapere quali dovrebbero essere queste informazioni, quindi sapere cosa cercano i lettori. E qui torniamo al mio concetto del *pensare come il lettore*. Dovete sapere cosa vogliono sapere i lettori, quali informazioni cercano e in che modo le cercano. Quando fornite le informazioni giuste, diventate un'autorità sull'argomento.

Scrivere testi coinvolgenti

Passiamo ora al lato più soft dell'essere autorevoli: come presentare le informazioni. Stiamo entrando nella sfera dello stile di scrittura e di come scrivere testi coinvolgenti.

Scrivere bene apporta un vantaggio dimostrabile, oltre all'apprezzamento da parte degli insegnanti di italiano. Sebbene possiate presentare sotto forma di elenco puntato tutto ciò che sapete di un dato argomento, questo approccio non appare molto attraente agli occhi del lettore; inoltre, alcuni motori di ricerca (come Google) potrebbero interpretare la mancanza di frasi complete come

8. Termine usato in ambito SEO per indicare un sito meritevole di essere linkato. [N.d.T.]

keyword stuffing[9] e posizionarvi più in basso nei risultati. È quindi importante presentare le informazioni in modo grammaticalmente corretto, con la giusta punteggiatura e uno stile coinvolgente.

Avvertimento

Si dice "fare *keyword stuffing*" quando una data parola chiave viene inserita molte volte nella stessa pagina – spesso attraverso testo nascosto o casuale – al fine di aumentarne la densità e quindi accrescere l'apparente pertinenza della pagina. Oggigiorno, la maggior parte dei motori di ricerca considera il *keyword stuffing* una forma di spamming e utilizza di conseguenza sofisticati algoritmi per individuare questa tecnica.

Per finire: i soli fatti non rendono un testo di qualità. Dovete presentare i fatti in maniera leggibile e semplice da seguire, proprio come fate su qualsiasi altro mezzo di comunicazione.

Creare contenuti SEO-friendly

I contenuti online non devono essere solo autorevoli e coinvolgenti, devono anche essere presentati in modo che i motori di ricerca li notino. Ovvero, i contenuti devono essere SEO-friendly. Preparatevi a una nuova avventura.
Cosa sono i contenuti SEO-friendly? Eccovi un elenco di azioni che potrebbero influire positivamente o negativamente sul modo in cui i motori di ricerca interpretano i contenuti online.

- **Usare parole, non immagini.** I moderni motori di ricerca considerano solo il testo di una pagina web, non le immagini, i video, le animazioni Flash e cose simili. Infatti, non riescono a vedere gli oggetti diversi dal testo; alla meglio, possono leggere la descrizione che accompagna gli elementi HTML, ma di sicuro non sono in grado di decifrare un'immagine. Ecco perché dovete presentare i vostri contenuti più importanti nel caro vecchio formato di testo e serbare le cose carine per gli esseri umani.
- **Inserire parole chiave nel testo.** Quando presentate i concetti fondamentali, accertatevi di usare anche le parole chiave e le frasi che i vostri potenziali visitatori cercherebbero. Se una parola chiave non è presente nel testo di una pagina, la maggior parte dei motori di ricerca non la proporrà tra i risultati di ricerca attinenti.

9. Espressione usata in ambito Web e SEO per indicare l'uso di tecniche poco corrette per migliorare il proprio posizionamento tra i risultati dei motori di ricerca. Letteralmente: ripieno di parole chiave. [N.d.T.]

- **Ripetere le parole e le frasi chiave, naturalmente.** Non è sufficiente includere una sola volta le parole e le frasi chiave più importanti. Dovete ripeterle più volte, ma in modo naturale. Non deve sembrare che stiate facendo *keyword stuffing*; le parole devono fluire organicamente nel testo.
- **Mettere all'inizio i concetti più importanti.** Che si tratti di parole chiave o di concetti fondamentali, le informazioni più importanti devono essere posizionate all'inizio della pagina web, dove è più facile che gli spider le trovino. Dovreste metterle in uno dei primi due o tre paragrafi, oppure nel titolo e nel sottotitolo.
- **Suddividere il testo.** È sempre una buona idea modulare i contenuti che pubblicate online; ho parlato a lungo dei vantaggi di "fare a pezzi" i testi. Bene, sappiate che questa tecnica è fondamentale anche per una SEO efficiente. Invece di presentare un infinito blocco di testo, suddividetelo in piccoli pezzi; ogni pezzo dovrebbe quindi avere un proprio titolo. Fate in modo che le informazioni chiave siano facili da trovare, per i lettori e per i motori di ricerca.
- **La lunghezza ha un suo pro.** Sebbene sia un fan dei testi concisi, soprattutto per i lettori in carne e ossa, alcuni motori di ricerca premiano i siti che hanno più parole in ogni pagina. In media, i principali motori di ricerca sembrano preferire le pagine con circa 1.000 parole. Ma è solo una media. I primi 10 risultati delle ricerche con Google hanno di solito una media di 950 parole; per Yahoo! questo numero si aggira intorno a 1.300 parole per pagina. Quindi, un po' di prolissità va bene, a patto di non esagerare.

Ricordate, comunque, che il modo in cui presentate i contenuti è secondario ai contenuti stessi. Dovete prima di tutto scrivere testi autorevoli e poi pensare a tutto il resto.

Lavorare con le parole chiave

Per un certo verso, tutta la SEO ruota intorno all'uso di parole chiave. Che si tratti del contenuto di una pagina o del codice che sta dietro, usate le parole chiave per dare ai vostri testi e al vostro codice una maggiore capacità d'impatto. È fondamentale, quindi, che impariate a creare un elenco di parole chiave pertinenti per i vostri lettori, nonché a includerle nel contenuto che create. Per iniziare, imparate a *pensare come il lettore*; dovete entrare nella testa degli utenti per determinare quali parole usano quando effettuano le ricerche.

Fare l'analisi delle parole chiave

L'arte di determinare quali parole chiave usare viene detta *analisi delle parole chiave*, ed è una componente fondamentale della SEO. Quando sapete quali sono le parole e le frasi chiave che i vostri lettori di riferimento useranno più probabilmente, potrete ottimizzare i contenuti di conseguenza; se non sapete come effettuano le ricerche, non saprete cosa ottimizzare.

Alcuni siti conducono ricerche di mercato estese (e costose) per determinare in che modo i propri lettori effettuano le ricerche. Altri siti provano a indovinare. Non consiglio nessuno di questi approcci; esistono modi più efficaci per avere la meglio.

Esempio tipico: molte aziende offrono strumenti di ricerca delle parole chiave che compilano e analizzano le relative statistiche dai principali motori di ricerca. Potete usare i risultati di questi strumenti per determinare quali sono le parole chiave più adatte da inserire nei vostri contenuti.

Questi strumenti di analisi associano i contenuti con le parole chiave attinenti a quei contenuti; hanno già cercato tra centinaia di migliaia di possibili parole e frasi sui più noti motori di ricerca, e hanno mappato i risultati nel proprio database. Inserite una parola o una fase che descrive ciò che il vostro sito offre, e lo strumento di ricerca elencherà parole e frasi inerenti a quella descrizione, in ordine decrescente in base alla frequenza di ricerca.

Tra gli strumenti di analisi di parole chiave più noti, figurano:

- KeywordDiscovery (www.keyworddiscovery.com);
- Wordtracker (www.wordtracker.com);
- WordZe (www.wordze.com).

Questi strumenti non sono gratuiti; aspettatevi di dover pagare tra $35 e $70 di iscrizione *al mese*. Se non sapete niente dei vostri lettori, saranno soldi ben spesi.

Determinare la giusta densità di parole chiave

Dopo aver generato un elenco di parole chiave, dovete usarle nei vostri contenuti. Inizieremo esaminando come – e con che frequenza – dovreste includere le parole chiave nel testo della vostra pagina.

Prima di tutto, sappiate che più usate una parola chiave, più è probabile che gli spider la registrino; fino a un certo punto, però. Se ripetete troppe volte la stessa parola chiave, questi software penseranno che state facendo "stuffing" e ignoreranno l'intero contenuto. Se siete sospettati di fare *keyword stuffing*, non sorprendetevi se il vostro posizionamento nei risultati di ricerca perderà punti o se la vostra pagina sparirà completamente dai risultati di quel motore di ricerca (come ho già detto, i motori di ricerca non amano il *keyword stuffing*).

Dovete quindi determinare la densità giusta delle parole chiave per i vostri contenuti. Qual è la densità ottimale? Dipende. Se avete molte parole chiave differenti in un'unica pagina, potreste avere una densità del 20% o poco più e continuare a posizionarvi bene. Se avete solo una manciata di parole in una pagina corta, una densità del 5% potrebbe essere troppo. Il punto sta nel fare in modo che i contenuti siano leggibili (per gli esseri umani); se il testo suona strano perché le parole chiave sono inutilmente ripetute troppo spesso, è probabile che anche i motori di ricerca penseranno che state esagerando.

Nota

La *densità di parole chiave* è data dal numero di volte in cui una parola o una frase chiave appare rispetto al numero totale di parole di una pagina.

Integrare le parole chiave

Qual è, quindi, il modo migliore di integrare le parole chiave nei contenuti online?

Tutto parte dal buon vecchio solido copywriting, con una variante. Dovete fornire dei testi leggibili e che attraggano i visitatori, includendo allo stesso tempo tutte le parole e le frasi chiave importanti per i motori di ricerca. Non dovete sacrificare uno di questi aspetti in favore dell'altro; non rendete mai la vostra pagina meno leggibile a un lettore solo per intrufolarci l'ennesima parola chiave. Prima di tutto, pensate alla facilità di lettura, quindi incorporate le parole chiave, per quanto possibile.

Un modo per migliorare sia la facilità di lettura sia l'ottimizzazione per i motori di ricerca consiste nel suddividere il testo in piccole sezioni o pezzi, per poi introdurre ciascuna sezione con un titolo. Come detto, gli spider cercano le parole chiave nei tag dei titoli; inoltre, i titoli aiutano i lettori a identificare le sezioni importanti della pagina. Quindi, suddividere il testo e inserire tanti titoli è utile sia per il pubblico umano sia per quello automatizzato. Altri due posti in cui inserire le parole chiave sono il primo e l'ultimo paragrafo. I motori di ricerca solitamente "leggono" più attentamente l'inizio e la fine della pagina, saltando la parte centrale, e i lettori spesso leggono solo il primo e l'ultimo paragrafo per trovare idee chiave e ottenere un riassunto del contenuto offerto. È come scrivere un articolo per un quotidiano: i paragrafi più importanti sono il primo e l'ultimo.

Quando inserite parole e frasi chiave nel testo, dovreste farlo in modo naturale, usando letteralmente quelle parole e quelle frasi. Quindi, se la parola chiave è "condizionatore", dovete usare esattamente quella parola, in un modo che non suoni forzato. È senz'altro una sfida, una di quelle che può sicuramente essere vinta.

In sintesi, dovete scrivere testi coinvolgenti per i lettori umani, ma che abbiano anche senso per il software dei motori di ricerca. Se avete dubbi, puntate sulla facilità di lettura; se i vostri lettori umani pensano che sia un buon testo, è molto probabile che i motori di ricerca giungeranno alla stessa conclusione.

PARTE II
SCRIVERE PER CANALI DIFFERENTI

11

Scrivere pagine web

Per essere perfette, le pagine web devono avere un design user-friendly e testi coinvolgenti. Se la scrittura è scadente o inappropriata – testi troppo lunghi, troppo altezzosi, troppo complessi – avrete una pagina web scadente, anche se il design è di primissimo livello (detto tra noi, anche un pessimo design può rendere illeggibile un testo perfetto).

Una buona scrittura lo è indipendentemente dal canale usato – pagina web o newsletter che sia – quindi, i consigli dati finora valgono anche per le pagine web. Ma le pagine web hanno delle caratteristiche univoche che dovete tenere a mente quando le riempite con delle parole, tra cui le dimensioni, la forma della pagina stessa e l'esigenza di ottimizzare i testi per le ricerche.

Scrivere per la finestra del browser

In passato, tutto ciò che veniva scritto era visualizzato in modalità ritratto, spesso su un foglio di 21,60x28 cm. Siete abituati a scrivere per un contenitore che permette (o meglio, incoraggia) una rapida scansione dall'alto verso il basso. Scrivere per il Web è diverso. Sebbene le pagine web, se si scorrono completamente, possano assomigliare a un lungo foglio di carta, come mostrato in Figura 11.1, i browser web (visualizzati sugli schermi widescreen dei computer) obbligano i lettori a vedere di volta in volta soltanto una piccola schermata della pagina. E quella schermata solitamente non è in formato ritratto, ma leggermente panoramico, il che ostacola la facile scansione dall'alto al basso cui siamo tutti abituati (la Figura 11.2 mostra la stessa pagina web – o meglio, parte di essa – visualizzata in un browser web).

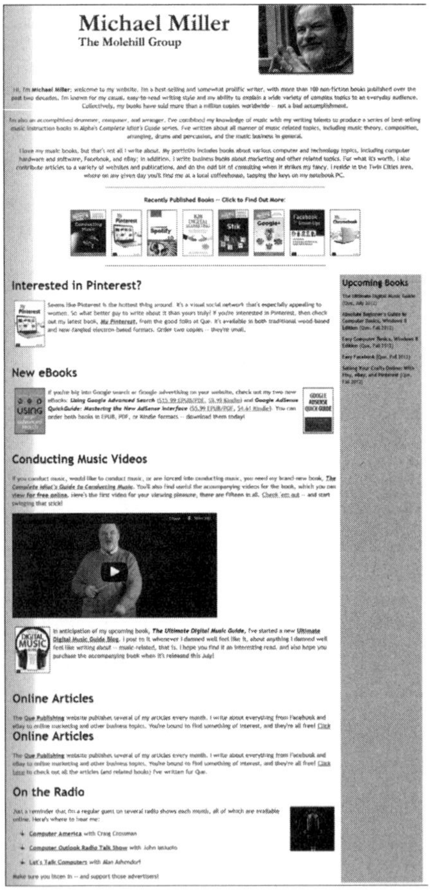

Figura 11.1 Un'intera, e lunga, pagina web (in realtà è la mia pagina personale; ve ne eravate già accorti, vero?).

Figura 11.2 La parte superiore della mia pagina web visualizzata all'interno della finestra di un browser standard.

Il fattore "finestra del browser" comporta svariate implicazioni in termini di scrittura. *In primis*, laddove possibile, dovreste provare a far entrare *tutto* il contenuto in un'unica schermata del browser. Dovete pertanto ridurre il testo all'essenziale e inserire link ad altre pagine. È l'equivalente web del mettere tutto "sopra la piega" in campo editoriale: pura abilità di scrittura (la Figura 11.3 mostra come *Boy Scouts of America* riesce nell'intento: tutto rientra nella finestra di un browser standard).

Figura 11.3 L'home page del sito Boy Scouts of America (www.scouting.org) rientra tutta in un'unica schermata del browser.

Se non riuscite a far stare tutti i contenuti in un'unica schermata del browser, inserite "sopra la piega" almeno le informazioni più importanti. Tra queste vi sono i link ai contenuti aggiuntivi presenti sul vostro sito web.
Il trucco sta nel inkare continuamente a contenuti aggiuntivi, invece di costringere i lettori a scorrere e scorrere fino alla fine di una pagina superlunga. È un modo di fare a pezzi i contenuti, strategia fondamentale per tutti i testi per il Web.

Farla breve per gli "scrutatori"

Rimanendo in tema di "fare a pezzi", come ho ripetuto in tutto il libro, dovete scrivere testi brevi e suddivisi in piccole parti, così i lettori potranno facilmente coglierne il senso. Gli esperti hanno scoperto che è molto più probabile che gli utenti web "scorrano rapidamente" le pagine web alla ricerca di parole e frasi rilevanti (parole chiave e simili), invece di leggere attentamente ogni singola parola. Questo approccio fa sì che i lettori scorrano rapidamente le pagine web, ma non di certo che le leggano attentamente.
Nel 1997, il guru dell'usabilità Jakob Nielsen ha condotto uno studio scoprendo che il 79% degli utenti web scorre velocemente i testi online, e soltanto il 16% legge ogni singola parola. Si è scoperto che questi "lettori a salti" leggono soltanto tra il 20% e il 28% delle parole di una pagina.
Se siete una buona penna, potreste trovare demoralizzante questa scoperta, ma è così che funziona. Potete dedicare ore e ore a lucidare la vostra prosa cristallina, ma i barbari del Web non la considereranno affatto. Gli utenti web scorrono rapidamente la pagina alla ricerca di informazioni specifiche; non sono interessati allo stile o al modo in cui le frasi vengono formulate.
Potete lamentarvi di questa cosa o accettarla e lavorarci su. Suggerisco quest'ultimo approccio.
Se volete trarre il massimo vantaggio dal modo in cui gli utenti del Web "leggono" i contenuti online, dovete creare testi che permettano una rapida scansione. Potete farlo così:

- inserendo le parole e le frasi chiave più importanti in tutto il testo;
- aggiungendo titoli che suddividono il testo in parti più piccole ed evidenziano i concetti chiave;
- limitando la lunghezza dei paragrafi a un massimo di tre fasi, laddove possibile;
- scrivendo frasi brevi composte da parole brevi;
- usando elenchi puntati e numerati, laddove possibile.

Siate brevi, siate chiari, siate concisi. Questo è un buon consiglio per ogni tipo di scrittura online, soprattutto quando si creano testi per le pagine web.

Suggerimento

Per limitare la lunghezza dei paragrafi, in ogni paragrafo dovete presentare un'idea. Un paragrafo conciso e corposo è molto meglio di un paragrafo lungo e sconclusionato (lo stesso consiglio vale per le frasi: inserite un'idea per ogni frase ed evitate le frasi composte).

Tabelle: sì o no?

Una tecnica per presentare informazioni complesse in modo facilmente scrutabile consiste nell'usare le tabelle. Infatti, come suggerito precedentemente nel libro, le tabelle sono perfette per presentare grandi quantità di dati complessi.

Il problema delle tabelle nelle pagine web è che non sempre sono visualizzate correttamente. Dovete ricordare che non tutti gli utenti hanno uno schermo delle stesse dimensioni, e nemmeno la grandezza della finestra del browser è uguale: un utente potrebbe vedere le pagine web a 1.400 pixel, un altro a 800 pixel e un terzo a soli 500 pixel.

Poiché le dimensioni del browser non sono scolpite nella pietra, non sapete quanto spazio avete a disposizione. Potreste creare una tabella che appare perfetta su uno schermo widescreen a 1.400 pixel, ma che risulterebbe troncata per gli utenti che la visualizzano a 800 pixel.

Infatti, le tabelle di una certa grandezza sono illeggibili sugli schermi dei tablet (in modalità ritratto) e degli smartphone. Su questi dispositivi conviene presentare le informazioni sotto forma di elenchi puntati.

La conclusione è che dovreste vedere un'anteprima delle tabelle su vari dispositivi con differenti dimensioni della finestra del browser. Probabilmente dovrete usare tabelle strette o non usarle affatto. Ricordate, lo scopo è quello di permettere di scorrerle rapidamente, cosa impossibile se la tabella sborda.

Organizzare i contenuti gerarchicamente

Poiché i visitatori potrebbero vedere solo la prima schermata di informazioni, dovete fare in modo che i dati più importanti siano contenuti in quello spazio.

Significa che dovete usare lo stile della collaudata piramide rovesciata, dove iniziate con la conclusione per aggiungere pian piano i dettagli. Se un visitatore legge solo la prima schermata, riuscirà comunque a farsi un'idea dell'argomento che trattate.

Linkare per meglio scrutare

Tra le cose che i lettori cercano quando scorrono rapidamente una pagina web vi sono i link blu sottolineati. Infatti, i nostri occhi vanno direttamente a quelle parole: c'è qualcosa in loro che attira la nostra attenzione.

Dovete quindi includere un certo numero di link nel testo della vostra pagina web. Naturalmente, i link non devono essere casuali: devono collegare a informazioni aggiuntive, siano esse in un altro punto del vostro sito o su un altro sito web.

Ricordate, i lettori sono attratti dall'anchor text in blu sottolineato, quindi usatelo correttamente. Trasformate le vostre parole chiave più importanti in anchor text, quindi collegatele ad altri contenuti su un'altra pagina. I lettori individueranno subito queste parole chiave, capiranno se la pagina contiene ciò che stanno cercando e inizieranno poi a leggere più nel dettaglio.

Sposare la SEO

Nel capitolo precedente ho illustrato l'importanza dell'ottimizzazione per i motori di ricerca (SEO), quindi non mi ripeterò qui. Tuttavia, riprenderò i modi migliori di ottimizzare le pagine web per le ricerche.

Usare le parole chiave, nel posto giusto

Le parole chiave sono estremamente importanti nella causa a favore della SEO. Tutti gli spider cercano le parole e le frasi chiave, e le usano non solo per determinare il contenuto della pagina, ma anche per abbinarle alle ricerche degli utenti.

Quindi, dovete assolutamente inserire le parole chiave più importanti nel testo della vostra pagina web. Ancora meglio se le inserite *all'inizio*: il primo paragrafo è l'ideale, se ci riuscite. Il *non plus ultra* è collegare alcune di queste parole a contenuti aggiuntivi, sia sul vostro sito sia su altri siti web; le parole chiave usate come anchor text permettono di ottenere un posizionamento nei risultati di ricerca migliore rispetto al semplice testo.

In ogni caso, dovreste usare le parole chiave anche nei titoli, perché i software dei motori di ricerca ritengono che questi elementi riflettano meglio il contenuto principale di una pagina, quindi è lì che le cercano.

Inserire le informazioni importanti all'inizio della pagina

Lo so, ho parlato di questo nel paragrafo sull'importanza di far rientrare tutto il contenuto nella schermata dei comuni browser web, ma un approccio gerarchico corretto è altrettanto importante per la SEO. Questo perché i software dei motori di ricerca partono dall'inizio della pagina e leggono verso il basso e, come i lettori umani, potrebbero non leggere tutte le parole.
È quindi fondamentale mettere gli elementi più importanti all'inizio della pagina, nei titoli principali e nei titoli dei paragrafi. Gli spider vedranno i contenuti più rilevanti e li registreranno come importanti; i contenuti più oltre nella pagina saranno invece registrati come secondari o non registrati affatto.

Usare titoli e sottotitoli

Un altro modo per dire a un motore di ricerca che qualcosa è importante consiste nell'includere quel qualcosa in un titolo o sottotitolo. In questo, le macchine non sono molto diverse da noi piccoli umani.
Il motivo è che i tag dei titoli di una pagina (nel sottostante codice HTML) vengono identificati singolarmente dal software, con il presupposto che indichino i contenuti più importanti del sito. Quindi, dovete usare i titoli per separare e mettere in evidenza il contenuto della vostra pagina, e per evidenziare le parole e le frasi chiave più importanti.

Usare testi, non immagini (o video e animazioni)

Ecco qualcosa che forse non sapevate: gli spider leggono il testo della pagina, nient'altro. Non leggono le immagini, non leggono le animazioni Flash, non leggono i video. Tutti gli elementi diversi dal testo sono essenzialmente invisibili ai software dei motori di ricerca. Il testo è l'unica cosa importante.
È importante soprattutto se i designer del sito web insistono a voler presentare i contenuti fondamentali attraverso elementi differenti dal testo. Gli esempi più eclatanti di questo approccio sono i siti che usano soltanto animazioni Flash nelle pagine introduttive, cosa che non solo infastidisce gli utenti, ma fa anche sì che la maggior parte degli spider salti *in toto* quelle pagine, e magari anche il resto del sito.

Questo approccio è sbagliato, perché una pagina completamente in Flash è una pagina vuota per la maggior parte dei motori di ricerca, che non hanno la minima idea di cosa tratti. Se non ci sono parole da leggere, gli spider pensano che lì non ci sia proprio niente.

Lo stesso vale per le pagine che delegano a immagini e video l'espressione della maggior parte del contenuto. I software non possono leggere le immagini né vedere i video; non soltanto non sono attratti dalla bellezza dell'immagine, ma non hanno neanche modo di capire di cosa si tratti. Ripeto, le pagine composte da sole immagini sono pagine vuote "agli occhi" dei motori di ricerca.

Quindi, la prima cosa da fare è bloccare i designer che vogliono usare solo animazioni Flash e tornare al classico approccio basato su testo. Non dovete eliminare tutte le immagini, le animazioni e i video, ma questi elementi devono essere messi in secondo piano e integrati con testi descrittivi ben scritti (ciò per cui siete stati assunti).

Non esagerare con l'ottimizzazione

Dopo aver tanto parlato dell'importanza dell'ottimizzazione per i motori di ricerca, potreste farvi prendere la mano. Ovvero, potreste finire per inserire troppe parole chiave o usarle in modo sbagliato, con il rischio che interferiscano con la leggibilità della pagina.

Non va bene. Sebbene sia fondamentale tenere conto dei motori di ricerca, la scrittura deve venire prima. Ricordate, state scrivendo per gli esseri umani, non per le macchine!

Le parole chiave sono importanti, ma non sono la cosa più importante. I vostri testi devono essere leggibili, quindi non potete inserire le parole chiave solo perché dovete farlo. Devono essere usate organicamente; devono essere coerenti con il testo circostante. Usatele quando potete, non perché dovete.

Dovete anche evitare un uso eccessivo delle stesse parole chiave. Questo approccio non soltanto intaccherebbe la qualità del testo, ma potrebbe essere interpretato dagli spider come *keyword stuffing*, facendovi perdere posizioni nei risultati di ricerca.

Prendiamo, per esempio, il seguente paragrafo:

> I nostri ombrelli sono molto più resistenti delle marche di ombrelli concorrenti. Costruiamo i nostri ombrelli usando soltanto i migliori materiali per ombrelli. I clienti che acquistano ombrelli in tutto il mondo scelgono i nostri ombrelli rispetto ad altri tipi di ombrelli. Cercate i nostri ombrelli nel negozio di ombrelli più vicino a voi!

Avete capito qual è la parola chiave in questo paragrafo? Naturalmente sì (per sicurezza: è *ombrelli*); il testo sembra essere stato scritto da una macchina per una macchina. Questo è il tipo di scrittura da evitare.
Invece di ripetere meccanicamente alcune parole chiave, usatele in modo che abbiano senso, e fatelo con giudizio. Non si ottiene nessun vantaggio a riempire un testo con le stesse parole. Né i motori di ricerca, né i lettori umani vi premieranno.

Parole chiave nel codice HTML

Questo non è un libro per i web designer o per gli esperti di codice HTML, ma poiché siete i responsabili della gestione delle parole chiave, dovete sapere che possono, e dovrebbero, essere usate anche nel codice HTML del vostro sito. Questo perché la maggior parte degli spider cerca le informazioni da usare per l'indicizzazione delle pagine in specifici tag HTML. Se inserite le parole e le frasi chiave in questi tag, il vostro sito sarà premiato con un miglior posizionamento nei risultati di ricerca.
Ecco i tag più importanti da considerare:

- **<TITLE>.** Questo tag definisce il testo che appare nella barra del titolo dei browser web; il titolo dovrebbe corrispondere al nome ufficiale della vostra pagina e fornire un'idea del suo contenuto. È anche utile inserirvi le parole chiave che avete scelto, perché questo titolo è uno dei primi testi che gli spider controllano per determinare il contenuto della pagina. Pertanto, includete le vostre parole e frasi chiave nel tag **<TITLE>**.
- **<META>.** Questo tag definisce vari attributi, descrivendo i cosiddetti metadati relativi alla pagina. I due attributi principali del tag **<META>** sono **DESCRIPTION** e **KEYWORDS**. Nell'attributo **DESCRIPTION** dovete inserire una breve descrizione del contenuto della pagina, usando le parole chiave che preferite. L'attributo **KEYWORDS** è semplicemente un elenco delle parole chiave che alcuni motori di ricerca (ma non Google, sfortunatamente) usano per catalogare tutte le parole chiave di una pagina.
- **Tag dei titoli.** Lo standard HTML permette di usare 6 diversi livelli di titoli, da **<H1>** a **<H6>**, in ordine decrescente. Gli spider controllano questi tag per cercare informazioni sul contenuto: sono perfetti per le parole chiave più importanti.

→ *segue*

→ *continua*

Non è necessario che conosciate tutto il codice HTML; lasciamo questo piacere ai web designer o al personale tecnico. Ma è fondamentale che conosciate le parole chiave più importanti e che forniate il relativo testo per ciascuno di questi tag, quando ve lo chiedono (e se non ve lo chiedono, prendete voi l'iniziativa).

12

Scrivere articoli online

Sono tantissime le notizie che meritano di finire online, ecco perché è tutto un continuo scrivere articoli. Sebbene molti articoli online siano identici ai loro fratelli stampati (tanti siti, semplicemente, ripropongono storie originariamente pubblicate sulla carta stampata), molti altri sono invece scritti appositamente per il Web.

Poiché la carta stampata e i mezzi di comunicazione online sono molto diversi in termini di fruizione da parte dei lettori, credo fermamente nell'importanza di scrivere articoli specifici per la pubblicazione sul Web. Quando lo fate, il modo in cui scrivete cambia e, in molti casi, cambia anche quello che scrivete.

Il punto forte degli articoli online

Online potete trovare qualsiasi tipo di articoli: alcuni comunicano le ultime notizie, come quelli che trovate sul sito dell'ANSA (www.ansa.it); altri presentano le novità di un dato settore industriale, come le news tecnologiche di *melablog* (www.melablog.it); altri ancora sono invece più leggeri e generici, come le curiosità proposte dalla versione web della rivista *Vanity Fair* (www.vanityfair.it).

In generale, gli articoli sul Web hanno una caratteristica in comune con tutti gli altri tipi di scrittura online: sono più concisi dei tradizionali articoli della carta stampata. La brevità tende a escludere le analisi e le presentazioni dettagliate; infatti, la maggior parte degli articoli online punta sull'immediatezza a discapito dell'introspezione.

In pratica, gli articoli online sono più indicati per comunicare le ultime notizie invece che gli approfondimenti. I siti web tendono a concentrarsi sullo "scoop" del momento e lasciano le analisi alle riviste settimanali o mensili.

Non intendo dire che sul Web non ci siano testi di approfondimento, ma sono molto più numerosi gli articoli brevi, le comunicazioni immediate. Se vi state concentrando sulla scrittura di articoli concisi che comunicano fatti attuali, state procedendo nella direzione giusta.

Scrivere titoli coinvolgenti

Uno degli elementi fondamentali degli articoli online è ciò che i lettori leggono per primo: il titolo. Proprio come sulla carta stampata, i titoli stuzzicanti attirano l'interesse del lettore; i titoli noiosi e banali portano il lettore a voltare pagina. Quindi, dovete fare in modo che il vostro titolo colpisca e catturi l'attenzione del lettore. Un titolo apatico farà sì che i suoi occhi guardino altrove; un titolo coinvolgente farà proprio questo: coinvolgerà il lettore portandolo a leggere il testo sottostante.

I titoli brevi colpiscono

Il primo passo per creare titoli coinvolgenti consiste nel cercare di essere brevi. I titoli lunghi, proprio come gli articoli lunghi, fanno scappare i lettori. I titoli brevi possono invece essere letti a colpo d'occhio e arrivano dritti al punto.

Prendiamo, per esempio, questo titolo:

Decine di persone imprigionate per quasi due ore su una giostra malfunzionante alla festa di quartiere.

Ok, offre tutte le informazioni necessarie, ma è decisamente troppo lungo. Parte di queste informazioni può essere tranquillamente inserita nel corpo dell'articolo. Sarebbe molto meglio modificare il titolo così:

Giostra rotta imprigiona persone alla festa di quartiere.

Notate che ho anche usato la parola "rotta", che è più diretta, al posto della più lunga "malfunzionante". La semplicità è sempre benvenuta nel mondo della scrittura di titoli.

Coinvolgere il lettore

Il titolo deve anche dichiarare esplicitamente l'argomento dell'articolo e in che modo influirà sul lettore. Pensate al concetto di "vantaggi vs. caratteristiche": dite ai lettori in che modo beneficeranno della lettura dell'articolo (e fatelo usando il minor numero di parole possibile).

Avvertimento

Negli articoli online, evitate titoli di cortesia e sottilmente intelligenti. Questo approccio potrebbe funzionare nel mondo della carta stampata (in base al tipo di pubblicazione), ma sul Web sarebbe la fine. I lettori online non hanno tempo per il vostro presunto humor; meglio andare dritti al punto ed essere chiari su cosa verrà svelato nell'articolo.

Ottimizzare il titolo

Infine, quando create un titolo dovete tenere a mente l'ottimizzazione per i motori di ricerca (SEO). Se possibile, cercate di inserirvi due o tre parole chiave. Per determinare il contenuto di una pagina, i motori di ricerca guardano soprattutto il testo del titolo; la presenza della parola chiave giusta potrebbe far guadagnare alla vostra pagina web diverse posizioni nei risultati di ricerca.
Per esempio, se state cercando di attrarre dei giardinieri, dovreste inserire la parola **giardino** o **giardinaggio** nel titolo dell'articolo. Invece di scrivere:

Dieci trucchi per le piante sempreverdi

dovreste riscrivere il titolo affinché includa la vostra parola chiave, così:

Dieci trucchi di giardinaggio per le piante sempreverdi.

Dare valore a ogni parola

Quanto detto finora giustifica l'importanza di usare solo parole con un dato valore. Non c'è posto per i termini inutili; il titolo deve essere conciso, informativo, immediato e orientato a far compiere un'azione (e deve includere le famose parole chiave, naturalmente). Dite al lettore di cosa tratta l'articolo e quanto ne beneficerà, e fatelo in modo che non possa fare a meno di leggerlo. Questo è un titolo vincente.

La chiave per scrivere articoli online migliori

Tutto ciò che avete appreso finora su come scrivere online vale anche per gli articoli da pubblicare sul Web.

Breve è meglio

Importantissimo: dovete essere brevi. Gli articoli online, sebbene siano più lunghi della maggior parte dei post di blog o degli aggiornamenti di stato sui social media, sono comunque più corti dei loro corrispettivi sulla carta stampata. Dovete presentare le informazioni nel modo più conciso possibile; diversamente, i lettori passeranno ad altro ancor prima di finire di leggere. Nel dubbio, cercate di non superare le 800 parole.

Suggerimento

Nel caso in cui dobbiate per forza scrivere un articolo più lungo (alcuni argomenti lo richiedono), suddividetelo in più sezioni su altre pagine web, invece di presentarlo in un unico lunghissimo messaggio.

Renderlo scrutabile

Dovete anche fare in modo che il vostro articolo possa essere scorso rapidamente. Scrivete paragrafi brevi, frasi brevi e parole brevi. Il fatto che sia un articolo non significa che i lettori del Web saranno più inclini a leggerlo interamente di quanto non lo siano per altri tipi di scrittura online.

Laddove possibile, dovete anche presentare le informazioni attraverso elementi non di testo. Potrebbe trattarsi di immagini, grafici, elenchi puntati, tabelle o qualsiasi altra cosa possa aiutare il lettore a cogliere il messaggio a colpo d'occhio (aggiungere interesse visivo non guasta mai).

Non allontanarsi dal fatto

L'organizzazione del contenuto è tanto importante per gli articoli quanto lo è per qualsiasi testo scritto per una pagina web. Inserite le informazioni più importanti nel primo paragrafo, poi presentate i dettagli. In termini giornalistici, significa che non dovete allontanarvi dal fatto: non lasciate che i lettori debbano andare a caccia di ciò che li interessa di più.

Adattare il proprio stile di scrittura

Passando allo stile di scrittura, alcuni considerano gli articoli online una via di mezzo tra la scrittura per la stampa e quella per la radio e la televisione. Ovvero, la scrittura online deve essere più concisa e pungente rispetto alla scrittura su carta, ma anche più dettagliata delle frasi dichiarative usate nei testi per radio e televisione. Naturalmente, è preferibile optare per un tono diretto.

Detto questo, i lettori online non hanno molta pazienza per le digressioni personali e altri contenuti che non contribuiscono direttamente alla narrativa. Non stanno leggendo il vostro articolo comodamente seduti in poltrona; sono seduti di fronte a uno schermo luminoso con altre opzioni di lettura che distano un semplice clic. Non cercate di intrufolare contenuti interessanti ma non essenziali; ciò che può andar bene sulla carta stampata potrebbe essere un riempitivo inutile sul Web.

Revisione e correzione di bozze: tanto necessari quanto rari

Ecco una grande differenza che vedo tra gli articoli online e quelli stampati: sulla carta si notano pochi errori di grammatica e refusi. Online, invece, se ne vedono molti. Davvero a tonnellate.

Mi riferisco a cose tipo l'uso scorretto di parole, per esempio "di" invece di "si". Articoli mancanti, come "un", "una", "il" e simili. Refusi o segni di punteggiatura sbagliati o "dimenticati". Solo per citarne alcuni.

Volete sapere perché la scrittura online è così imprecisa? Perché è troppo immediata. Mi spiego: il tempo che passa tra la stesura del testo e la relativa pubblicazione è spesso ridotto a pochi secondi. Nel mondo della carta stampata c'è tempo a sufficienza tra la scrittura e la stampa per prendersi il lusso di far esaminare il testo da un paio di occhi in più. Online, la necessità di pubblicare immediatamente riduce a zero il tempo per sottigliezze quali la revisione e la correzione di bozze.

➔ *segue*

→ continua

Il risultato è che molti articoli finiscono sul Web senza essere stati riletti. Potete al massimo passare il correttore ortografico, ma niente di più. Gli eventuali errori nel testo originale non vengono corretti, ma esposti agli occhi del mondo della Rete. I lettori attenti si accorgono della miriade di errori presenti negli articoli online. Le versioni web della maggior parte delle pubblicazioni sono molto meno curate dei cugini stampati. E talvolta non *meno*, ma *per niente* curati. Secondo me le pubblicazioni online risparmiano sui revisori e i correttori di bozze, e forse i lettori online sono più propensi a perdonare questi errori, ma personalmente, la trovo una cosa imbarazzante. Se sapete che il vostro lavoro non verrà rivisto prima di essere pubblicato, dovrete occuparvene voi. Mettetevi comodi, fate un respiro profondo e rileggete attentamente il vostro articolo. Cercate gli errori. Sarebbe consigliabile anche stamparne una copia da portare via e leggere in un altro posto. Se nessun altro troverà i vostri errori, dovrete farlo personalmente. Altrimenti sarete voi a essere in imbarazzo.

Non dimenticare la SEO

Un'ultima cosa sulla scrittura di articoli online: gli articoli per il Web vengono indicizzati per le ricerche, proprio come le classiche pagine web. Quindi, quando gli utenti cercano su Google un dato argomento, le probabilità che vedano il vostro articolo tra i risultati di ricerca sono le stesse di quelle di trovare un sito web intero, a patto che abbiate ottimizzato l'articolo per i motori di ricerca. Dovete fare la SEO per ciascun articolo che scrivete, proprio come fareste per il testo della vostra pagina web. Significa che dovete:

- creare un elenco di parole chiave che i lettori probabilmente userebbero per le ricerche;
- inserire quelle parole nell'articolo, le più importanti nei primi paragrafi;
- usare le parole chiave più importanti ripetutamente nell'articolo, ma non troppo spesso per non rischiare di fare "keyword stuffing";
- inserire le parole chiave più importanti nel titolo dell'articolo;
- creare link all'interno dell'articolo che portano ad altri contenuti pertinenti.

Tuttavia, in caso di dubbi, puntate sulla facilità di lettura rispetto alla SEO. I contenuti di qualità si posizionano meglio, e questa dovrebbe essere sempre la vostra priorità.

13

Scrivere post per i blog

La blogosfera è un interessante cul-de-sac di Internet. Non è il World Wide Web, sebbene si trovi proprio lì. Non è un social network di per sé, sebbene i post dei blog vengano condivisi e commentati dalle varie comunità di utenti. Scrivere sui blog non è neanche come fare giornalismo, sebbene alcuni giornalisti siano blogger e alcuni blog abbiano una natura giornalistica.

Scrivere su un blog può essere un modo efficace per raggiungere il proprio pubblico di riferimento, se lo si fa nel modo giusto. I migliori post dei blog informano e coinvolgono allo stesso tempo; i post peggiori sono esageratamente promozionali ed egocentrici, poco più di pubblicità leggermente celate o semplici comunicati stampa.

Se volete coinvolgere i vostri lettori, dovete imparare a scrivere dei post efficaci. Non è esattamente come scrivere articoli online, sebbene ci siano molte cose in comune.

Andare sul personale

Spesso un *blog* viene visto come un sito web su cui un singolo utente, o gruppi di utenti, scrivono le proprie opinioni personali. Se lo si guarda in questo modo, il blog è una sorta di diario personale dove uno o più scrittori danno ogni giorno libero sfogo ai propri pensieri.

Ma scrivere sui blog non è soltanto un proliferare di opinioni personali, sebbene vi sia una moltitudine di blog. Questi tipi di blog offrono un canale attraverso cui esprimere i propri pensieri e le proprie opinioni personali su politica, religione, sesso... o anche il prezzo della fesa di tacchino al supermercato.

Per quanto ci riguarda, considereremo solo i blog più professionali, che possono comunque essere gestiti da un singolo utente o da organizzazioni di grandi dimensioni. Per esempio, molte aziende hanno un proprio blog, che usano per promuovere i rispettivi prodotti e marchi. Ci sono anche molti blog che offrono recensioni su musica, film, libri, ristoranti, prodotti per i consumatori, punti di interesse locali o qualsiasi altra cosa vi venga in mente.

Tutti questi blog hanno una cosa in comune: punti di vista personali. Ovvero, i post dei blog sono raramente anonimi e scritti in terza persona, ma pure e semplici dichiarazioni e opinioni espresse in prima persona. Anche i blog aziendali (o almeno, i migliori) sono arricchiti da post vivaci scritti dai dipendenti, invece che da dichiarazioni fredde frutto del lavoro degli addetti alle pubbliche relazioni.

I blogger migliori, che scrivano per se stessi, per una pubblicazione o per un'azienda importante, aggiungono un tocco personale a qualsiasi argomento trattato. Questi blog sono arricchiti dall'esperienza e dai valori personali del blogger, che rendono unico qualsiasi contenuto. Non si tratta solo di fatti, miei cari; si tratta di fatti visti attraverso gli occhi del blogger.

Questo distingue enormemente i blog dai principali tipi di pubblicazione online. Un post è come un articolo online, ma con un'inclinazione personale. È il posto in cui potete iniettare le vostre opinioni.

Stabilire uno stile personale

Poiché scrivere sui blog è più personale di qualsiasi altra forma di scrittura online, richiede uno stile di scrittura più personale. Uno stile freddo e impersonale non farebbe breccia; i post del vostro blog devono riflettere il più possibile il vostro stile personale.

Significa che dovete infondere il vostro linguaggio personale. A meno che non siate una macchina, dovete usare uno stile più casual. La scrittura deve essere leggera e lo stile caldo e invitante (a patto che non vogliate deliberatamente pro-

vocare, nel qual caso potete spostare l'ago della bilancia da caldo a scottante, in base al caso). In poche parole, il vostro blog deve avere una propria personalità.
La scrittura di un blog richiede anche che vi sentiate liberi di esprimere le vostre opinioni. Pochi blog di successo presentano esclusivamente una raccolta di fatti. I blog migliori arricchiscono i fatti con le opinioni del blogger. Ecco perché molti utenti leggono i blog: per creare un legame con una persona (presumibilmente) informata.
Per essere certi che le persone sappiano che stanno leggendo le parole di un singolo, dovete scrivere in prima persona. Usate le parole "me", "mio" e "io" tutte le volte che lo ritenete adeguato; evitate "noi" e "nostro" che suonano un po' come il Grande Fratello della blogosfera. E scrivete nel modo più semplice e diretto che potete; come tutti i lettori online, anche i lettori di blog tendono a scorrere rapidamente il testo, invece di leggere ogni singola parola.
Quindi, fate sapere ai lettori del vostro blog la vostra opinione sull'argomento che state trattando usando il vostro tono univoco. Semplicemente, non siate troppo prolissi.

Suggerimento

I post dei blog non devono essere per forza composti da solo testo. Potete inserire anche immagini, video e tutto ciò che può aiutarvi a contraddistinguere il post con il vostro stile personale.

Concentrarsi sul titolo

La prima cosa che gli utenti vedono quando accedono a un blog è il titolo del post più recente. Infatti, quando scorrono la pagina per vedere i post meno recenti, i lettori danno un'occhiata rapida ai relativi titoli, non al contenuto di ogni post. Questo rende ancora più fondamentale la necessità di creare titoli coinvolgenti, quando si scrivono post per i blog.
L'approccio che dovete avere nei confronti dei titoli dei post è lo stesso di quello che adottate per i titoli di altri articoli online. Il titolo deve essere breve e pungente, composto da parole e frasi d'azione e comunicare il concetto principale del post. Ricordate, la maggior parte delle persone leggerà soltanto il titolo, sia sul blog sia sulla pagina dei risultati dei motori di ricerca. Se, dal titolo, lo spider non riesce a capire di cosa tratta il vostro post, non avete fatto bene il vostro lavoro.
Il titolo deve anche contenere le parole chiave più importanti. Parlerò dell'ottimizzazione dei blog per i motori di ricerca (SEO) più avanti in questo capitolo, ma per il momento sappiate che gli spider scandagliano i titoli dei post dei blog alla ricerca di parole e frasi chiave, quindi il vostro titolo deve assolutamente

includerne alcune, se possibile. Naturalmente, non potete inserire troppe parole chiave nel titolo, perciò dovete sceglierle giudiziosamente. Poiché i titoli sono la cosa più importante per l'indicizzazione dei post da parte dei motori di ricerca, dovete inserirvi le parole chiave più rilevanti.

Queste regole non valgono ovviamente per i titoli composti da una sola parola. Sono a favore dell'offuscamento stilistico, ma un post intitolato **Pensieri** non mi dice niente del soggetto di quei pensieri. Sarebbe più indicato **Pensieri sulle imminenti elezioni** o, ancora meglio, **Perché voto per la sinistra** (o per la destra o qualsiasi altra cosa). Semplicemente, dichiarate di cosa tratta il post con il minor numero possibile di parole.

Suggerimento

Sebbene non vi siano limiti pratici alla lunghezza dei titoli dei post dei blog, i motori di ricerca mostreranno nei risultati soltanto i primi 65 caratteri o poco più; tutto il resto viene tagliato via. Se volete, potete anche essere prolissi, ma molti utenti non vedranno tutto il titolo per intero.

Coinvolgere i lettori con il paragrafo introduttivo

Dopo il titolo, la parte più importante di ogni post è il paragrafo introduttivo. È proprio vero: la prima impressione è importante, soprattutto nella blogosfera. Potreste attrarre l'attenzione dei lettori con un titolo accattivante, ma è con la prima frase che scrivete che li prendete all'amo.

Il primo paragrafo non solo introduce l'argomento del giorno, serve anche ad attrarre il lettore verso il post del blog. È qui che dovete inserire l'idea principale, e invogliare il lettore a continuare a leggere.

Farla breve, ma non *troppo* breve

Dopo il paragrafo introduttivo, dovete illustrare l'argomento che avete presentato. I paragrafi successivi dovrebbero essere un'elaborazione della vostra idea principale e dovrebbero aggiungere i dettagli necessari, argomentare la vostra opinione e spiegare la conclusione a cui siete giunti. Questo è il vostro spazio, in cui potete esporvi personalmente su qualsiasi cosa vi esalti, vi preoccupi o vi infastidisca.

Il numero di parole necessarie per farlo dipendono molto dall'argomento, dal vostro stile personale e dai confini del blog in questione. I temi più dettagliati richiedono un esame più approfondito, e pertanto risulteranno meglio in post più lunghi. Uno stile di scrittura più verboso porterà a usare più parole, mentre uno stile asciutto produrrà post più succinti. Ma tutto può anche dipendere dalle indicazioni del proprietario del blog.

Quindi, se siete voi i proprietari, potete stabilire quale lunghezza devono avere i post. Ma se state scrivendo per una società o una pubblicazione, potrebbero dettare i parametri cui dovete attenervi. Se il proprietario del blog decide che il numero massimo di parole deve essere 500, è meglio che vi conformiate; se dice invece che potete scrivere *ad libitum*, allora dateci dentro.

In ogni caso, la natura della lettura online pende a favore di post di blog brevi, laddove possibile. Ricordate, i lettori del Web hanno notoriamente una bassa soglia di attenzione e tendono a scorrere rapidamente il testo, invece di leggere ogni singola parola. Secondo alcune ricerche, i lettori dedicano in media 90 secondi o poco più per ogni blog. *Voi* quante parole riuscite a leggere in un minuto e mezzo? Avete capito cosa intendo.

Consiglio quindi di usare per i post di blog la stessa regola generale degli altri articoli online. Se ci riuscite, limitate a 1.000 il numero massimo di parole per ogni post, meglio ancora se state sotto le 500 parole. Se vi dilungate troppo i vostri lettori inizieranno a cadere come le proverbiali mosche.

Suggerimento

Sarebbe consigliabile "interrompere" i post di blog troppo lunghi, cosicché non occupino l'intera home page, il che renderebbe difficile per i lettori scorrere tutti i post. Interrompete i post lunghi dopo i primi due o tre paragrafi e fate in modo che il lettore debba cliccare per visualizzare la parte di post "successiva all'interruzione".

D'altro canto, neanche i post troppo corti vanno bene: se sono composti soltanto da una o due frasi vengono considerati dei tweet o degli aggiornamenti di stato di Facebook (i social network sono l'emblema della brevità). I post dei blog possono e devono essere più lunghi dei tweet da 140 caratteri; ci si aspetta un certo approfondimento da questo media. Non sono in grado di indicarvi un minimo e un massimo, ma se non riuscite neanche a raggiungere le 200 parole, che senso ha?

Postare spesso

Con quale frequenza dovreste postare sul vostro blog? È una buona domanda, e per le aziende è anche strategica. Se postate troppo spesso, potreste rischiare di subissare i lettori con informazioni non richieste. Se non postate abbastanza spesso, il vostro blog apparirà stagnante e irrilevante. Dovete azzeccare la via di mezzo.

→ segue

→ *continua*

Per la maggior parte dei blog, la frequenza ottimale varia tra una volta al giorno e una volta alla settimana. Naturalmente dipende dalle novità e dalle informazioni che dovete comunicare, così come dalla forza del rapporto che avete con i vostri lettori. Ovviamente, più cose avete da dire, maggiore sarà la frequenza con cui posterete. E più i vostri lettori diventeranno fan e penderanno da ogni vostra parola e azione, maggiore sarà la frequenza con cui vorranno sentire ciò che avete da dire.

Se di norma postate più di una volta al giorno, c'è il rischio che i lettori inizino ad annoiarsi, finendo per guardare tutti i vostri post dicendo: "A chi importa?". Non so esattamente quando le informazioni utili diventano inutili bla bla, ma sicuramente vorrete evitare di arrivare a quel punto.

Dall'altro lato, se postate meno di una volta a settimana, anche i lettori più fidati si dimenticheranno di voi. Dovete essere presenti, farvi vedere, e questo significa che dovete postare con cadenza regolare. Se il vostro ultimo post risale a un mese fa, sembrerà che non prendiate seriamente la scrittura del vostro blog. I vostri lettori si sentiranno abbandonati, e sicuramente non è una cosa che farà loro piacere. Se non riuscite a postare più spesso, vi conviene lasciar perdere.

Quindi, cercate di postare una volta al giorno, o ogni due o tre giorni. In questo modo i vostri lettori avranno ogni giorno qualcosa di nuovo da leggere, e il loro interesse rimarrà alto senza che si sentano soffocati o che rubiate troppo del loro tempo.

Ottimizzare i blog e i post per le ricerche

Se volete che i visitatori del Web trovino il vostro blog, dovete ottimizzarlo per le ricerche. Credetemi, la maggior parte delle persone trova nuovi blog – e post di blog interessanti – durante le ricerche in Google, Yahoo! e Bing. Se questi motori di ricerca non trovano i vostri post, neanche i lettori li troveranno.

La SEO per i blog è leggermente diversa dalla SEO per le pagine web e per gli articoli online. Qui dovete fare molto più lavoro di ottimizzazione, sia per i post sia per il blog.

Ottimizzare il modello del blog

La prima cosa a cui dovete prestare attenzione è il modello del blog, che definisce il modo in cui vengono visualizzati i post. Il modello include anche i contenuti a contorno dei post stessi: il titolo e la descrizione del blog, così come tutto ciò che appare nella barra laterale del blog.

Come con i tradizionali siti web, le parole chiave sono importanti per ottimizzare il blog. Una volta individuate le parole e le frasi chiave che definiscono l'argomento principale del vostro blog, dovete inserirle nel relativo testo descrittivo, che, idealmente, dovrebbe apparire nella parte superiore della pagina del blog, magari direttamente sotto al nome del blog. Sono queste le parole chiave che i motori di ricerca considerano per l'indicizzazione dei blog; più le parole chiave sono rilevanti e in posizione prominente, migliore sarà il posizionamento del vostro blog nei risultati dei motori di ricerca.

Suggerimento

Gli sviluppatori del blog dovrebbero anche inserire le parole chiave importanti nel codice HTML del modello, in particolare nei tag **<TITLE>** e **<META>**, e in tutti i testi alternativi delle immagini.

Ottimizzare i singoli post

Anche i singoli post devono essere ottimizzati per le ricerche. Perché è proprio il post (e il suo contenuto) che appare nei risultati di quelle ricerche.

Iniziate includendo le parole chiave principali nel titolo dei post. Questa strategia è in questo caso ancora più importante rispetto ai siti web tradizionali, perché molti aggregatori di nuovi utenti e contenuti mostrano solo i titoli dei post dei blog.

Poi, concentratevi sul contenuto del post. Come con altri contenuti online, è fondamentale tessere le parole chiave nel testo, soprattutto nel primo paragrafo. Dovete includere anche i link necessari ad altri blog o siti web, e incorporare le parole chiave nell'anchor text dei link.

Infine, accertatevi di applicare etichette o tag a ciascun post (la maggior parte degli host e degli editor di blog permette di aggiungere etichette e tag separatamente dal testo dei post). I tag rappresentano uno dei modi in cui i lettori trovano i contenuti del vostro blog, ma sono utili anche per qualsiasi spider che cerchi di determinare il contenuto del blog. Assegnate ogni parola o frase chiave come etichetta o tag a sé stante. Poiché queste etichette sono anche link interni al post, avrete un numero maggiore di link, che è sempre una buona cosa per la SEO.

Avvertimento

Non dimenticate di far rivedere il vostro testo prima di postarlo sul blog. La maggior parte dei software per la revisione dei blog verificherà lo spelling, ma non la grammatica, la punteggiatura e l'utilizzo delle parole. Siete l'unica "cosa" che può impedire a un blog pieno di errori di sbarcare su Internet.

14

Scrivere per i social media

I social network sono il più recente e il più grande fenomeno del Web. È molto probabile che voi o la vostra azienda vi siate avventurati attivamente in questo nuovo universo, ed è altrettanto probabile che lo abbiate fatto attraverso Twitter e Facebook. Avete fatto bene: i social network sono perfetti per creare un collegamento con i fan o i clienti.

E sembra anche facile, perché i post sono talmente brevi da poter essere scritti da chiunque, vero? Non necessariamente. Per esperienza posso dire che ci vuole più talento e disciplina per scrivere testi brevi di quanto ce ne voglia per scrivere contenuti lunghi; dover fare attenzione alla lunghezza è più difficile che chiacchierare a ruota libera.

Detto questo, benvenuti nel fantastico mondo della scrittura per i social media. Fidatevi, non è affatto così semplice come sembra!

Come funzionano i social media

Sono detti social media i siti web, i servizi e le piattaforme che le persone usano per condividere con gli altri esperienze e opinioni. Questi nuovi media si differenziano da quelli tradizionali per la loro natura colloquiale a doppio senso. I mezzi di comunicazione tradizionali (quotidiani, riviste, radio, televisione e simili) si basano su una comunicazione a senso unico: trasmettono i loro messaggi statici a un ampio pubblico, ma questo stesso pubblico non ribatte. I social media, invece, sono interattivi, perché incoraggiano conversazioni a doppio senso tra le parti.

Oggigiorno esistono svariate forme di social media, e solo alcune di queste richiedono una vera e propria attività di scrittura. Altrettanto svariati sono i modi in cui vengono suddivisi, ma io preferisco classificarli come segue:

- social network, come Facebook, LinkedIn e Pinterest;
- blog;
- servizi di microblogging, come Twitter e Tumblr;
- siti di condivisione di contenuti multimediali, come Flickr e YouTube;
- servizi di social bookmarking e servizi stampa, come Delicious, Reddit e StumbleUpon.

Per i primi quattro tipi di social media occorre creare dei contenuti sotto forma di testo o di elementi visivi. Per contro, i siti di social bookmarking prevedono tutti la condivisione di materiali già esistenti e raramente, se non mai, richiedono abilità di scrittura.

Nota

Tra i social media si possono annoverare anche i siti di recensioni, i forum basati su Web e qualsiasi tipo di sito online dedicato a uno specifico argomento che crea una propria comunità online. In altre parole, qualsiasi "ambiente" online in cui abbia luogo un'interazione sociale può essere definito un social media.

Breve storia dei social media

Il concetto di social media non è del tutto nuovo; alcuni aspetti dei social media moderni esistono dalla fine degli anni Settanta. Infatti, gli attuali social media possono essere visti come un mix di funzioni che altri media online hanno offerto per anni: forum, messaggistica istantanea, email, condivisione di contenuti multimediali e cose simili. Quindi, le loro funzionalità non sono delle novità, lo è il modo in cui le raggruppano in un unico sito o in un'unica interfaccia.

Per comprendere la storia dei social network, dovete vederli come delle comunità virtuali. Nella mia testa, il concetto di comunità virtuale online affonda le sue radici nelle primissime reti informatiche dial-up, nei BBS[10] (Bulletin Board System) e nei forum di messaggistica online, inclusi The Source, The WELL, CompuServe, Prodigy, America Online e Usenet. Queste "antiche" comunità, alcune delle quali precedenti la diffusione di Internet, offrivano chat room e forum di discussione su temi specifici, così come forme rudimentali di comunicazione elettronica privata.

Altre componenti di quelli che vengono oggi chiamati social network sono state sviluppate negli anni Novanta e Duemila. Il concetto di comunità web dedicate a temi specifici, sul genere di iVillage, Epicurious e Classmates.com, è nato a metà degli anni Novanta. I blog hanno iniziato a spopolare nel 2003 e i siti di condivisione di foto, come Flickr e Photobucket, sono diventati parte del panorama di Internet nei primi anni Duemila.

I moderni social network hanno fatto la loro comparsa nel 2002, quando Friendster[11] ha riunito molte delle caratteristiche delle comunità online nel primo social network su larga scala, introducendo anche i concetti di "amici" e "diventare amici" sul Web. Friendster ha avuto subito un enorme successo (oltre tre milioni di utenti già dopo pochissimi mesi dalla sua apertura), ma è stato presto sorpassato da Myspace, presentato l'anno successivo.

Nel 2004 abbiamo assistito al lancio di quello che è divenuto il re di tutti i social media: Facebook. Inizialmente chiamato "Thefacebook", il piccolo sito di Mark Zuckerberg era stato originariamente pensato per gli studenti universitari. Intravedendo opportunità di crescita anche fuori dal settore universitario, nel 2005 Facebook ha aperto le proprie porte agli studenti dei licei e, nel 2006, a tutti gli utenti di qualsiasi età (in realtà agli utenti che avessero già compiuto 13 anni). Questa crescente apertura ha portato a un aumento incredibile di utenti e di visite, facendo sì che Facebook superasse Myspace nell'aprile del 2008. Oggi, Facebook regna supremo nel reame dei social media con oltre 1 miliardo di utenti attivi. Un numero davvero esorbitante.

10. Un BBS è un computer che usa un software per permette a utenti esterni di connettersi a esso attraverso la linea telefonica, dando la possibilità di utilizzare funzioni di messaggistica e condivisione di file centralizzate. [N.d.T.]

11. Social network con sede a Sidney, Australia. [N.d.T.]

Farla breve

Scrivere per i social network significa scrivere testi brevi. È più simile alla messaggistica che ai blog o alle email; fate arrivare velocemente il vostro messaggio e poi toglietevi dai piedi fino al prossimo aggiornamento.

Ci sono dei limiti...

La necessità di essere concisi è più evidente con Twitter, che ha un limite di soli 140 caratteri. Gli altri social media non sono così rigidi, ma non significa che avete la libertà di postare sermoni lunghi un'intera pagina. Gli utenti dei social network non hanno il tempo o la pazienza di leggere i post prolissi, ragion per cui dovete essere più concisi possibile.
La Figura 14.1 mostra un tipico post di Twitter (detto *tweet*): è abbastanza breve da risultare criptico, visto l'uso di una grammatica opinabile, di acronimi e cose simili. La Figura 14.2 mostra un post simile di Facebook; poiché Facebook non impone un limite di caratteri altrettanto rigido, gli errori di grammatica e i refusi sono molto meno diffusi.

Figura 14.1 Un tipico tweet su Twitter, terribilmente breve: "Pinterest lancia app mobili per iPad&Android, più v2.0 per iPhone. Inoltre invito non necessario".

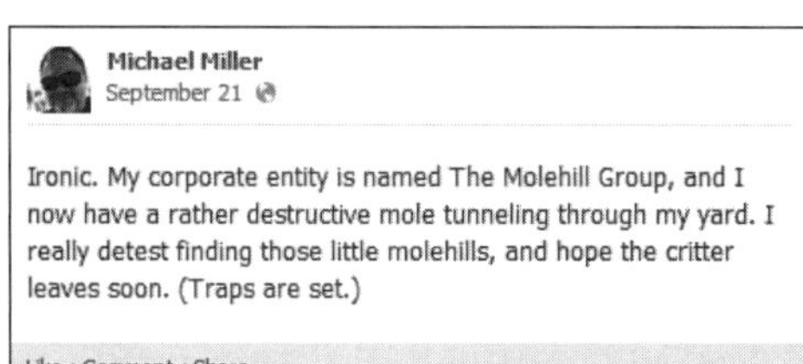

Figura 14.2 Un tipico aggiornamento di stato di Facebook, non altrettanto corto, ma comunque conciso: "Accidenti! Il mio giardino è pieno di tane di talpa distruttive. Detesto le tane di talpa e spero che quella bestiolina migri presto verso altri lidi. (Le trappole sono già in azione").

Sappiate comunque che nessun social media incoraggia le dissertazioni lunghe un paragrafo. Certo, *potete* scrivere post simili a quelli dei blog anche su Facebook, ma ricordate che verrà visualizzata soltanto la prima parte del post, a meno che "l'amico" non faccia clic per leggere l'intero testo. La natura dei social network richiede post brevi che comunicano un solo pensiero, e questo è ciò che dovete offrire.

Dire una cosa e soltanto una

L'espressione chiave qui è "un solo pensiero". Ogni post sui social media deve fare e dire una sola cosa, non due o tre. Se dovete dire due cose, pubblicate due post. Limitate il contenuto dei post a un singolo argomento e a un unico fatto, e possibilmente anche a una sola frase (d'accordo, anche due o tre frasi vanno bene, a patto che siano corte).

E se dovete comunicare più fatti? Semplice: suddividete le informazioni in più post. Questa strategia è perfetta per i canali web che richiedono la pubblicazione di post frequenti: se riuscite a trasformare un unico lungo post in due o tre post più corti, creerete una maggiore attività del vostro profilo, che è un'ottima cosa. Prendete per esempio il seguente post lungo e multi-soggetto:

> **Sono ora disponibili tanti nuovi prodotti. Prima di tutto, il nostro nuovo diserbante XL9, ottimo per neutralizzare tutte le erbacce indesiderate dal tuo prato.**
>
> **C'è poi Mole-No-More, creato per cacciare le talpe dal tuo giardino. Infine, prova il nostro nuovo fertilizzante TurboLawn, pensato per massimizzare la crescita dell'erba in tutto il prato. Fai subito la scorta!**

Questo post sarebbe perfetto per un blog, ma è troppo lungo e complesso per un social media. Andrebbe quindi suddiviso in tre post distinti (e ogni post dovrebbe essere pubblicato a cadenza regolare), così:

> **Ora disponibile: il diserbante XL9 che neutralizza le erbacce indesiderate.**
>
> **Ora disponibile: Mole-No-More caccia le talpe dal vostro giardino.**
>
> **Ora disponibile: il fertilizzante TurboLawn che massimizza la crescita dell'erba.**

Ecco tre post al prezzo di uno, e ciascuno è molto più specifico e potente dell'originale. Pensate a una cosa alla volta, e postate solo quella cosa.

Avvertimento

Allo stesso modo, non dovete inserire più di un pensiero in un'unica frase; i social media non amano tali complessità. Evitate i punti e virgola, i trattini e tutti gli altri segni di interpunzione che permettono di creare frasi composte. Se avete pensieri che richiedono due proposizioni, presentateli in due frasi distinte.

Eliminare le parole superflue

Quando si tratta di pubblicare dei post sui social media, limare i contenuti affinché si conformino a limiti di lunghezza accettabili richiede molto lavoro. In particolare quando si cerca di stipare un lungo messaggio tra i confini dei 140 caratteri di Twitter, ma è una fatica necessaria anche per Facebook e altri social network.

Come detto, si inizia limitandosi a un post per ogni singola idea. Dopodiché, si sottopone il testo originale a un freddo sfoltimento, tagliando via tutte le parole superflue.

Quali parole potete eliminare dai vostri post? Eccovi qualche suggerimento:

- **Modificatori inutili.** Per esempio, invece di dire **molto originale**, è sufficiente la sola parola **originale**. Al posto di **attualmente non disponibile**, dite semplicemente **non disponibile**.
- **Frasi inutili, soprattutto quelle introduttive.** Queste frasi non solo aumentano il numero di parole, ma spostano l'informazione chiave a metà della frase, dove ha un impatto minore. Per esempio, invece di dire **Se volete fare carriera**, dite **Per fare carriera**. Al posto di **La prima cosa che dovete fare è iniziare a preparare le valige**, dite **Iniziate a preparare le valige**. Sostituite **Potete scegliere di svoltare a sinistra** con **Potete svoltare a sinistra**, o perfino solo **Svoltate a sinistra**.
- **Ridondanze.** Capita talvolta anche di ripetere la stessa cosa. Quando trovate le parole "e", "anche", "perfino", "inoltre" o "così come", sceglietene una per ogni frase.

Suggerimento

Un altro modo per condensare i post sui social media consiste nell'usare liberamente le forme contratte o le abbreviazioni. Per esempio, invece di dire **con il** usate la forma contratta **col**. Potete anche abbreviare il soggetto del vostro post: **auto** va benissimo per **automobile** ed **es.** è perfetto per **esempio**.

Usare un linguaggio semplice

Quando si pubblicano post sui social media, la scelta delle parole è importante. Potreste preferire un linguaggio ricercato, ma le parole lunghe non solo sono più difficili da cogliere al volo, ma comportano anche uno spreco di caratteri. Tirate fuori il dizionario dei sinonimi e contrari e iniziate a cercare alternative più corte.

Per esempio, invece di dire **spiegazione**, dite **risposta**. Al posto di **verifica**, dite **test**. Invece di **aggiuntivo**, usate **extra**.

Per concludere: il consiglio che ho continuato a dare in tutto il libro è ancora più importante nel caso dei social media. Scrivete paragrafi brevi. Con frasi brevi. E parole brevi. Capito?

Impostare il tono

Dovendo essere brevi, quale stile di scrittura dovreste usare per i vostri post sui social media?

Prima di tutto, potreste non avere libertà di manovra in termini di stile. Quando scrivete un tweet da 140 caratteri, probabilmente non potete usare gli avverbi e gli aggettivi necessari a conferire un certo tono ai vostri contenuti. Questa è l'era dei titoli da notiziario, con nessun termine descrittivo in vista.

Ma non sarebbe giusto limitarsi: un bravo scrittore può caratterizzare anche il più breve dei messaggi con il proprio tono. È una sottigliezza, ma è fattibile se scegliete con cura le parole e usate la giusta inflessione di linguaggio. Significa scrivere con un dato atteggiamento.

Dato che i post sui social network hanno lo scopo di incoraggiare le interazioni sociali, lo stile personale è probabilmente la strada da seguire. Non dovete essere troppo freddi o professionali; scrivete come parlate, senza essere prolissi. Le forme contratte, i termini in voga, gli acronimi di uso comune e via dicendo sono ammessi (in realtà, sono necessari). Sono permesse anche le frasi non complete.

Usare uno stile personale non significa necessariamente che i vostri post debbano essere personali, soprattutto se state scrivendo per un datore di lavoro o qualcun altro. In questo tipo di scenario, state rappresentando un'azienda o un'organizzazione e dovete impersonare quell'immagine pubblica. Potete comunque scrivere in modo colloquiale; dovete essere amichevoli e utili, ma non necessariamente categorici.

Avvertimento

Non scrivete post esageratamente energici; evitate di urlare al lettore con parole d'azione inutili, punti esclamativi, TESTO TUTTO IN MAIUSCOLO e cose simili.

Coinvolgere i lettori socialmente

Lo stile che usate deve contribuire a coinvolgere i vostri follower sui social network. La scrittura deve essere diretta, ma anche incoraggiare una sorta di risposta. Volete che i vostri follower mettano "Mi piace" al vostro post, che lo commentino o lo condividano con gli amici online. La condivisione è il risultato massimo: più un post viene fatto circolare, più diventa virale.

Come coinvolgere i follower sui social network? Potete scegliere tra svariati approcci, eccone alcuni.

- **Porre una domanda.** Le persone si sentono obbligate a rispondere alle domande, quindi ponetene tante. Per esempio, se state pubblicando un post relativo a una pasticceria, chiedete ai follower qual è la loro torta preferita. Se scrivete per un produttore di automobili, chiedete qual è stata la loro prima auto. Se si tratta invece di un negozio di abbigliamento, chiedete ai follower cosa ne pensano di un dato capo o di un certo stile.
- **Essere utili.** Fornite consigli concreti per risolvere un dato problema. I lettori apprezzeranno il vostro aiuto e lo condivideranno con gli altri.
- **Incuriosire il lettore.** Probabilmente non avete spazio a sufficienza per raccontare l'intera storia nel vostro post. Date al lettore un assaggio di ciò che potete offrire, quindi inserite un link al vostro sito web o blog per leggere il resto del racconto.
- **Condividere un'esperienza personale.** I lettori amano essere informati sulle storie personali, nonché commentarle.

In altre parole, fate ciò che potete non solo per informare i lettori, ma anche per invogliarli a rispondere o ad agire. I social network non sono come i tradizionali mezzi di comunicazione (anche se vengono considerati così da molti, non hanno lo stesso scopo). Sono pensati per essere letteralmente dei mezzi sociali, mezzi che incoraggiano e facilitano l'interazione sociale. Questa interazione ha inizio con i post che pubblicate, quindi fate in modo che siano perfetti.

Che cosa postare?

Sapete che i post sui social media devono essere brevi e coinvolgenti. Ma di cosa possono trattare i post?

Quando postate per conto di un'azienda o un'organizzazione, potete adottare svariate strategie. I principianti possono usare i propri post come messaggi promozionali, simili a dei comunicati stampa rivolti ai follower. Dovete aggiornare i vostri "seguaci" sui nuovi prodotti e servizi, sugli eventi aziendali e cose simili. Tutte cose abbastanza semplici.

Potete usare i post anche per comunicare notifiche e recensioni favorevoli, per annunciare eventi imminenti e perfino per tenere concorsi e giochi a premi.

Inoltre, potete condividere contenuti utili o interessanti, come i video di YouTube o le foto dei clienti.

Se avete un ristorante, per esempio, postate i piatti del giorno come aggiornamento di stato sulla vostra pagina Facebook o nel feed di Twitter. Nel caso di un'officina, pubblicate informazioni sulle riparazioni più comuni. Se scrivete per una società di giardinaggio, pubblicate post sulle piante stagionali o le problematiche più comuni. Se avete un'impresa di costruzione, postate alcuni dei vostri progetti più importanti. Avete capito.

Il punto è usare i post per informare e coinvolgere la vostra comunità. Segnalate tendenze interessanti, ripostate commenti e recensioni dei fan, chiedete ai vostri follower quali sono i loro interessi. Cercate di incoraggiare i commenti e ripostateli. Rendete tutto interessante.

Suggerimento

Con quale frequenza dovreste postare su Facebook o Twitter? Alcune persone e aziende postano ogni giorno, alcune una volta alla settimana, altre ogni ora. Personalmente, sono un fan degli aggiornamenti regolari, ma non troppo frequenti. Postare molte volte al giorno potrebbe essere troppo, soprattutto se lo fate tanto per farlo. Un post al giorno è meglio, fintanto che avete qualcosa di realmente interessante da dire. Fate in modo che i vostri contenuti dettino la frequenza dei post, quindi pubblicate i post con cadenza regolare, invece di metterli in mostra tutti in una volta.

Scrivere per Facebook

Attualmente, Facebook è di gran lunga il social network più diffuso, con un enorme vantaggio sulla concorrenza, e pertanto sarà il social network più importante per cui scriverete. Diamo un'occhiata a come potreste ottimizzare l'efficacia dei vostri post su Facebook.

Meglio i post corti

Facebook non impone un limite di caratteri per ogni post pubblicato (in realtà è consentito un massimo di 63.206 caratteri, che è decisamente "abbastanza alto"). A fronte di tanta flessibilità, si potrebbe credere di poter postare tutto ciò che si vuole, indipendentemente dalla lunghezza. Ma non è così. Anche gli utenti di Facebook hanno la tendenza a scorrere rapidamente il testo quando leggono, quindi meglio pubblicare post brevi.

Inoltre, dovete considerare che l'app mobile di Facebook tronca i post a un dato punto. E naturalmente, non tutti i lettori cliccano sul link. "Continua a leggere" (mostrato in Figura 14.3).

Figura 14.3 L'app mobile di Facebook tronca i post lunghi, ragion per cui è meglio pubblicare post corti.

Quindi, sebbene su Facebook sia possibile scrivere post lunghi, non significa che si debba fare. Infatti, i post corti sono i migliori: rientrano nei feed delle news, sono più facili da scorrere rapidamente e sono più diretti e potenti. Non si è costretti a limitarsi ai 140 caratteri di Twitter, ma è comunque consigliabile non superare i 250 caratteri.

Più siete concisi, più l'efficacia dei vostri post aumenterà. Buddy Media (www.buddymedia.com) ha condotto una ricerca sulle pagine Facebook dei grandi brand scoprendo che i post da 80 o meno caratteri ottenevano il 66% in più dei riscontri rispetto ai post lunghi. I post entro i 40 caratteri coinvolgevano l'86% dei lettori. Se non siete convinti dell'importanza di scrivere post brevi, queste statistiche dovrebbero farvi cambiare idea.

Mai dimenticare i link

A meno che non stiate comunicando informazioni semplici, ogni post che pubblicate su Facebook dovrebbe includere un link a qualcosa: a una pagina del vostro sito web, a un post sul vostro blog, a un articolo online, a un altro sito o a qualsiasi altra cosa. Poiché gli utenti di Facebook cercano e cliccano su questi link, li deludereste pubblicando post privi di collegamenti.

Inoltre, i link nei post di Facebook sono abbastanza ovvi (come potete vedere in Figura 14.4), quindi non dovete preoccuparvi di inserire il classico anchor text

Clicca qui o **Clicca per maggiori informazioni.** I lettori vedranno subito i link e, se vorranno, faranno clic. Non c'è bisogno di dire loro di farlo.

Figura 14.4 Un post di Facebook con un link a un'altra pagina web.

Suggerimento

I link nei post di Facebook includono solitamente delle miniature di immagini, aggiungendo così un'attrattiva visiva.

Utilizzare le immagini

In origine, Facebook era fondamentalmente un social network basato esclusivamente su testi. Con il passare del tempo, però, le immagini hanno iniziato a intrufolarsi fino a diventare parte integrante della maggior parte degli aggiornamenti di stato (la Figura 14.5 mostra un tipico post con foto integrata).

Come per altre forme di contenuti online, le immagini aiutano ad attrarre l'attenzione dei lettori, a conferire interesse visivo e a illustrare gli aggiornamenti di stato. Accertatevi di scegliere un'immagine che completi e si adatti al testo del post; potete attrarre l'attenzione dei lettori con un elemento visivo, ma volete comunque che leggano il testo.

Figura 14.5 Un post di Facebook con un'immagine integrata.

Metterla sul personale

Come abbiamo detto precedentemente, quando scrivete post per Facebook, come nel caso di post per qualsiasi social media, dovete usare uno stile di scrittura personale. Con Facebook, però, paga andare oltre il tono semplice e scrivere direttamente a un'unica persona. Ovvero, dovete fare in modo che ogni lettore pensi che state postando solo per lui, non per il grande pubblico. Tenete a mente quel singolo lettore e parlate direttamente a lui, proprio come se steste mandando un messaggio privato.

Usare correttamente punteggiatura e grammatica

Infine, ricordate che Facebook non è Twitter (di cui parleremo successivamente). Avete libertà d'azione sufficiente per usare correttamente la punteggiatura e la grammatica, e per evitare inutili forme contratte e acronimi. La vostra scrittura deve comunque essere concisa in termini di numero di parole e lunghezza delle frasi, ma non siete costretti a scrivere come se steste inviando un SMS con il telefono. Usate tutti i tasti della tastiera, anche i simboli.

Quanto corretta deve essere la punteggiatura su Facebook? Il trucco qui consiste nell'essere informale senza scrivere in modo palesemente scorretto. Quindi, va bene usare forme contratte e alcuni acronimi, almeno quelli comunemente usati (ricordate sempre che il vostro pubblico di Facebook è generico, non specifico di un settore). Alcuni non sarebbero d'accordo con me, ma ritengo anche che sia accettabile usare frasi non complete di tanto in tanto, a patto che lo facciate volutamente e intelligentemente.

Messa in un altro modo, un post su Facebook non è tanto formale quanto il post di un blog, ma neanche tanto informale quanto un tweet. In pratica, si colloca a metà strada tra questi due tipi di post.

Scrivere per Twitter

Passiamo ora a Twitter.

Twitter non è un vero e proprio social network; è piuttosto un microblog. Ma lasciamo ad altri gli aspetti tecnici; tutti considerano e trattano Twitter come Facebook e altri social network puri.

Ciò che Twitter fa è permettere la diffusione di brevi messaggi a un gruppo di follower. Voi postate un tweet e tutti quelli che sono iscritti al vostro feed lo vedono. Poiché i tweet sono simili ai messaggi di testo, almeno in termini di lunghezza, spesso ricevono un'attenzione immediata, e possono poi essere condivisi con altri attraverso il cosiddetto *retweet*.

Come si compongono dei tweet efficaci? È un po' diverso da qualsiasi altro tipo di scrittura in cui vi siate mai cimentati.

Farla breve, anzi, ancora più breve

Twitter impone un limite di 140 caratteri per ogni tweet. Se scrivete un testo di 141 caratteri, saranno trasmessi solo i primi 140. Non vengono fatte eccezioni.

Suggerimento

Probabilmente dovreste scrivere tweet più corti di 140 caratteri. Se volete che siano retweettati (chi non lo vorrebbe?), cercate di non superare i 120 caratteri; i restanti 20 caratteri permetteranno a chi retweetta di aggiungere il proprio commento.

Per via di quel limite di 140 caratteri, i tweet non possono conformarsi alla regola dell'uso corretto di grammatica e struttura della frase, è infatti raro che lo facciano. Di solito, chi tweetta abbrevia le parole lunghe, utilizza acronimi di uso comune, inserisce numeri o singole lettere al posto di parole intere, e si disinteressa della punteggiatura, proprio come quando si manda un SMS con il cellulare. Per esempio, potreste accorciare **Disponibile la versione 2 dell'app professionale** scrivendo **Disponibile l'app pro v2**. Nel linguaggio più "giovanile", invece, la domanda **Ci sei questo pomeriggio?** potrebbe essere resa con **C 6 qs pome?** Per voi potrebbe non avere senso, ma lo ha per i twittatori.

Avvertimento

Cercate di non esagerare con le abbreviazioni. Se chi legge il tweet dovrà perdere qualche secondo per cercare di decifrare ciò che avete scritto, lo perderete. Usate abbreviazioni semplici e, se avete dubbi, scrivete la parola per intero.

Accorciare gli URL

Rispettare il limite di 140 caratteri è una vera impresa se si vuole includere l'URL del proprio sito web (o del sito di altri). Per inserire un link basta digitare il relativo indirizzo, ma gli URL lunghi potrebbero non starci. Potreste però avvalervi di un servizio di abbreviazione dei link, come bit.ly (www.bit.ly), per creare URL che rispettino i limiti imposti da Twitter.

Quando includete un URL in un tweet, non dovete dire che lo fate. Potete tranquillamente omettere il classico "Clicca qui" aggiungendo semplicemente il link alla fine del tweet.

Quindi, invece di scrivere così:

Ford annuncia nuova linea di pickup. Clicca qui per saperne di più: bit.ly/TAalis

basta scrivere:

Ford annuncia nuova linea di pickup. bit.ly/TAalis.

Ricordate, bando alle parole inutili: i follower di Twitter sanno fare clic sui link.

Citare altri utenti

I link non sono l'unica cosa che potete inserire nei tweet. Potete citare altri utenti di Twitter e rendere cliccabili i loro nomi. Per farlo, digitate il simbolo "at" (@) prima del nome dell'utente, così: **@nomeutente**. Facendo clic sul nome citato si va al relativo profilo di Twitter.

Usare gli hashtag

Nei tweet potete anche inserire gli *hashtag*, ovvero gli equivalenti delle parole chiave. L'hashtag è una parola preceduta dal simbolo "cancelletto" (#), così: **#hashtag**. Quando fate precedere un cancelletto a un termine, viene considerato da Twitter come una sorta di parola chiave, diventando cliccabile da chiunque veda il tweet. Inoltre, aiuta gli utenti a trovare altri tweet pertinenti quando cercano quel dato argomento. Facendo clic su un hashtag, viene visualizzato un elenco dei tweet più recenti che includono lo stesso hashtag.

Perché dovreste inserire degli hashtag nei vostri tweet? Perché fanno sì che i vostri contenuti vengano mostrati quando qualcuno cerca un determinato argomento su Twitter. Per esempio, se volete attrarre gli utenti che cercano i club di golf, inserite l'hashtag **#golfclub** nel vostro tweet. Per apparire tra i risultati di ricerca del termine "aeroplano", includete l'hashtag **#aeroplano**.

Nota

Poiché l'hashtag deve essere composto da un'unica parola, spesso si uniscono più parole. Per esempio, usate l'hashtag **#michaelmiller** se scrivete su di me, Michael Miller (negli hashtag non c'è distinzione tra maiuscole e minuscole).

Potete inserire gli hashtag in mezzo al tweet, oppure all'inizio o alla fine. Qualcuno sostiene che se sono all'inizio si ottiene un miglior posizionamento nei risultati di ricerca, ma secondo me riduce la facilità di lettura del tweet, e la facilità di lettura rimane un must. Sono a favore dell'inserimento di hashtag in mezzo al tweet, al posto di una classica parola o frase (la Figura 14.6 mostra come funziona).

Figura 14.6 Un tweet con gli hashtag all'interno del testo.

Includere immagini, o forse no

C'è una cosa che non potete aggiungere ai tweet: le immagini. Di default, Twitter è un servizio di solo testo. Tuttavia, alcune applicazioni di terze parti, come TwitPic (www.twitpic.com), permettono di inserire dei link alle foto. Basta caricare un'immagine su TwitPic e verrà creato un tweet con un link a quella foto sul sito di TwitPic. È facile e alquanto diffuso.

Scrivere per altri social network

In questo capitolo mi sono concentrato sui social media più diffusi: Facebook e Twitter. Ma non sono gli unici esistenti; è possibile che vi chiedano di scrivere anche per altri social network, tra cui Google+, LinkedIn e Pinterest (anche se Pinterest è un social network molto più visivo, ogni immagine è accompagnata da un breve testo descrittivo).

Il consiglio che do per Facebook vale per tutti questi social network (Twitter è l'eccezione che conferma la regola, con il suo limite di 140 caratteri e la possibilità di postare solo testo). Quindi, se dovete scrivere per Google+, LinkedIn o altro, ricordate di essere concisi e di aggiungere dell'interesse visivo e un link che rimandi al vostro sito web o blog. E non dimenticate di coinvolgere i lettori!

Un post per tutti?

Magari vi state chiedendo se potete usare i post che scrivete per Facebook anche per i vostri feed di Twitter. Sì, potete farlo; non esiste una regola per cui i post di Facebook debbano essere differenti da ciò che twittate su Twitter o postate su Google+.
L'integrazione dei messaggi su più media rende l'uso dei social network un po' più efficiente. Soprattutto quando usate uno strumento di pubblicazione

➔ segue

➔ *continua*

su più canali, come HootSuite o TweetDeck; questi strumenti vi permettono di creare un unico messaggio e di postarlo su più social media.

Ma il fatto che possiate postare lo stesso messaggio su più social media non significa che dovreste farlo. Esistono dei contro all'uniformità di tutti i post. Prendete per esempio il fattore lunghezza. Se vi conformate al più piccolo denominatore comune in termini di lunghezza (i cortissimi post di Twitter), perdete l'opportunità di elaborare meglio i post su Facebook. Oppure, se agite in senso inverso, cioè componete un post che va bene per Facebook, sarà probabilmente troppo lungo per Twitter.

Twitter è "pericoloso" anche per la presenza degli hashtag. Su Facebook vedo tanti aggiornamenti di stato che originariamente erano dei tweet, perché includono gli elementi specifici di Twitter come gli hashtag e le citazioni con il simbolo @, che per gli utenti casuali di Facebook non significano nulla. Se ottimizzate troppo i vostri post a vantaggio degli utenti di Twitter, confonderete il pubblico di Facebook.

Bisogna anche pensare alla frequenza di pubblicazione: non sempre la stessa frequenza va bene per tutti i social media. Per esempio, Twitter richiede post particolarmente frequenti (molti al giorno), ma non sarebbe consigliabile postare così tanto spesso anche su Facebook. Se pubblicate lo stesso post su tutti i media, potrebbe essere troppo frequente per un media e troppo poco frequente per un altro.

Per questo motivo, non sono molto a favore alla pubblicazione contemporanea dello stesso post su più social media. Penso che possiate mandare *messaggi* simili sui vari network, ma ciascuno di questi messaggi deve essere cucito su misura per ogni specifica piattaforma. Ciò che funziona su Twitter non va altrettanto bene su Facebook e viceversa.

15

Scrivere newsletter ed email promozionali

Le email hanno un ruolo secondario rispetto ai più affascinanti social media, ma sono comunque parte integrante di Internet. L'email è perfetta per le comunicazioni aziendali ed è anche molto efficace in termini di marketing e promozioni. Per essere un copywriter online di successo, dovete saper scrivere email efficaci.

I testi per le email sono la forma più tradizionale di contenuti online. Per certi versi, sono molto simili ai classici testi delle lettere: non dovete preoccuparvi di ottimizzarli per le ricerche, la lunghezza non è poi così importante e lo scopo finale è quello di ricevere una risposta dal lettore.

Eppure, ci sono molti aspetti che rendono unica la scrittura di email e ci sono anche diversi tipi di testi possibili per email. Diamo loro un'occhiata.

Comporre l'oggetto

Indipendentemente dal tipo di email che state scrivendo, dovete inserire un oggetto. L'oggetto non è solo una delle componenti più importanti dell'intera operazione: è la prima cosa, e forse l'unica, che il destinatario vede quando apre la casella di posta in entrata.

Il compito dell'oggetto

Un oggetto efficace convince il destinatario a cliccare per leggere l'intera email. Un oggetto inefficace ispira il lettore a passare oltre a cancellare l'email o, peggio ancora, a contrassegnare il messaggio come spam.
Affinché il vostro oggetto sia efficace, deve fare diverse cose:

- **Attrarre l'attenzione del destinatario.** In altre parole, deve risaltare tra tutti gli altri oggetti nella casella di posta del destinatario. Dato che la maggior parte di noi riceve decine se non centinaia di email al giorno, questo obiettivo non è certamente facile.
- **Comunicare il contenuto del messaggio.** L'oggetto, per definizione, deve descrivere l'argomento della comunicazione contenuta nell'e-mail. È un riassunto, un titolo e una sbirciata su ciò che il lettore deve aspettarsi di trovare nel messaggio.
- **Convincere il destinatario ad aprire l'email.** La maggior parte dei programmi di posta elettronica mostra solo un elenco degli oggetti. L'oggetto deve non soltanto risaltare in questo lungo elenco e comunicare il contenuto del messaggio, ma anche ispirare il destinatario a cliccare per leggere l'intera email. Non è sufficiente che sia interessante e informativo, deve essere anche convincente.

Se il vostro oggetto è efficace, il destinatario aprirà l'email e inizierà a leggerla (si passa poi all'importanza di scrivere un testo efficace, ma prima dovete attrarre l'attenzione del lettore con l'oggetto). Se l'oggetto è inefficace, il destinatario non farà clic e non leggerà l'email; la vostra interazione con il lettore cesserà definitivamente e non sarete riusciti a far arrivare il messaggio.
Come si fa, quindi, a creare un oggetto efficace? Sono tantissimi i trucchi che potete e dovete usare. Guardiamone alcuni.

Essere concisi

Gli oggetti devono essere corti. Se sono lunghi, saranno troncati nella maggior parte delle caselle di posta in entrata. Per ottenere risultati migliori, limitate l'oggetto a un massimo di 50 caratteri, spazi inclusi.

Suggerimento

Un modo per scrivere oggetti brevi consiste nell'utilizzare forme abbreviate e simboli di uso comune, come "%" al posto di "percento".

Per esempio, chiunque leggerà questo oggetto di 85 caratteri:

Importante news degli azionisti in merito al deficit di guadagni nel quarto trimestre

potrebbe vederne solo i primi 50:

Importante news degli azionisti in merito al defic...

La prima parte dell'oggetto è talmente "prolissa" che il lettore non riceverà neanche l'informazione principale. In questo caso, dovreste riscrivere l'oggetto eliminando le parole inutili (il destinatario è probabilmente un azionista, quindi non dovete per forza usare quel termine; "in merito" è troppo lungo e non proprio funzionale) e usare magari delle forme contratte ("IV trim." per "quarto trimestre"). Il risultato ha un impatto decisamente migliore:

News importante: deficit dei guadagni IV trim.

È molto più probabile che ottenga qualche clic, non pensate?
Inoltre, gli oggetti corti saltano più facilmente all'occhio. I destinatari non leggono tutti gli oggetti presenti nella casella di posta; scorrono rapidamente l'elenco cercando ciò che appare interessante e importante. Ma non solo, gli oggetti brevi spesso appaiono più urgenti di quelli lunghi.

Mettere all'inizio le informazioni importanti

Oltre a scrivere in modo conciso, dovete anche scrivere seguendo una gerarchia. Ovvero, dovete mettere le informazioni più importanti all'inizio.
Avendo 50 caratteri a disposizione, il messaggio più importante deve essere incluso nei primi 30 caratteri dell'oggetto. Questo non solo garantisce che i lettori vedano subito il concetto principale, ma anche che le parole chiave non siano tagliate via nel caso in cui il destinatario abbia configurato la casella di posta con una colonna dell'oggetto particolarmente stretta.
Per esempio, invece di scrivere:

Domenica sarà una giornata fantastica: tutte le giostre al 50 percento di sconto

invertite le parole in modo da mettere all'inizio l'informazione importante, così:

50% di sconto su tutte le giostre questa domenica.

Notate anche la sostituzione di **percento** con % e l'eliminazione dell'inutile: "Domenica sarà una giornata fantastica".

Descrivere il contenuto

In tutto questo parlare di come creare un oggetto efficace, non dimentichiamo che il suo scopo è quello di descrivere il messaggio che segue. Certo, deve catturare l'attenzione del destinatario e risaltare nella casella di posta, ma nel farlo deve anche dire di cosa tratta il messaggio. Se l'oggetto non assolve a questo compito di base, è pressoché inutile.

Quindi, dovete descrivere il contenuto del messaggio in modo attraente e coinvolgente, usando un massimo di 50 caratteri. Queste sono le regole del gioco. Il fine del gioco è descrivere il contenuto, niente di più, niente di meno.

Nel caso di un messaggio che annuncia l'imminente lancio di un nuovo prodotto, dovreste forse usare il seguente oggetto che attira l'attenzione, ma che è anche fatuo?

Annuncio eccezionale dell'azienda Boylston!

O dovreste scrivere un oggetto più descrittivo, come questo?

Boylston annuncia nuovo rivoluzionario tagliaerba!

Non so voi, ma io sarei più incline a leggere il secondo invece del primo. Mi dice esattamente ciò che voglio sapere, anche se non apro l'email. Non allontanatevi dal fatto: mettete le notizie importanti all'inizio.

Usare un linguaggio adatto al lettore

Quando create un oggetto, tenente a mente il pubblico di riferimento. Potete, e dovete, usare un linguaggio familiare e adatto al lettore. Se il vostro pubblico è esperto di una data tecnologia, sentitevi liberi di usare termini tecnici e relativi acronimi nell'oggetto. Se conosce bene un settore specifico, usate la fraseologia e le parole settoriali. Saprà di cosa state parlando e renderete l'email più autorevole grazie all'uso della terminologia da "insider".

Creare un senso di urgenza

Ricordate, volete che i lettori aprano e leggano la vostra email. Pertanto, l'oggetto deve comunicare un senso di importanza e urgenza che spinga i destinatari a continuare a leggere.

È utile dire ai lettori perché dovrebbero leggere subito l'email e quale vantaggio ne trarrebbero. Dovreste comunicare esplicitamente o implicitamente la tempestività del contenuto, qualcosa che dica ai lettori che l'informazione ha una data di scadenza e pertanto va letta *subito*.
Dovrebbe anche esserci un senso di perdita se il messaggio non viene letto. Fate in modo che il lettore pensi che si perderà qualcosa di realmente importante se non clicca e non apre l'email. Qualunque sia la strategia che userete, dovete dare un buon motivo per leggere l'intero messaggio.

Avvertimento

Alcune parole non sono adatte al testo degli oggetti, perché vengono bloccate dai filtri anti-spam. Andrebbero quindi evitati termini come **gratuito**, **economico**, **vinci**, **compra**, **risparmia**, **ultima notizia**, **prezzi bassi** e simili. Inoltre, NON SCRIVETE MAI TUTTO IN MAIUSCOLO: è il modo migliore per finire etichettati come spam, così come lo è il punto esclamativo (!) e il simbolo dell'euro (€).

Scrivere newsletter

Esistono due tipi principali di email commerciali: le newsletter e le email promozionali. Partiamo dal primo tipo.

Storie brevi e tanti link

Le newsletter sono, più o meno, le versioni email dei tradizionali bollettini di informazione su carta. Laddove un bollettino stampato è composto da più pagine con storie di varia lunghezza, le newsletter sotto forma di email sono solitamente articoli più brevi. Le "storie" nella maggior parte delle newsletter assomigliano più ai post dei blog che agli articoli stampati; sono lunghe due o tre paragrafi con un link a ulteriori informazioni sul sito web aziendale. Lo scopo non è essere esaustivi, ma indirizzare il traffico a un sito o un blog.
Non significa che le newsletter non debbano essere informative; se strutturiamo il contenuto gerarchicamente, il lettore otterrà comunque l'informazione, anche se presentata in uno o due paragrafi. Semplicemente, non vengono inclusi i dettagli secondari. Questi lasciateli alla pagina del vostro sito web a cui linkate.

Presentare contenuti attuali

Affinché sia utile per il lettore, il contenuto della newsletter deve essere informativo, ma anche attuale. Non dovreste presentare novità di mesi fa; se le informazioni sono datate, non sono più delle novità. Questo vale tanto per la tempistica delle newsletter quanto per il relativo contenuto; ci si aspetta che una newsletter contenga informazioni recenti e rilevanti.

Aspettarsi lettori preparati, con grandi aspettative

Quando si scrive una newsletter, è importante tenere a mente il lettore. Poiché queste email vengono ricevute a seguito di un'iscrizione, sapete che il lettore è abbastanza interessato a quella società od organizzazione da essersi iscritto volontariamente alla relativa newsletter. Significa che state scrivendo per lettori già predisposti ad apprezzare e seguire un'azienda o un marchio. È fantastico, sono già dalla vostra parte, prima ancora che scriviate una sola parola.

Significa anche che potete presupporre una certa familiarità da parte del lettore con la società o il brand che promuovete. Non dovete presentare l'azienda al lettore: è molto probabile che conosca già le basi e ne voglia sapere di più.

Poiché i lettori hanno chiesto esplicitamente di ricevere la newsletter, hanno delle aspettative su ciò che riceveranno. Dovete tenerne conto e, quindi, cercare di soddisfare quelle aspettative (in termini di contenuto e stile) prima di iniziare a scrivere. Se potete, familiarizzate con le newsletter precedenti e con le risposte che i lettori hanno dato a quelle missive; dovreste anche conoscere l'offerta o la comunicazione che ha convinto i lettori a iscriversi alla newsletter, giusto per capire cosa si aspettano di ricevere.

Creare titoli convincenti

Le newsletter possono essere composte di solo testo (come quella in Figura 15.1) o create in codice HTML con elementi grafici (come quella in Figura 15.2). In passato, alcuni programmi di posta elettronica non supportavano le email in HTML, rendendo le newsletter di solo testo molto più pratiche. Oggi, invece, praticamente tutti possono ricevere e leggere email in HTML, quindi non c'è motivo per non seguire questa strada.

Qualunque sia l'approccio che scegliete (sempre che abbiate la libertà di scegliere), dovete concentrarvi sui titoli delle storie che raccontate. Ricordate, i lettori scorrono rapidamente le newsletter proprio come scorrono rapidamente qualsiasi altra cosa vedano sullo schermo, quindi dovete presumere che la maggior parte di loro non andrà oltre il titolo. Il titolo deve sia comunicare il contenuto della storia sia incuriosire il lettore a leggerla. Se ciò non accade, il lettore ha almeno ricevuto uno scorcio di informazione dal titolo; se il titolo è abbastanza convincente, probabilmente leggerà anche il resto.

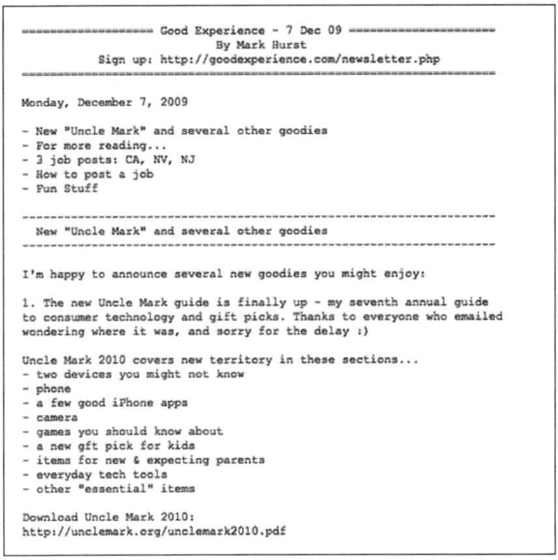

```
==================== Good Experience - 7 Dec 09 ====================
                          By Mark Hurst
         Sign up: http://goodexperience.com/newsletter.php
====================================================================

Monday, December 7, 2009

- New "Uncle Mark" and several other goodies
- For more reading...
- 3 job posts: CA, NV, NJ
- How to post a job
- Fun Stuff

--------------------------------------------------------------------
  New "Uncle Mark" and several other goodies
--------------------------------------------------------------------

I'm happy to announce several new goodies you might enjoy:

1. The new Uncle Mark guide is finally up - my seventh annual guide
to consumer technology and gift picks. Thanks to everyone who emailed
wondering where it was, and sorry for the delay :)

Uncle Mark 2010 covers new territory in these sections...
- two devices you might not know
- phone
- a few good iPhone apps
- camera
- games you should know about
- a new gft pick for kids
- items for new & expecting parents
- everyday tech tools
- other "essential" items

Download Uncle Mark 2010:
http://unclemark.org/unclemark2010.pdf
```

Figura 15.1 Una newsletter di solo testo, di Creative Good (www.creativegood.com).

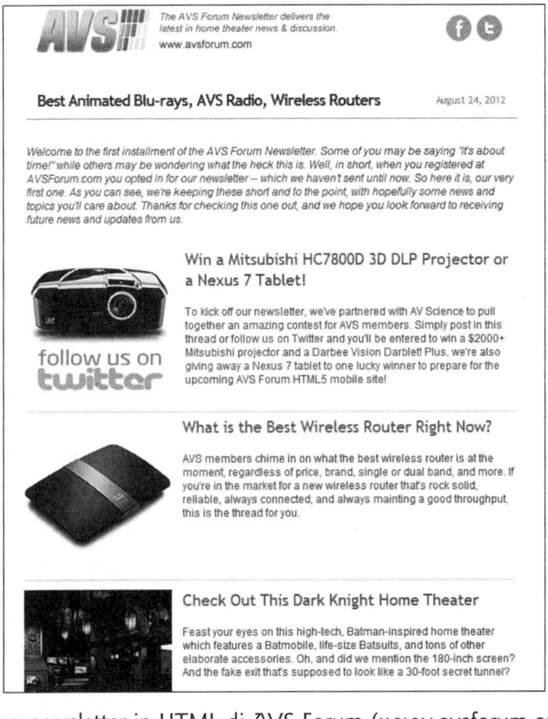

The AVS Forum Newsletter delivers the latest in home theater news & discussion.
www.avsforum.com

Best Animated Blu-rays, AVS Radio, Wireless Routers August 24, 2012

Welcome to the first installment of the AVS Forum Newsletter. Some of you may be saying "It's about time!" while others may be wondering what the heck this is. Well, in short, when you registered at AVSForum.com you opted in for our newsletter -- which we haven't sent until now. So here it is, our very first one. As you can see, we're keeping these short and to the point, with hopefully some news and topics you'll care about. Thanks for checking this one out, and we hope you look forward to receiving future news and updates from us.

follow us on twitter

Win a Mitsubishi HC7800D 3D DLP Projector or a Nexus 7 Tablet!

To kick off our newsletter, we've partnered with AV Science to pull together an amazing contest for AVS members. Simply post in this thread or follow us on Twitter and you'll be entered to win a $2000+ Mitsubishi projector and a Darbee Vision Darblet! Plus, we're also giving away a Nexus 7 tablet to one lucky winner to prepare for the upcoming AVS Forum HTML5 mobile site!

What is the Best Wireless Router Right Now?

AVS members chime in on what the best wireless router is at the moment, regardless of price, brand, single or dual band, and more. If you're in the market for a new wireless router that's rock solid, reliable, always connected, and always mainting a good throughput, this is the thread for you.

Check Out This Dark Knight Home Theater

Feast your eyes on this high-tech, Batman-inspired home theater which features a Batmobile, life-size Batsuits, and tons of other elaborate accessories. Oh, and did we mention the 180-inch screen? And the fake exit that's supposed to look like a 30-foot secret tunnel?

Figura 15.2 Una newsletter in HTML di AVS Forum (www.avsforum.com).

Pertanto, i titoli dovrebbero essere trattati come gli oggetti. Devono essere brevi e concisi, orientati all'azione e coinvolgenti. Un buon titolo attira il lettore nella storia; un titolo mediocre lo porta a ignorarla.

Suggerimento

Niente mi dà più fastidio dell'aprire un'email commerciale che non voglio più ricevere e non trovare un modo per cancellare facilmente l'iscrizione. Potrebbe essere doloroso, ma dovete inserire in posizione visibile il famoso link: "Se non desideri più ricevere la newsletter, clicca qui" in tutte le newsletter che inviate. Fate in modo che per i lettori sia semplice poter smettere di ricevere le vostre email; se non vogliono ricevere notizie da voi, non ha senso continuare a inviare loro informazioni a cui non sono interessati.

Scrivere email promozionali efficaci

L'altro tipo di email che potreste dover scrivere è l'email promozionale. È l'equivalente online di una lettera di sollecito; lo scopo dell'email consiste nel convincere il destinatario ad acquistare qualcosa.
Le email promozionali sono quindi più dirette delle newsletter e più personali. Devono includere una precisa call to action e un pulsante per fare subito un ordine in posizione prominente. Non dovete lasciare che il lettore non sappia cosa fare: semplificategli l'acquisto.

Farla breve e farla a pezzi

Come tutto ciò che scrivete per il Web, anche i testi delle email promozionali devono essere brevi e suddivisi in più paragrafi. Non scrivete un'email di due pagine se basta la metà del testo per rendere l'idea (allo stesso modo, non scrivete due paragrafi se ne basta uno... conoscete la solfa).
Dovete fare in modo che il testo dell'email sia facile da scorrere rapidamente. Quindi: paragrafi brevi, frasi brevi e parole brevi. Presentate le informazioni complesse in elenchi puntati e numerati. Usate molti titoli per suddividere il testo. Mettete all'inizio le informazioni più importanti.
Se possibile, limitatevi a un unico argomento per ogni email. Non cercate di vendere due prodotti con un'unica email; ogni email deve consistere di una sola promozione (sfortunatamente, i vostri capi non saranno sempre d'accordo). Inserite solo le informazioni necessarie e create un link al vostro sito web per ulteriori dettagli.
È proprio come scrivere per il Web: siate brevi e concentrati. Otterrete risultati migliori.

Usare un linguaggio d'azione

Le email promozionali sono come le lettere dirette: vogliono che il cliente faccia qualcosa, solitamente che acquisti il prodotto o il servizio promosso. Pertanto, dovete prendere spunto proprio dalla scrittura di lettere dirette.

Probabilmente, la cosa più importante in termini di stile di scrittura è usare un linguaggio conciso e d'azione. Quindi, usate molte parole d'azione e verbi che dicono al lettore cosa volete che faccia.

Quali sono le parole d'azione da usare nelle email promozionali? Eccovi una breve lista:

- acquista
- agisci
- aumenta
- compra
- crea
- estendi
- fai in fretta
- guadagna
- guarda
- incrementa
- leggi
- migliora
- ordina
- prendi
- prenota
- risparmia
- scopri
- sostieni
- unisciti

Naturalmente, ce ne sono tante altre, ma queste sono sufficienti a farvi capire cosa intendo. Dovete stuzzicare i lettori, spingerli a fare qualsiasi cosa volete che facciano. Non menate il can per l'aia; siate diretti in merito all'azione che volete far compiere usando questo tipo di parole.

Suggerimento

Il testo non deve essere soltanto diretto, ma anche personale. State scrivendo a una singola persona, non a tante persone. Significa che potete usare uno stile di scrittura discretamente informale. Scrivete in seconda persona e usate molti "tu" e "tuo"; evitate "noi", "io" o qualsiasi altro termine faccia intendere che state parlando di voi.

Invitare all'azione

Le parole d'azione che usate dovrebbero portare direttamente all'azione desiderata, quindi non dimenticate di includere una call to action.

In parole povere, dovete dire ai lettori cosa volete che facciano. Non lasciate che tirino a indovinare; non date loro opzioni. Dite esattamente cosa dovrebbero fare dopo. Se non lo fate, loro non agiranno.

La call to action dovrebbe essere diretta e chiara. Non complicate le cose inserendo più di una call to action; dite ai lettori di fare una cosa e niente di più.

Dovete anche fare in modo che il lettore si accorga della call to action. Quindi mettetela in posizione prominente e fatela risaltare il più possibile. Potete inserirla all'inizio del messaggio e in vari punti dell'email, l'importante è che non passi inosservata.

Inoltre, il lettore deve poter rispondere facilmente alla call to action. Dovete quindi includere un link al vostro sito web e magari anche un numero verde da chiamare. L'azione deve essere semplice e comprensibile; più la rendete complessa, meno saranno i feedback.

Ed eccoci alla conclusione delle linee guida sulle email promozionali: tutto ciò che scrivete deve servire alla vendita. Ogni frase, ogni parola dovrebbe portare il lettore a spendere i soldi faticosamente guadagnati per acquistare il vostro prodotto o servizio. Non significa essere subdoli: volete che i clienti acquistino qualcosa e volete che lo facciano all'istante. Questo è lo scopo del vostro testo, non dimenticatelo.

Non fate spam

Nonostante ciò che pensano alcuni utenti, le email promozionali non sono spam. Si fa spam quando si manda un'email *non richiesta*; le email che scrivete voi vengono inviate con il consenso del destinatario. Le email promozionali legittime fanno parte del marketing, perché il destinatario ha fornito il proprio consenso a ricevere i vostri messaggi email. Fate spam solo se mandate email senza il permesso del destinatario.

Alcune persone potrebbero aver dimenticato di aver spuntato quella particolare opzione sul vostro sito web, oppure un altro sito ha fatto in modo che dessero il permesso senza che ne fossero del tutto consapevoli. In ogni caso, le email legittime sono volute; e anche se dovessero successivamente diventare indesiderate, non sono tecnicamente non richieste.

Naturalmente, non volete fare sì che qualcuno si iscriva involontariamente a qualcosa che non vuole; diventereste degli spammer e a nessuno piace lo spam. Proprio a nessuno: non piace ai destinatari che si ritrovano la casella di posta invasa da questa posta spazzatura, né ai fornitori di servizi Internet che hanno la propria banda mangiata dalla grande quantità di messaggi indesiderati, e neppure ai pubblicitari che vedono le loro email discriminate a causa dei numerosi messaggi di spam che promuovono farmaci canadesi, prodotti "per migliorare le prestazioni" e cose simili.

I professionisti del marketing non fanno spam e rifiutano qualsiasi collegamento con le email spazzatura. Si impegnano a sostenere la legittimità alla base delle loro email e includono link ben visibili che permettono al destinatario di annullare la propria iscrizione, cosicché chiunque non voglia ricevere i loro messaggi sia rimosso dalla loro mailing list. Il marketing legittimo via email prevede esclusivamente l'invio di email che i consumatori vogliono ricevere.

Do per scontato che questo sia il modo in cui agite anche voi, cioè che scriviate testi per email volute. Se temete che la vostra attività preveda lo spamming, non fate nulla che potrebbe darvi fastidio in qualità di consumatore. Non volete ricevere email indesiderate, quindi comportatevi di conseguenza.

Rimandare alla propria pagina di destinazione

Ecco un'altra cosa che dovete considerare quando scrivete email promozionali: il vostro lavoro non si conclude con l'invio dell'email. Dovete indirizzare i destinatari al vostro sito web (per maggiori informazioni o per effettuare un acquisto), quindi dovete coordinare il testo dell'email con il contenuto della pagina di destinazione a cui fate il collegamento.

Nota

La *pagina di destinazione* è una pagina specifica del vostro sito web a cui ci si collega da un'email, da un comunicato stampa online e da qualsiasi altro canale web.

Il link dall'email alla pagina di destinazione dovrebbe essere una costante di tutti i messaggi e deve essere coerente. La pagina di destinazione deve avere lo stesso linguaggio che usate nell'email, nonché le stesse immagini e lo stesso layout. Fate finta di continuare una conversazione: iniziate a parlare nell'email e finite nella pagina di destinazione.

A tal fine, la pagina di destinazione dovrebbe rispecchiare una specifica newsletter o email promozionale. Se l'email invita all'acquisto di un dato prodotto, la pagina di destinazione dovrebbe parlare esclusivamente di quel prodotto. Non dovrebbe essere genericamente dedicata a un'intera linea di prodotti, e di sicuro

non deve essere l'home page del sito aziendale. La pagina di destinazione deve essere una continuazione dell'email che ha portato lì il lettore e, pertanto, deve trattare esclusivamente dell'oggetto dell'email.
Per questo motivo, in qualità di copywriter, vi consiglio di occuparvi sia dell'e-mail sia del testo della pagina di destinazione. Consideratele come due parti dello stesso incarico e strutturate il vostro lavoro di conseguenza.

16

Scrivere pubblicità online

Esistono molti tipi di pubblicità online, e la maggior parte rientra nella categoria degli annunci di solo testo. Naturalmente, ciò significa che la vostra abilità di copywriter assume maggior valore se l'azienda o l'organizzazione per cui lavorate fa pubblicità anche sul Web.

Sebbene gli annunci online siano spesso molto corti, diretti e di poche parole, dovete comunque scrivere quel testo. E forse questo compito fa parte proprio del lavoro che vi è stato assegnato.

Conoscere i diversi tipi di pubblicità online

Sul Web potete trovare tantissimi tipi di annunci pubblicitari. Sebbene il semplice annuncio con un testo di quattro righe possa essere il più comune, potreste anche dover scrivere testi per annunci display, annunci intermedi e molto altro; quindi è bene sapere cosa c'è là fuori.

Annunci di solo testo

Sono piccoli. Non danno fastidio. E sono tantissimi. Sto parlando degli annunci pubblicitari di solo testo, che rappresentano il tipo di pubblicità online oggi più diffuso.

Gli annunci di testo appaiono principalmente nelle pagine dei risultati dei principali motori di ricerca: Google, Yahoo!, Bing e simili. Questi annunci sono solitamente elencati accanto o in cima ai risultati di ricerca, come mostrato in Figura 16.1, ed etichettati come tali.

Figura 16.1 Annunci di testo all'inizio e sul lato di una pagina di risultati di ricerca di Google.

Gli annunci di testo possono apparire anche sui siti web di terze parti. Nella maggior parte dei casi, questi siti fanno parte del network pubblicitario gestito dal più noto motore di ricerca. Quindi, se la vostra società fa pubblicità attraverso la rete AdWords di Google, i vostri annunci appariranno nelle pagine dei risultati di ricerca di Google e sui siti web che appartengono al network AdWords.

Figura 16.2 Un blocco di annunci di testo sulla pagina web di una terza parte.

Sebbene questi annunci siano composti di solo testo, non richiedono un lavoro di scrittura esagerato: solitamente consistono di tre o quattro righe di testo senza nessuna immagine. La prima riga è un titolo cliccabile, seguito da una o due righe di testo e, successivamente, dalla riga finale con l'URL di destinazione. Questi annunci sono brevi e semplici; dovete scrivere testi potenti ed efficaci che incoraggino il lettore a fare clic.

La maggior parte degli annunci di testo è pubblicità *Pay Per Click* (PPC): l'azienda non paga per la pubblicazione, ma per ogni clic sull'annuncio. Quindi, si paga soltanto l'importo concordato per ogni clic (CPC, *Cost Per Click*).

La stragrande maggioranza di questi annunci di testo PPC è *contestuale* o *sensibile al contesto*. Significa che l'annuncio viene mostrato solo sui siti web con contenuti direttamente correlati a quelli dell'annuncio o, più precisamente, alle parole chiave acquistate da chi pubblica l'annuncio. Dal punto di vista del pubblicitario, questa strategia permette di ottenere più impressioni mirate; se state pubblicizzando delle scarpe da corsa, per esempio, il vostro annuncio sarà mostrato sui siti che trattano di corsa o di scarpe, non su quelli che parlano di autoradio o di servizi finanziari.

Come detto, gli annunci di testo PPC appaiono anche nelle pagine dei risultati di ricerca. Infatti, è questo il loro principale mezzo di divulgazione: i più grandi network di pubblicità PPC appartengono ai motori di ricerca più importanti. Quindi, quando acquistate una parola chiave per un annuncio di testo PPC, la vostra pubblicità apparirà su tutte le pagine dei risultati di ricerca di Google, Yahoo! o Bing ogni volta che viene cercata quella determinata parola chiave.

Riprendiamo l'esempio delle scarpe da corsa. Se acquistate la frase chiave "scarpe da corsa", ogni volta che un utente cercherà queste parole in Google, il vostro annuncio apparirà nella relativa pagina dei risultati. Gli utenti che cercano "filo interdentale" non vedranno il vostro annuncio; otterrete visibilità solo per le persone che cercano ciò che offrite.
Questi annunci di quattro righe di testo potrebbero non essere fastidiosi, ma sono onnipresenti. Per le piccole e grandi agenzie pubblicitarie questo tipo di annunci PPC è prioritario nei piani di marketing online. Se siete responsabili della scrittura dei testi degli annunci della vostra azienda, vi ritroverete a scriverne moltissimi.

Nota

Gli annunci di testo sono probabilmente la forma di pubblicità più efficace, online e offline, per via del loro mix perfetto di posizionamento mirato e del pagamento in base ai risultati.

Annunci display

Gli annunci display sono il corrispondente visivo degli annunci di testo: sono pubblicità fatte di immagini, animazioni e perfino video. Possono essere larghi, come i banner che si vedono nella parte superiore di molte pagine web, oppure piccoli, come le versioni grafiche delle pubblicità di solo testo. Questi annunci sono disegnati per attrarre l'attenzione del visitatore e, in alcuni casi, per portarlo a fare clic e visualizzare così ulteriori informazioni.
Uno dei vantaggi degli annunci display è la grande varietà disponibile. Per esempio, se non volete che la vostra presenza online sia relegata a un blando annuncio di solo testo, potete optare per una piccola immagine pubblicitaria, come quella mostrata in Figura 16.3. Questo tipo di annuncio ha le stesse dimensioni di quelli di solo testo, ma comunica il messaggio pubblicitario in formato grafico; solitamente, l'intero annuncio è cliccabile ed è di natura PPC.
Gli annunci display più larghi sono solitamente preferiti dalle agenzie pubblicitarie di grandi dimensioni. Il tipo di annuncio display più noto è il cosiddetto banner, che appare nella parte superiore delle pagine web, come quello in Figura 16.4. Ma possono trovarsi anche in fondo alla pagina o sui lati (gli annunci display verticali sono detti *skyscraper*). Questo tipo di annuncio può anche essere visualizzato in una finestra in mezzo alla pagina.
Solitamente, gli annunci display sono di natura grafica. La maggior parte ha delle immagini, alcuni integrano animazioni Flash o video, e sono quasi tutti cliccabili.

Per gli annunci display non serve molto testo. L'effetto è prevalentemente visivo: potrebbe esserci un titolo o una breve riga di testo, ma ciò che conta è l'immagine.

Figura 16.3 Una piccola immagine pubblicitaria, delle stesse dimensioni degli annunci di solo testo, ma con una resa visiva.

Figura 16.4 Un annuncio display orizzontale.

Annunci intermedi

Gli annunci intermedi sono le pubblicità che appaiono tra le pagine web, ovvero durante la transizione da una pagina all'altra. Talvolta appaiono prima che il visitatore visualizzi la pagina di destinazione del sito; altre volte, tra due pagine di un sito.

In ogni caso, gli annunci intermedi interrompono la sessione di navigazione web dell'utente. Devono essere visti (o cliccati per farli sparire) prima di poter visualizzare la pagina desiderata. Pertanto, è certo che vengano visti, e probabilmente anche odiati. Usateli con cautela, perché la maggior parte dei navigatori li trova irritanti.

Non sorprende il fatto che i pubblicitari amino particolarmente gli annunci intermedi proprio per quel senso di irritazione che suscitano. O si amano o si odiano, di sicuro non si possono ignorare.

L'altra cosa che i pubblicitari prediligono degli annunci intermedi è che lasciano ampia libertà in termini di posizionamento. Praticamente, avete tutta la pagina a disposizione per il vostro messaggio pubblicitario; non siete legati a banner o a finestre.

Gli annunci intermedi, solitamente, richiedono più testo dei classici annunci display. Buon per voi!

> **Nota**
>
> Fino a qualche anno fa avrete probabilmente notato molti *annunci a comparsa* su alcuni siti web. Si tratta di pubblicità che compaiono in altre finestre del browser, quindi terribilmente fastidiose. Per questo motivo, i browser più recenti integrano una tecnologia che le blocca, portando alla scomparsa di questo particolare formato pubblicitario.

Scrivere annunci di testo efficaci

Gli annunci di solo testo costituiscono il tipo di pubblicità più diffuso sul Web, per il quale è più probabile che dobbiate scrivere. Diamo quindi un'occhiata a cosa dovete fare per scrivere pubblicità efficaci.

Solitamente, un annuncio di testo (come quello in Figura 16.5) consiste di quattro righe di testo.

Figura 16.5 Un annuncio pubblicitario PPC di solo testo.

- La prima riga è costituita dal titolo, spesso molto breve (gli annunci di Google AdWords impongono un limite massimo di 25 caratteri).
- Le successive due righe sono il corpo dell'annuncio, spesso contengono la descrizione di un prodotto, che può consistere di più caratteri (comunque non molti; AdWords limita a 35 i caratteri per ogni riga descrittiva). Queste due righe sono spesso collegate, quindi è consigliabile considerarle come un'unica lunga riga di testo.
- L'ultima riga mostra l'URL del sito a cui volete indirizzare il traffico.

Qual è il modo migliore di riempire questi spazi? Continuate a leggere e ve lo dirò.

Scrivere un titolo coinvolgente

La parte più importante degli annunci di testo è, naturalmente, il titolo, perché alcuni formati pubblicitari mostrano *solo* il titolo e l'URL, tralasciando le due righe descrittive. Il titolo deve quindi essere la colonna portante: deve attirare potenziali clienti a colpo d'occhio. Sebbene possiate inserire alcuni dettagli nelle due righe successive, il titolo dovrebbe poter funzionare anche da solo.

Anche quando viene visualizzato tutto l'annuncio, come nella maggior parte delle pagine dei risultati di ricerca, il titolo rimane l'elemento più importante. È la prima cosa che gli utenti vedono. Un bel titolo li porterà a leggere il resto dell'annuncio pubblicitario, ma un titolo mal concepito li renderà completamente disinteressati.

Per questo motivo, dovete scrivere titoli coinvolgenti anche per i vostri annunci pubblicitari. Dovrebbero attirare l'attenzione di potenziali clienti e portarli a cliccare. È l'equivalente di un imbonitore da fiera: "Clicca qui, clicca lì!".

Naturalmente, il titolo deve comunicare ciò che state vendendo o cercando di fare; quindi, deve essere informativo. Ma dovrebbe anche far compiere un'azione specifica al cliente, che in molti casi consiste nel cliccare per andare a una pagina di destinazione.

Un buon titolo include parole d'azione che catturano l'attenzione del lettore: parole come "gratuito" e "saldi", "nuovo" e "altro", "scopri" e "risparmia". Queste parole ispirano l'utente a leggere il resto dell'annuncio o a fare clic per saperne di più.

Scrivere testi coinvolgenti

Non deve essere coinvolgente soltanto il titolo: anche le due righe di testo descrittivo dovrebbero persuadere i potenziali clienti a fare clic.

Per ottenere questo risultato, dovreste usare parole che tocchino le emozioni del lettore. Le persone vogliono essere stimolate, confortate o intrattenute; il vostro testo deve rispondere a queste esigenze emozionali.

Suggerimento

Gli annunci pubblicitari PPC più efficaci includono termini specifici: percentuali, euro, nomi di prodotti e cose simili. Per esempio, potete mostrare agli utenti come risparmiare € 10, aumentare i profitti del 25%, o acquistare qualcosa a € 19,99.

Inoltre, il vostro testo deve risolvere un problema o rispondere a una possibile domanda dell'utente. Cosa deve fare il consumatore e cosa fa il vostro prodotto? Questa è la soluzione da inserire nel corpo dell'annuncio.

Le pubblicità persuasive dicono al lettore come risparmiare soldi, come fare, imparare e migliorare qualcosa. Per farlo, dovete usare delle parole d'azione che invochino emozioni ed entusiasmo nei potenziali acquirenti. Ecco alcune di queste parole:

- affare
- *bonus*
- dritte
- economico
- gratuito
- impara
- migliora
- risparmia
- saldi
- scopri
- speciale (offerta)
- tempo limitato (saldi o offerte)
- trucchi

Poiché avete a disposizione soltanto due brevi righe, non avete spazio a sufficienza per descrivere le caratteristiche del prodotto. Dovreste quindi concentrarvi sui vantaggi, ovvero comunicare in che modo il cliente beneficerà dall'acquisto di ciò che vendete. Se proponete un ritrovato per perdere peso, non parlate dei suoi componenti esclusivi; dite ai visitatori che "perderanno peso velocemente". Dite al lettore che quel ritrovato è lì per lui.
Dovete anche far risaltare il vostro prodotto rispetto alla concorrenza. A tal fine, dichiarate apertamente la vostra speciale proposta di vendita, quel qualcosa che vi contraddistingue. Cosa rende il vostro prodotto migliore o diverso da tutti gli altri? Dovrebbe essere espresso chiaramente nel vostro testo.

Includere una call to action

La maggior parte degli annunci di testo offre un collegamento al sito web di chi li pubblicizza, perché si suppone che i potenziali clienti compiano un'azione. Non stiamo parlando delle generiche immagini pubblicitarie; gli annunci di testo dovrebbero portare a un'azione specifica, che voi dovete stimolare.
A tal fine, il vostro testo pubblicitario dovrebbe includere una call to action forte. Dovete chiedere ai clienti di fare qualcosa prima che decidano di non fare nulla. Quali sono le call to action efficaci? Eccovi alcuni esempi.

- Acquista ora
- Chiedi un preventivo
- Inizia subito
- Iscriviti
- Leggi la nostra brochure
- Ordina subito
- Per saperne di più

- Richiedi maggiori informazioni
- Scarica la versione di prova
- Vieni a trovarci oggi stesso
- Visita il nostro sito

Fate caso a cosa *non* è incluso in questo elenco: la frase "Clicca qui". Sono molti i motivi per cui chiedere a qualcuno di fare clic su un annuncio non è una buona call to action. Prima di tutto, è implicito in tutte le pubblicità PPC; in fin dei conti, il titolo è un collegamento ipertestuale. Secondo, non piace alla maggior parte dei network pubblicitari, e potrebbe minare la valutazione della qualità e il posizionamento dell'annuncio. Terzo, fare clic non è esattamente l'azione che volete far fare: volete che i visitatori leggano maggiori informazioni, facciano acquisti o cose simili. Concentratevi su questo.

Ricordate, volete che i consumatori facciano qualcosa di specifico, oltre a cliccare sull'annuncio, dovete dire esplicitamente cosa volete che facciano. Senza una call to action, il vostro annuncio sarà un semplice mucchietto di parole su una pagina web.

Includere parole chiave mirate

Il titolo e il testo descrittivo devono anche contenere una o più parole chiave. Chiunque stia cercando una data parola chiave sarà più incline a fare clic su un annuncio contenente quella parola rispetto a un altro annuncio che non la contiene.

Questo perché le persone cercano tra i risultati proprio le parole chiave usate per la loro ricerca. Se qualcuno digita "toboga", scorrerà rapidamente i risultati cercando la parola "toboga". È più probabile che faccia clic su un annuncio che contiene quella parola rispetto a un altro che non la contiene; perché si presuppone che se nel titolo o nel corpo di un annuncio c'è la parola "toboga", quest'ultimo sia pertinente con la sua ricerca.

Includere le parole chiave nel titolo non farà sì che l'annuncio sia mostrato più spesso, ma contribuirà a far aumentare i clic. E questo non è male.

Scrivere testi efficaci

È importante ricordare i limiti di caratteri imposti per la maggior parte degli annunci di testo e cercare di rispettarli. Non c'è spazio per le chiacchiere inutili; e potrebbe anche non esserci spazio per frasi complete e grammaticalmente strutturate. Dovete scrivere testi brevi, che vadano dritti al punto.

Non c'è spazio per parole e caratteri inutili. È invece concesso usare caratteri che permettono di risparmiare spazio, come % invece di "percento". Potete anche usare abbreviazioni e acronimi di uso comune.
Lo scopo consiste nel creare un messaggio coinvolgente che occupi meno spazio possibile. Ma a questo punto lo sappiamo bene, vero?

Inserire l'URL giusto

L'ultima riga della maggior parte degli annunci di testo è un URL. Come le altre righe, anche quella dell'URL ha una lunghezza massima.
Questa limitazione impedisce di linkare a una data pagina o a delle directory specifiche del sito; c'è spazio solo per l'URL dell'home page, niente di più. Per esempio, potreste voler collegare a una specifica pagina, così:

www.molehillgroup/books/webwordsthatwork.html

Forse non ci sarà abbastanza spazio per mostrare tutto il percorso e il nome della pagina. Quindi, dovreste indicare soltanto l'URL dell'home page del sito, così:

www.molehillgroup.com

Suggerimento

Se il nome del vostro dominio è esageratamente lungo, potrebbe essere composto da troppi caratteri. In questo caso, dovreste pensare a un'alternativa, magari a un dominio più breve.

Ma è a questo punto che le cose si fanno interessanti. Anche se *mostrate* l'URL dell'home page (come anchor text), il relativo link deve portare a una pagina specifica del vostro sito. Ovvero, i lettori vedono solo l'URL mostrato, non l'effettivo URL di destinazione. Quindi potreste mostrare www.molehillgroup.com linkando però alla pagina specifica di un prodotto. Quando gli utenti cliccano sull'URL breve, vengono portati alla pagina di destinazione specificata.

Suggerimento

Alcuni potrebbero chiedersi se sia possibile usare degli abbreviatori di URL, come bit.ly, per ridurre la lunghezza degli URL negli annunci. Ve lo sconsiglio. Prima di tutto, l'URL che mostrate deve essere memorizzabile, non il testo insensato prodotto da un abbreviatore. Secondo, non avete bisogno di accorciare il vostro URL perché non ci sono affatto (o ci sono poche) restrizioni. In parole povere, gli abbreviatori di URL non sono necessari per gli annunci di testo; usateli magari per i tweet.

Senza dimenticare la pagina di destinazione

Nel capitolo precedente, abbiamo parlato delle pagine di destinazione per le email promozionali. Come dicevamo, se inserite un link in un'email perché volete che il lettore compri il vostro prodotto, dovete linkare alla pagina di destinazione sul vostro sito web dedicata all'acquisto.

La stessa cosa vale per la pubblicità online. Ogni annuncio online deve collegare a una pagina di destinazione che dovrebbe costituire un'opportunità di vendita.

Il collegamento tra l'annuncio e la pagina di destinazione è estremamente importante. Significa che la pagina di destinazione deve illustrare il prodotto o servizio promosso nella pubblicità. Non altri prodotti o servizi; non dovete confondere l'utente. Ricordate, i potenziali clienti cliccano sul vostro annuncio per ottenere maggiori informazioni sull'argomento trattato nell'annuncio. Si aspettano quindi di accedere a una pagina che potrebbe definirsi la continuazione logica della pubblicità.

Per questo motivo, la pagina di destinazione deve essere coerente con l'annuncio, in termini sia di contenuto sia di presentazione. Dovete quindi usare la stessa terminologia e lo stesso stile di scrittura dell'annuncio; dovete parlare dello stesso prodotto nello stesso modo.

Ecco perché consiglio sempre di far scrivere alla stessa persona sia l'annuncio pubblicitario sia la pagina di destinazione. Deve essere un'esperienza olistica; l'annuncio e la pagina di destinazione devono parlare la stessa lingua (lo so, significa più lavoro per voi, ma ne vale la pena).

17

Scrivere comunicati stampa online

Spostiamo ora la nostra attenzione sulle pubbliche relazioni (PR), che online sono molto diverse dalle PR sugli altri media. E lo sono talmente tanto che probabilmente le competenze che avete nella scrittura di comunicati stampa per i canali di comunicazione tradizionali non saranno sufficienti.

I comunicati stampa online sono infatti più simili ai testi di email e pagine web. State scrivendo per un pubblico completamente diverso da quello dei media tradizionali, e con un intento differente. Se avete una grande esperienza nelle PR, per voi sarà come imparare di nuovo a camminare.

Quali sono le differenze tra PR online e PR tradizionali

Le PR si basano sulla capacità di influenzare le persone e generare il famoso passaparola. Ma nel caso delle PR online, chi dovreste influenzare e come?

Le PR della vecchia scuola mirano a influenzare i media tradizionali: quotidiani, riviste, radio e televisione. Anche le PR online devono influenzare queste "autorità", ma devono anche mirare a un pubblico molto più ampio, tra cui Google e gli altri motori di ricerca.

Influenzare le persone influenti

Prima di tutto dovete influenzare le persone influenti *online*, che sono un po' diverse da quelle dei media tradizionali. Tra queste troviamo:

- scrittori, editorialisti e critici professionisti di siti web commerciali;
- blogger personali e professionali;
- profili Twitter e Facebook con molti follower fedeli;
- famosi collaboratori amatoriali di siti di recensioni e condivisione.

Di queste figure influenti, soltanto i primi - scrittori, editorialisti e critici - sono simili ai media cui mirate tradizionalmente. Gli altri sono probabilmente professionisti non remunerati; la maggior parte non ha neanche studiato giornalismo. Infatti, moltissimi fanno ciò che fanno per puro piacere e non per lavoro. Per questo i vostri comunicati stampa dovrebbero avere un piglio differente, come potete facilmente immaginare.

Influenzare il pubblico generico

Un'altra cosa da considerare, ancora più importante, è che il prodotto delle vostre PR online viene spesso visto direttamente dai consumatori. Ovvero, i vostri comunicati stampa vagano nell'etere e finiscono per essere riproposti su quel dato sito web o quell'altro blog esattamente come li avete scritti. Un comunicato stampa ripostato può generare un gran numero di visualizzazioni e portare tanto traffico al vostro sito; quindi, quando scrivete comunicati stampa online dovete tenere sempre a mente il consumatore. Non potete contare sul fatto che i media vi facciano da filtro.

Influenzare Google

È anche probabile che i vostri comunicati stampa finiscano tra i risultati delle ricerche inerenti all'argomento che trattate. Se qualcuno cerca "aspirapolvere" su Google, vedrà anche il vostro comunicato sulla nuova linea di aspirapolvere che presentate. Si tratta di ulteriore visibilità che si protrae nel tempo, perché i comunicati possono apparire nei risultati di ricerca anche anni dopo l'originale pubblicazione.

Interattività e responsabilità

Un'altra grande differenza tra le PR tradizionali e le PR online è costituita dalle conversazioni "interattive" che si sviluppano sul Web. Laddove le PR tradizionali sono prevalentemente a senso unico, in quanto il comunicato stampa viene pubblicato e finisce lì, le PR online sono a doppio senso. Questo perché gran parte dei comunicati stampa sono mirati ai consumatori, incoraggiandoli a contattarvi direttamente.

È proprio questa comunicazione a doppio senso che accresce il valore delle PR online. Un'attività di PR online di successo dà come risultato più di un semplice spazio in una pubblicazione importante: porta traffico al sito e vendite concretamente misurabili.

Notate il termine "misurabili" nel precedente paragrafo. È un'altra novità delle PR online. Tradizionalmente, non potevate valutare concretamente gli effetti delle attività di PR; potevate tenere traccia solo degli articoli che citavano la vostra azienda o il vostro prodotto.

Online, potete fare di più, ovvero misurare l'efficacia di ciascun posizionamento. È facile tenere traccia dei clic al vostro sito, ed è facile sapere da dove provengono questi clic. Potete quindi misurare, con relativa semplicità, quale attività di PR ha prodotto i risultati migliori.

Questa tracciabilità comporta diversi vantaggi. Naturalmente, permette alle aziende di stabilire quali attività di PR funzionano e quali no, e di adattare di conseguenza i propri sforzi. Ma in questo modo le aziende possono anche avere un'idea dell'effettivo valore dei propri addetti stampa, in base alle vendite! Forse per la prima volta, i professionisti delle PR si trovano a ricoprire una certa responsabilità tangibile; per alcuni, e per voi, potrebbe essere un po' preoccupante.

Scrivere per i consumatori

Cosa comporta la scrittura di comunicati stampa online? È come scrivere qualsiasi tradizionale comunicato stampa, ma con una leggera variante.

Puntare sui vantaggi, non sulle funzioni

Come abbiamo visto, i comunicati stampa online sono diversi da quelli per i media tradizionali, principalmente perché il pubblico di riferimento è differente. I comunicati stampa tradizionali sono mirati a editori e giornalisti, nella speranza di invogliarli a scrivere un articolo basato sul contenuto del comunicato. Al contrario, i comunicati stampa online si rivolgono direttamente all'utente finale, non a un intermediario; i siti web, i blog e le pubblicazioni online linkeranno al vostro comunicato stampa, che sarà quindi letto dai potenziali clienti esattamente come lo avete scritto voi.

Potreste pensare che non c'è poi questa grande differenza. I giornalisti e i clienti leggono entrambi in italiano, e in entrambi i casi scrivete in merito al nuovo prodotto, all'iniziativa promozionale o a qualsiasi altra cosa. Ma il messaggio che trasmettete, e il modo in cui lo trasmettete, è leggermente diverso. Quando mirate all'utente finale dovete dirgli esattamente quali vantaggi trarrà dal nuovo prodotto o dall'iniziativa. Non si tratta, quindi, di parlare delle caratteristiche del prodotto, quanto di illustrare i benefici per l'utente.

Ciò non cambia comunque la natura di base dei comunicati stampa. Anche se ci si rivolge direttamente al consumatore, i comunicati stampa non sono pubblicità né solleciti diretti. Sono più che altro racconti di novità, annunci di qualcosa di importante. Nel caso dei comunicati stampa online, quel qualcosa deve essere importante per i potenziali clienti, che lo scopriranno leggendo i vostri comunicati stampa, proprio come leggerebbero un articolo.

Per concludere, il vostro comunicato stampa deve fare molto più che annunciare un nuovo prodotto o un'iniziativa. Deve dire ai potenziali clienti quali sarebbero i vantaggi per loro. La novità che presentate deve essere sia interessante sia utile per il pubblico, altrimenti non sarà letta.

Avvertimento

Per via di questo orientamento al consumatore, non potete semplicemente pubblicare online i vostri precedenti comunicati stampa e aspettarvi che siano efficaci. Dovrete riscrivere qualsiasi comunicato preesistente appositamente per la pubblicazione online, tenendo bene a mente il consumatore.

Parlare direttamente al pubblico

Dovete comunicare la vostra informazione importante parlando direttamente al pubblico generico o al consumatore, non all'editore, al critico o a qualsiasi altra persona interposta. Poiché è molto probabile che i vostri comunicati stampa saranno postati sul Web esattamente come li avete scritti, nessuno scrittore o giornalista filtrerà e riscriverà il contenuto adattandolo all'utente finale. Il pubblico leggerà il comunicato stampa così com'è, quindi dovete modificare il vostro stile di scrittura rivolgendovi direttamente al lettore finale.

Tuttavia, non significa che dovete cambiare il vostro approccio di scrittura. I comunicati stampa online, come quelli tradizionali e come le notizie, sono scritti in terza persona. Non dite "noi" e "nostro" (prima persona plurale), e nemmeno "tu" e "tuo" (seconda persona singolare). State comunque scrivendo per la vostra azienda dalla prospettiva di una terza persona, per mantenere un po' di distanza editoriale tra il comunicato stampa e l'azienda. Questo approccio conferisce un minimo di autorevolezza alla storia raccontata.

Ciò che cambia è il succo del contenuto. Invece di annunciare semplicemente *qualcosa*, il racconto illustra come quel qualcosa influirà positivamente sul lettore. I vantaggi devono prendere il posto delle caratteristiche.

Per esempio, invece di scrivere:

Miles Laboratories inaugura la sua nuova sede nell'Hamfordshire

dovete puntare sul vantaggio per il lettore, così:

La nuova sede di Miles Laboratories nell'Hamfordshire creerà 300 nuovi posti di lavoro.

Oppure, nel caso di una comunicazione più orientata al prodotto, invece di scrivere:

ShamPow annuncia il nuovo sgrassante SuperX

riscrivete il comunicato stampa in modo che sia focalizzato sui benefici che il prodotto apporterebbe ai potenziali consumatori:

Il nuovo sgrassante SuperX di ShamPow rimuove il 50% di grasso in cucina.

Suggerimento

Dovreste usare un linguaggio familiare ai vostri lettori di riferimento, e non quello dei giornalisti o degli scrittori del settore.

Poiché state parlando direttamente a un pubblico generico, i contenuti dovranno essere concisi e in un certo senso brillanti. Ricordate, il vostro comunicato stampa deve competere con altri contenuti online (sotto forma di articoli, post di blog, social media e simili), quindi accertatevi che catturi l'attenzione del lettore, e che non la perda dilungandosi troppo.

Suggerimento

I comunicati stampa, online o su altri media, dovrebbero annunciare qualcosa che sia degno di essere presentato come novità. In caso contrario, fareste solo la figura di chi grida "al lupo, al lupo". Individuate un evento significativo (cioè che possa interessare a un pubblico generico o ai vostri lettori di riferimento) e costruite il comunicato stampa intorno a questo evento. Non impoverite l'impatto delle vostre attività di PR rilasciando comunicati stampa senza un valido motivo.

Attenzione a grammatica e punteggiatura

Diversamente da altre forme di scrittura online (mi riferisco proprio a te, Twitter), i comunicati stampa per il Web richiedono un uso corretto di grammatica e punteggiatura. Si tratta di comunicazioni aziendali ufficiali e, pertanto, devono riflettere l'immagine dell'azienda stessa. Un comunicato stampa scritto in modo scialbo potrebbe portare il lettore a farsi un'idea poco lusinghiera dell'azienda e, quindi, a evitare i suoi prodotti e servizi.

Dovete perciò seguire tutte le regole di grammatica e punteggiatura. Evitate le frasi a metà e usate meno forme contratte possibile; state lontani dai termini settoriali e dagli acronimi; e non abbreviate le parole che non devono essere abbreviate. Usate uno stile abbastanza formale (bando alle opinioni personali) e mettete tutti i segni di interpunzione al posto giusto. Si consiglia anche di fare un'attenta revisione.

Includere tutte le informazioni necessarie

Molti comunicati stampa tradizionali sono in un certo senso leggeri nei confronti dell'argomento che propongono. L'intento è fare in modo che qualcuno – un critico, un giornalista o un editore – scelga il comunicato e ne scriva una storia. A quel punto, il critico/giornalista/editore contatterà l'addetto stampa per chiedere tutte le informazioni necessarie.

Con i comunicati stampa online, non esiste questo passaggio, tanto meno una rielaborazione del testo. I comunicati stampa online arrivano direttamente al consumatore, e sicuramente non vorrete che un'orda di aspiranti consumatori sommerga di domande il vostro unico assistente. Dovete quindi includere tutte le informazioni necessarie nel corpo del comunicato stampa.

Sono le stesse informazioni che inserireste nel post di un blog, in un articolo o nella pagina di prodotto del vostro sito web. Date ai clienti tutto ciò di cui hanno bisogno per decidere di acquistare. Se non riuscite a far stare tutto nel comunicato stampa, inserite un link a informazioni aggiuntive sul vostro sito web.

Includere una call to action

Tenendo a mente i consumatori, dovete includere anche qui una forte call to action. Ecco un'altra differenza rispetto ai comunicati stampa tradizionali, che sono più informativi che direttamente promozionali. Ripeto, entrate nell'ottica della pubblicità e della risposta diretta, e sarete sulla strada giusta.

Poiché i comunicati stampa online saranno probabilmente letti dai potenziali clienti così come sono, vorrete che quei lettori facciano clic per andare al vostro sito web per maggiori informazioni o per acquistare. Dovete quindi chiedere loro di farlo con una call to action. Ricordate, dovete dire ai lettori cosa volete che facciano; non dovete dare per scontato che lo facciano.

Includere informazioni di contatto per i consumatori

Visto che il pubblico dei comunicati stampa online è diverso, dovete indicare informazioni di contatto diversi da quelli che inserireste nei tradizionali comunicati. *Non* deve esserci il classico numero dell'ufficio PR, perché non vorrete che il pubblico generico chiami i vostri addetti stampa ultraimpegnati; e non sarebbe utile neanche per gli utenti. Accertatevi di includere informazioni di contatto *ad hoc* per i consumatori, così da convertire velocemente i contatti in clienti.

Quale URL dovreste inserire nei comunicati stampa? Sebbene dobbiate citare da qualche parte l'indirizzo dell'home page del sito web, sarebbe meglio linkare direttamente alla pagina di destinazione. Il passaggio dal comunicato stampa al sito web deve essere senza interruzione di continuità, e dove poter essere tracciabile.

Se usate un solo URL, sarà più facile per gli addetti alle analisi web determinare quanto traffico al vostro sito è stato generato dal comunicato stampa, nonché i risultati in termini di vendita. È quella responsabilità di cui parlavamo prima; se fate bene il vostro lavoro, vedrete quanto influisce concretamente sulle vendite.

Questione di formato

Solitamente, i comunicati stampa tradizionali, come quello in Figura 17.1, sembrano fatti con lo stampino. Nome dell'azienda, indirizzo e informazioni di contatto in alto, seguiti dalla dicitura **COMUNICATO STAMPA** (esatto, tutto in maiuscolo) e la data. C'è poi il titolo e, a seguire, vari paragrafi di testo, tutti scritti nell'autorevole terza persona. Il paragrafo conclusivo contiene informazioni di base sull'azienda. Fa tutto parte di un altro mondo, che non sono sicuro esista ancora.

Contact:
Susanna Reed
Public Relations Manager
MyCo International
120 New Salvation Blvd.
Minneapolis, MN 55413
612-555-5555
sreed@myco.com

FOR IMMEDIATE RELEASE
December 5, 2012

Kelvin-Ready Technology Breaks Through Traditional Barriers To Accomplish A Wide Range Of Common Test Objectives

Minneapolis, MN – MyCo International Corporation, a global leader of Test Contactor solutions and services for the semiconductor industry, is pleased to announce the rebranding of its configurable FRYDO™ Test Contactor to better articulate the product's growing use for accomplishing more traditional test objectives.

Since first introduced in 2009, this Test Contactor has provided test engineers with unprecedented test objective versatility for their pad and leaded devices. When populated with only force contacts, it has all the high performance features of the industry-leading, standard FRYDO™ 200.

"This is the same, superior, flexible, configurable Contactor our customers have come to rely on," says Product Manager Fritz Zelig. "Only the name has changed to communicate what sets it apart from traditional Kelvin technologies. It's the one Contactor that quickly, easily, and efficiently configures for a variety of test scenarios."

MyCo International is the leading manufacturer of Test Contactors solutions and services for the global semiconductor industry including RF/Microwave and Precision Analog applications. MyCo is headquartered in Minneapolis, Minnesota with worldwide sales and support offices in California, Japan, Singapore and the Philippines. For more information, visit www.myco.com.

###

Figura 17.1 Un comunicato stampa tradizionale, su carta stampata.

Quando scrivete un comunicato stampa per il Web, buttate questo formato tradizionale nel cestino digitale. Avete bisogno di qualcosa di fresco, che abbia un aspetto più allettante e che sia più adatto all'utente finale. Ecco cosa dovete fare:

- iniziare con il titolo, non con le informazioni di contatto;
- passare poi al corpo del comunicato, ma organizzandolo in piccole sezioni; ogni sezione dovrebbe essere preceduta da un proprio titolo o sottotitolo;
- alla fine del corpo, inserire una call to action, qualcosa tipo **Per maggiori informazioni...** o **Per ordinare la tua copia...**, seguita dal link a una pagina di destinazione e/o un numero verde;
- se necessario, inserire un breve paragrafo sulla storia dell'azienda dopo la call to action;
- in fondo al comunicato stampa, includere un breve paragrafo (basta anche una frase) del tipo **Per informazioni per la stampa, contatta...** seguito da un link a un indirizzo email del contatto stampa dell'azienda.

La Figura 17.2 mostra quale aspetto dovrebbe avere un comunicato stampa online. Naturalmente, si tratta di creare un documento HTML, magari in formato Word, con la giusta formattazione per renderlo carino. Potete anche aggiungere delle immagini, se il caso lo richiede.

New Solutions from ReefCo Make It Easy for Aquarists to Set Up Successful Reef Aquariums

GRAND FORK, CO— ReefCo, the leading supplier of chemical solutions for saltwater aquariums, announces a new line of chemical additives designed to simplify the setup process for new tanks. Aquarium owners will appreciate how quickly new tank setup becomes with the use of this new line of ReefCo products.

Saltwater Aquariums Can Be Challenging

When it comes to setting up reef aquariums, water quality matters. It's sometimes difficult for home aquarium enthusiasts to set up new reef tanks, given the delicate balance of pH, alkalinity, nitrates, nitrites, ammonia, and other chemicals. It can take weeks for a typical tank to cycle through the nitrogen cycle and build up the right levels of various kinds of bacteria.

ReefCo Simplifies the Setup Process

The saltwater aquarium setup process can be simplified through the careful application of stabilizing agents. ReefCo's biochemists have devised a series of chemical additives that stabilize a new tank's chemical conditions and eliminate the need for nitrogen cycling. The result is a ready-to-use aquarium just minutes after filling a new tank with water.

Four TankUp! Additives Prepare New Saltwater Tanks

ReefCo's TankUp line of chemical additives includes four unique products, each responsible for managing a specific chemical element in a new saltwater tank. These products include:

- pH Up!
- AlkaRight
- Nitrate Up!
- AmmoNo

"By providing the ability to stabilize a tank on day one, the TankUp line will bring more casual aquarists into the hobby," says ReefCo president Hal Myers. "We believe this is an industry-changing development."

Available at All Local Fish Stores

ReefCo's new TankUp! line of tank additives will be available at all local fish stores, as well as major pet supply chains such as PetSmart and Petco.

For More Information

Additional information is available on ReefCo's website, located at www.reefco.com.

About ReefCo

ReefCo (www.reefco.com) is a leading supplier of additives and accessories to the aquarium industry. The company was founded in 2006 and is headquartered in Utah. For media inquiries, contact Cindy Goldstone, 801-555-5555, cindy@reefco.com

Figura 17.2 Un comunicato stampa online, formattato per la pubblicazione sul Web.

Scrivere per i motori di ricerca

Come detto, il pubblico dei vostri comunicati stampa online è la vostra base clienti, non la stampa. Ma non solo; dovete considerare anche Google e gli altri principali motori di ricerca.

Affinché i motori di ricerca includano i vostri comunicati stampa nei risultati (che è uno dei vostri scopi), devono essere in grado di *trovarli*. Esatto, dovete implementare le tecniche di base dell'ottimizzazione per i motori di ricerca (SEO) per ogni comunicato stampa che scrivete.

La SEO per i comunicati stampa implica la scelta accurata delle parole chiave che volete usare, e l'integrazione delle stesse nel testo che scrivete. Le parole chiave più importanti dovrebbero finire nel titolo, mentre tutte le parole chiave devono essere inserite nel corpo del comunicato.

Nota

Google e gli altri motori di ricerca trattano i comunicati stampa online come gli articoli, ragion per cui la SEO è molto importante anche per questo tipo di scrittura.

Dovete fare in modo che qualsiasi termine cercato dagli utenti venga trovato nel corpo del vostro comunicato stampa. Se vendete piccoli elettrodomestici per la cucina e i vostri potenziali clienti cercano "tostapane" e "frullatore", questi sono i termini che dovreste includere nel vostro testo. Non importa se la vostra azienda ha lanciato una "nuova linea di elettrodomestici per la cucina" che include ciò che cercano gli utenti (come annuncerebbe un comunicato della vecchia scuola); dovete invece scrivere: **ApplianceCo presenta nuovi innovativi tostapane e frullatori**. Scrivete le parole che i potenziali clienti cercherebbero. Non significa che dovete sacrificare lo stile e la sostanza del contenuto a favore delle parole chiave. Il pubblico principale dei vostri comunicati stampa sono gli esseri umani, non Google, quindi accertatevi di rivolgervi a loro. Prima di tutto, fate in modo che il messaggio arrivi forte e chiaro e poi potrete ottimizzare il comunicato anche per le ricerche online.

18

Scrivere file di aiuto e domande frequenti online

Se la vostra azienda od organizzazione offre prodotti e servizi agli utenti finali, è molto probabile che questi consumatori avranno delle domande da porre. Potrebbero anche riscontrare dei problemi. E qualcuno deve rispondere a queste domande e risolvere questi problemi.

Indovinate un po'... quel qualcuno siete voi.

Niente panico: non sarete trasferiti al servizio clienti. Semplicemente, dovrete scrivere dei file di aiuto che includano risposte a domande sui servizi offerti solitamente presso il centro assistenza, mostrando ai clienti come installare dei widget sui loro dispositivi o accompagnandoli nella complessa procedura di assemblaggio di parti hardware. Tutti hanno bisogno di un po' di aiuto e voi potete fornirglielo.

Qual è lo scopo dell'aiuto online

Scrivere un file di aiuto online non è semplice. Dovete cercare di indovinare quali domande o problemi potrebbero presentarsi, quindi rispondere di conseguenza, in modo comprensibile e facile da seguire. Se fate bene il vostro lavoro, avrete clienti soddisfatti (e ridurrete i costi del servizio clienti); in caso contrario, gli utenti avranno ancora più domande da porvi.

Sono molti i motivi per cui un'azienda o un'organizzazione dovrebbero fornire aiuto online ai propri clienti. Certo, si tratta di aiutare gli utenti, ma c'è molto altro dietro. Considerate che l'aiuto online dovrebbe:

- rispondere alle domande dei clienti, sia prima sia dopo l'acquisto;
- mostrare agli utenti come installare, impostare e usare i prodotti/servizi acquistati;
- ridurre il costo del tradizionale supporto tecnico e del servizio clienti; se gli utenti trovano online le risposte che cercano, non dovranno chiamare l'assistenza e parlare con qualcuno sul vostro libro paga;
- fornire informazioni di pre-acquisto a potenziali clienti che vogliono sapere come funziona una data cosa;
- migliorare l'immagine dell'azienda mostrando quanto siete d'aiuto.

Il vostro scopo consiste, quindi, nel rispondere a un numero sufficiente di domande e nel fornire abbastanza soluzioni da aiutare un campione significativo di clienti attuali e futuri, evitando nel contempo che questi utenti si rivolgano al servizio clienti in carne e ossa. Potete aiutare i clienti a ottenere risposte in modo facile e veloce, e ridurre i costi della vostra azienda, tutto in un colpo solo.

Conoscere il pubblico di riferimento (e i relativi problemi)

Il primo passo per scrivere documentazioni online efficaci è stabilire per chi state scrivendo. Dovete sapere chi usa i vostri prodotti o servizi, o meglio, chi sarà più incline a porre domande. Dovrete poi capire quali domande potrebbero rivolgervi e quali problemi potrebbero avere. A questo punto saprete cosa scrivere nel vostro file d'aiuto.

Come si può sapere quale tipo di utente solitamente pone delle domande? Prima di tutto dovete parlare con il personale del servizio clienti: chiedete informazioni su chi li contatta e create una sorta di profilo del "chiamante" in termini di età, sesso, livello d'istruzione e cose simili. Dovreste porre anche le seguenti domande:

- Le persone che chiamano sono clienti attuali o potenziali?

- Da quanto tempo usano i vostri prodotti o servizi?
- Quali prodotti/servizi utilizzano?
- Come usano i prodotti/servizi e a quale scopo?
- Che tipo di domande pongono? Quali problemi riscontrano? (In altre parole, scoprite le domande più frequenti).
- Quanto sono dettagliate le risposte che vengono date? Di quale tipo di aiuto necessitano i clienti?

Se il personale del servizio clienti è in grado di fornirvi queste informazioni, fantastico! Altrimenti, dovete avventurarvi nel mondo reale e sporcarvi le mani. Parlate con qualche cliente e chiedetegli quali domande ha da porre e quali problemi ha riscontrato. Scoprite cosa capisce e cosa non capisce, cosa ritiene confuso e cosa trova utile.

Queste sono le basi delle ricerche di mercato, ma dalla prospettiva del cliente. Potete agire in modo formale, assumendo un'apposita agenzia che intervisti gli utenti, oppure potete andare a parlare personalmente con le persone. In entrambi in casi, dovete farvi un'idea chiara di chi leggerà i vostri file d'aiuto e perché. Se non sapete questo, non sapete neanche cosa scrivere. Tutto qui.

Pianificare e presentare i contenuti

Una volta scoperte le esigenze dei clienti, occorre iniziare a pianificare. Non a scrivere. Almeno, non ancora.

Ciò che vi serve è un dettagliato indice dei contenuti (TOC, Table of Contents). Nel TOC indicherete gli argomenti che dovete trattare e il grado di approfondimento.

Il TOC dovrà avere un senso logico: i passaggi da un argomento all'altro saranno fluidi e i lettori potranno individuare facilmente ciò che cercano. Ricordate, le persone che leggono il vostro file di aiuto vogliono trovare velocemente la soluzione al loro problema; vogliono sapere una cosa specifica e non leggere l'intero documento. Fate in modo che trovino facilmente la risposta o la soluzione che stanno cercando.

E come dovrebbe essere presentata l'informazione? I sistemi d'aiuto più efficaci sono quelli che presentano le informazioni sotto forma di brevi articoli in serie. Ovvero, ogni sezione del TOC – ogni problema o domanda – è in pratica un articolo di una pagina. Il problema o la domanda è il titolo della pagina, e la soluzione o la risposta è il corpo del testo. Naturalmente, dovreste includere qualsiasi elemento visivo aiuti a illustrare le risposte (la Figura 18.1 mostra una pagina di supporto di Apple; notate lo screenshot tra due passaggi).

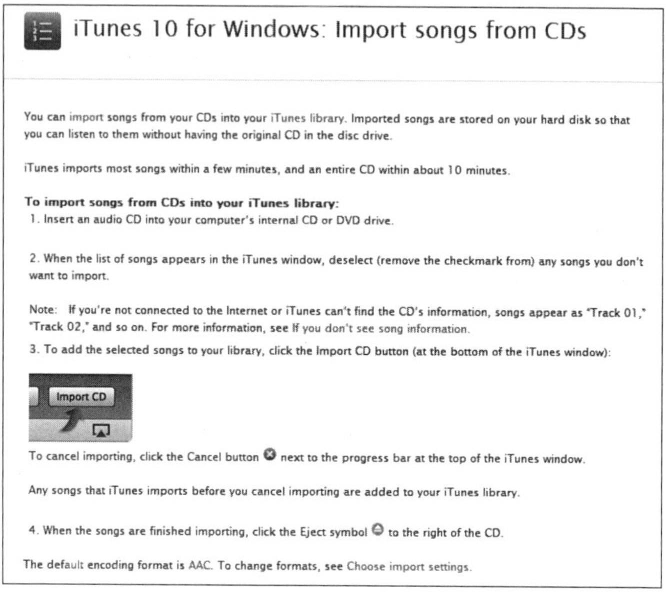

iTunes 10 for Windows: Import songs from CDs

You can import songs from your CDs into your iTunes library. Imported songs are stored on your hard disk so that you can listen to them without having the original CD in the disc drive.

iTunes imports most songs within a few minutes, and an entire CD within about 10 minutes.

To import songs from CDs into your iTunes library:

1. Insert an audio CD into your computer's internal CD or DVD drive.

2. When the list of songs appears in the iTunes window, deselect (remove the checkmark from) any songs you don't want to import.

Note: If you're not connected to the Internet or iTunes can't find the CD's information, songs appear as "Track 01," "Track 02," and so on. For more information, see If you don't see song information.

3. To add the selected songs to your library, click the Import CD button (at the bottom of the iTunes window):

Import CD

To cancel importing, click the Cancel button next to the progress bar at the top of the iTunes window.

Any songs that iTunes imports before you cancel importing are added to your iTunes library.

4. When the songs are finished importing, click the Eject symbol to the right of the CD.

The default encoding format is AAC. To change formats, see Choose import settings.

Figura 18.1 Una tipica pagina di aiuto di Apple relativa a un problema legato a iTunes.

Quando scrivete un file d'aiuto, siate più concisi possibile. Come con la maggior parte dei contenuti online, dovete usare paragrafi brevi, frasi brevi e parole brevi. Non confondete ulteriormente il lettore con tecnicismi; spiegate tutto in italiano semplice. Dovreste anche usare la forma attiva ed essere più diretti possibile nelle spiegazioni e nelle istruzioni.

Il vostro scopo è aiutare i clienti, non confonderli. Ricordatelo.

Pensare come il cliente

Il vostro documento d'aiuto dovrebbe includere le risposte alle domande frequenti dei clienti. Probabilmente non sarete in grado di anticipare tutti i loro problemi, ma dovreste sapere quali problemi si verificano più spesso.

Queste soluzioni dovrebbero essere mostrate in modo chiaro: devono essere all'inizio del TOC e facili da trovare facendo una ricerca. Dovete quindi pensare in termini di parole chiave.

Nota

La maggior parte degli utenti effettuerà una ricerca nel file d'aiuto, invece di scorrerlo tutto. I clienti stanno cercando una soluzione, non stanno leggendo per puro piacere.

La cosa importante è considerare un dato problema o una domanda nel modo in cui lo farebbero gli utenti, non come farebbero i dipendenti dell'azienda per cui scrivete. Quindi, dovete usare la stessa terminologia che usano i clienti e non i tecnicismi che usate tra le mura aziendali. Nessuno vi porrà una domanda sulla regolazione della temperatura del colore AccuTint; vi chiederà semplicemente come regolare il colore. Lasciate perdere il tono formale e i marchi registrati; siate informali e generici nelle descrizioni.

A questo proposito, non date per scontato che i clienti sappiano tutto ciò che c'è da sapere, che *dovrebbero* sapere o che volete che sappiano su un dato prodotto o servizio. Partite dal presupposto opposto: non sanno niente. Guardate i prodotti e i servizi con gli occhi di un neofita; iniziate dall'inizio, o anche prima, e preparatevi a dover fare i maestrini e a insegnare molto.

Mostrare ai lettori come fare qualcosa

Restando in tema di insegnamento, molti file di aiuto online implicano istruzioni passo passo. Se qualcuno non riesce a svolgere un dato compito, dovete mostrargli come farlo.

Occorrerà quindi usare una serie di passaggi numerati, talvolta terribilmente dettagliati. Ripeto, non potete presupporre che i clienti conoscano tutte le procedure corrette che voi e chiunque altro in azienda date per scontate. Dovete accompagnare i clienti mano nella mano dal punto A al punto B, preferibilmente usando anche delle illustrazioni.

Ancora meglio, potreste automatizzare alcune di queste procedure. Invece di mostrare come fare qualcosa, fatelo voi per loro. Microsoft lo fa molto spesso, usando risolutori di problemi basati su Web che aprono le caselle di dialogo appropriate per correggere problemi specifici. Potrebbe non essere pratico per il vostro tipo di azienda, ma è indubbio: più rendete le cose semplici ai clienti, più sarete d'aiuto.

Ricordate, lo scopo principale del vostro aiuto online non è insegnare ai clienti tutto su un dato prodotto o una procedura, ma fare in modo che siano subito operativi, il più velocemente e facilmente possibile. Non devono diventare esperti del prodotto: devono semplicemente iniziare a usarlo.

Rispondere alle domande frequenti

Passiamo ora a una sezione specifica dell'aiuto online: l'elenco delle domande frequenti, dette anche FAQ (Frequently Asked Questions). Quando hanno un problema, molti utenti vanno direttamente a questa sezione del sito dell'azienda, aspettandosi che qualcun altro abbia avuto lo stesso problema o abbia posto la stessa domanda, in questo caso la soluzione esiste già ed è facilmente reperibile nell'elenco delle domande frequenti.

Le domande frequenti dovrebbero aiutare a risolvere i problemi più comuni relativamente al vostro prodotto o servizio, quindi possono aiutare moltissime persone che potrebbero aver avuto lo stesso problema.

Suggerimento

Come si crea un elenco di domande frequenti? Ponendo domande al personale del servizio clienti. Potete anche esaminare le statistiche web relative alle pagine più visitate della sezione di aiuto sul vostro sito.

Classificare e stabilire le priorità

Uno dei vantaggi principali per gli utenti della consultazione della pagina delle FAQ è la possibilità di trovare velocemente risposte alle domande più comuni. Affinché ciò sia possibile, dovete fare in modo che queste domande siano facili da trovare.

Un approccio consiste nel mettere all'inizio le domande poste più di frequente, ovvero stabilire delle priorità in base alla popolarità o alla necessità. Rispondete prima alla domanda posta più spesso, poi alla seconda, alla terza e così via. Con questo approccio riuscirete a dare una soluzione a tutti i problemi abbastanza facilmente.

Cosa fare invece con le domande meno comuni? Un approccio alternativo consiste nel classificare le domande (e le risposte, ovviamente) nella pagina delle FAQ. Raggruppate tutte le domande relative allo stesso argomento e rendete semplice per i clienti cercare le domande dello stesso ambito.

La Figura 18.2 mostra un'efficace pagina di FAQ di Southwest Airlines. Notate che la pagina non è titolata "FAQ", ma "Questions We Hear the Most".[12] Le risposte sono brevi e semplici e, se servono ulteriori informazioni, c'è un link da cliccare. Impossibile essere più diretti di così.

Suggerimento

Poiché le FAQ possono essere tantissime, potreste mostrare ai lettori soltanto le domande, senza includere le risposte. Per leggere la risposta, il cliente non deve far altro che cliccare sulla domanda per espandere la sezione.

12. Domande che ci vengono poste più spesso. [N.d.T.]

Non tutte le domande sono FAQ

Uno degli aspetti positivi dell'elenco delle FAQ è che contiene solo le domande più *frequenti*, non qualsiasi domanda possibile. Si accede a questa pagina per trovare le risposte alle domande più comuni, e per trovarle velocemente.

Questa peculiarità dell'elenco delle FAQ si perde se si includono troppe domande. Se mettete una pletora di domande nella pagina delle FAQ, improvvisamente non sarà più tanto facile trovare la risposta necessaria.

Qual è il numero giusto di domande? Se una domanda non viene posta spesso, non dovrebbe essere inclusa. Non dovete elencare qualsiasi domanda possibile. Includete soltanto quelle che vi si presentano con noiosa regolarità. Lasciate fuori le domande che sentite solo ogni tanto.

Potreste finire per includere cinque o sei domande, una decina di domande o un centinaio di domande: dipende dalla natura dell'azienda, dai prodotti e dai servizi offerti. Semplicemente, accertatevi che l'elenco delle FAQ sia facilmente consultabile e che i clienti non debbano scorrere troppo per trovare la risposta di cui hanno bisogno. Non è importante il numero di domande, ma il numero di risposte che si possono dare.

Questions We Hear the Most

I have a child traveling on one of your flights as an Unaccompanied Minor. How does this process work?

Children ages five through 11 traveling without an accompanying Passenger age 12 or older must travel as an Unaccompanied Minor (UM), and there is a charge $50 each way ($100 roundtrip) in addition to the air fare per child. UMs may only travel on nonstop or direct (makes one or more stops but does not require a change of planes or flight number) flights. We will not transport UMs on flights that may be diverted or cancelled due to inclement weather or other operational abnormalities. In addition, there are certain procedures in place that UMs must follow before, during, and after their journey. Learn More

How many bags can I carry on, and do you charge for checked luggage?

Carryon items are limited to one (1) bag plus one (1) smaller, personal-type item. You're allowed two (2) checked pieces of baggage per ticket, with some size and weight limitations. We only charge for overweight and excess items. See all Baggage Info.

This 'no assigned seat' thing is new to me. How do I check in and board?

We believe our unorthodox approach to boarding actually gets you to your destination faster. Get the whole scoop on the airport experience.

I lost my itinerary for an upcoming trip. Where can I get a replacement copy?

If you have your confirmation number, you can retrieve it here. If you don't have your confirmation number, you can look it up with your credit card information.

How do I add my Rapid Rewards number to an existing reservation?

It's easy! Here's the form you need. Can't remember your account number? You can look it up.

Figura 18.2 La pagina delle FAQ di Southwest Airlines: sono letteralmente le domande che ricevono più spesso.

Dare risposte brevi

L'essere concisi è importante in tutti i materiali di supporto, tanto più nelle domande frequenti. Le domande devono essere brevi, così come devono essere brevi le risposte. Se riuscite a rispondere a una domanda in poche parole, fatelo. Non dovete fornire soluzioni approfondite, solo risposte veloci. La brevità ha un suo valore.

Suggerimento

Le domande frequenti e il file d'aiuto non sono statici. Dovete aggiornarli entrambi in base alle domande che ricevete di volta in volta e ai nuovi prodotti e servizi offerti. È difficile che possiate prevedere tutte le domande che i clienti potrebbero porvi, o i problemi che potrebbero riscontrare. Dovrete continuare ad arricchire le vostre risorse di supporto in base all'esperienza reale della vostra azienda.

Solo parte della soluzione

L'aiuto online e le domande frequenti dovrebbero essere solo una parte delle risorse di supporto per i clienti. Indipendentemente da quanto siete bravi a fare il vostro lavoro, ci sarà sempre una domanda e un problema che non avevate previsto quando avete iniziato a scrivere. Non potete risolvere qualsiasi problema immaginabile; i clienti porranno altre domande, oltre a quelle incluse nei vostri file d'aiuto.

Pertanto, la vostra azienda od organizzazione deve comunque avere un servizio clienti in carne e ossa. Potrebbe trattarsi di un gruppo di persone che lavorano su turni per offrire assistenza 24 ore su 24, sette giorni su sette, o di una sola persona che risponde alle domande soltanto durante l'orario d'ufficio. Indipendentemente dalla soluzione scelta dalla vostra azienda, dovete mettere a disposizione delle persone che parlino con i clienti, in caso di necessità.

Dovete anche fare in modo che le informazioni di contatto siano facilmente reperibili. È un'ottima idea inserire nella pagina dell'aiuto online il numero di telefono e l'indirizzo email del servizio clienti, oltre a un link a ulteriori risorse di supporto. Naturalmente, dovreste rispondere a più domande possibili online (è più comodo per gli utenti e più economico per l'azienda), ma accettate il fatto che di tanto in tanto sarà necessaria anche una voce umana.

19

Scrivere interfacce web

Spesso i copywriter vengono ingaggiati per stabilire quali parole dovrebbero essere associate agli elementi di navigazione dei siti web. Suona facile; basta mettere "Home" qui, "Indietro" lì e il gioco è fatto, giusto?

Non necessariamente. Una buona interfaccia web è fintamente semplice, perché creare qualcosa di semplice richiede molto lavoro. È anche molto più importante di quanto possiate pensare; il vostro lavoro sui termini dell'interfaccia potrebbe consistere nell'identificazione di poche parole, ma sono parole molto importanti. Scegliete le parole giuste e i visitatori del sito troveranno velocemente quello che cercano; scegliete le parole sbagliate e gli utenti si perderanno o, ancora peggio, si stuferanno e abbandoneranno il sito.

Qual è il modo migliore di approcciare il copywriting per l'interfaccia utente del vostro sito? Continuate a leggere e lo scoprirete.

Progettare la navigazione

Il primo passo per scrivere i testi da associare agli elementi di navigazione di un sito web consiste nel progettare la navigazione. Dopotutto, non potete scrivere delle parole se non sapete dove porteranno.

La chiave per una navigazione efficace consiste nel semplificare il più possibile la ricerca dei contenuti sul sito, creando uno schema di navigazione che abbia senso. Non potete semplicemente buttare lì i vari elementi sotto forma di elenco e aspettarvi che le persone trovino ciò di cui hanno bisogno.

Per esempio, se avete un sito aziendale, i potenziali clienti dovranno poter fare semplicemente clic per leggere maggiori informazioni. I clienti attuali devono avere a disposizione un link ai manuali utente e alle risorse del supporto. La stampa deve trovare facilmente foto e comunicati stampa necessari per scrivere dei vostri prodotti. E tutti, su qualsiasi sito, devono poter accedere velocemente alle informazioni di contatto, sotto forma di modulo web da compilare, indirizzi email da cliccare e numeri di telefono reali. Sembra tutto ovvio, ma non è sempre facile riuscirci.

Nota

Da umili copywriter, potreste non essere direttamente coinvolti nella progettazione della struttura del sito. Ci sta, ma potreste comunque avere qualche buona idea sulla base della conoscenza dei clienti della vostra azienda. Scoprite come lavorare con gli altri membri del team nel Capitolo 23, "Lavorare con il personale tecnico e i web designer".

Stabilire una gerarchia

Il modo migliore di iniziare è stabilire una sorta di gerarchia di facile comprensione, usando il modello di directory e sotto-directory (e perfino sotto-sotto-directory). Prendiamo per esempio un'azienda che produce macchine per giardino, come falciatrici, spalaneve e cose simili. Questa società usa il proprio sito web per presentare i prodotti, offrire documentazione, supporto, opzioni di servizio e invitare i visitatori a recarsi presso il rivenditore locale. C'è anche una sezione dedicata alla stampa, una per gli investitori e una classica pagina "Contattaci".

Il primo livello di organizzazione dovrebbe probabilmente consistere di queste aree generali. Pertanto, il menu principale del sito dovrebbe includere le seguenti opzioni:

- Prodotti;
- Documentazione e supporto;

- Servizio;
- Trova un rivenditore.

Le sezioni non dedicate ai clienti (Stampa, Investitori e Contattaci) non dovrebbero far parte del menu principale, ma essere consultabili cliccando su appositi link collocati in fondo all'home page.

Fin qui, nessun problema. Ma questa azienda offre svariati prodotti. Quindi, cliccando sulla voce "Prodotti" si dovrebbe andare alla pagina dedicata ai prodotti, con ulteriori link ai vari tipi di prodotti: falciatrici, spalaneve e così via. In questo modo, però, ci vogliono due clic per arrivare alla pagina dedicata a una linea specifica di prodotti, e poi almeno un altro clic per vedere un dato prodotto. I clienti non amano cliccare così tanto; sarebbe meglio avere dei link diretti o dei sotto-menu per arrivare più velocemente alle pagine dei singoli prodotti.

Il modo migliore per ottenere questo risultato è usare dei sotto-menu che si aprono cliccando sulle voci del menu principale, come quello mostrato in Figura 19.1. In questo esempio, tratto dal sito web di Best Buy, se si clicca sulla voce "Prodotti" del menu principale appare un sotto-menu con varie voci: "TV & Home Theater", "Audio & MP3", "Mobile Phones" e cose simili. Cliccando su una voce del sotto-menu si va direttamente alla pagina della relativa linea di prodotti, senza bisogno di pagine intermedie (e di ulteriori clic).

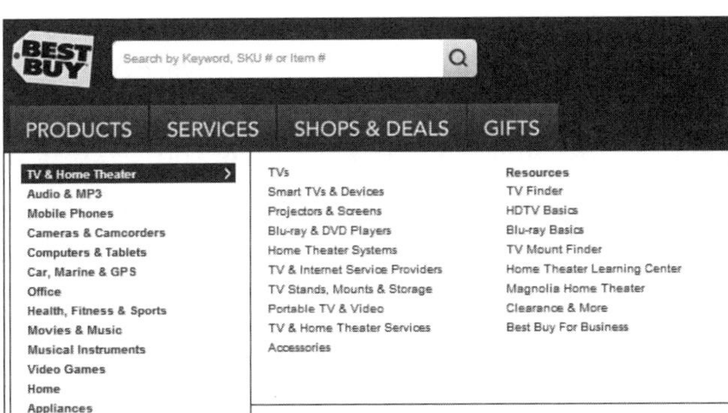

Figura 19.1 Menu e sotto-menu sul sito web di Best Buy.

Il trucco sta nel sapere cosa cercano i visitatori e nel far sì che sia facile arrivarci. Riducete al minimo il numero di clic che gli utenti devono fare; è sempre meglio dover fare clic una sola volta, invece di due o tre.

Fare in modo che tutto sia intuitivo

Il vostro sistema di navigazione deve essere facilmente comprensibile. Pertanto, dovrete probabilmente impostare dei link e dei menu a discesa nella parte superiore o lungo il lato sinistro della pagina; è lì che solitamente i visitatori cercano gli elementi di navigazione.

I menu non devono neanche essere complessi: è meglio usare testi facilmente comprensibili invece di immagini difficili da decifrare. Indicate chiaramente ai visitatori come andare dove vogliono andare.

La navigazione deve essere più intuitiva possibile; lasciate perdere i fronzoli. Siate chiari su cosa porta dove, e usate parole che rispecchino il modo in cui i clienti descrivono le cose, invece che come le descrivereste in azienda.

Pensare come il cliente

Quest'ultimo punto è importante. Ho recentemente visitato il sito di un grande produttore di prodotti elettronici per il mercato consumer alla ricerca di informazioni sui televisori a schermo piatto. Ho trovato abbastanza facilmente la sezione dei prodotti e sono arrivato velocemente all'area dedicata alle TV LCD. Poi, però, mi sono imbattuto in qualcosa che mi ha completamente confuso. Invece di permettermi di vedere l'intera linea per dimensioni dello schermo, prezzo o caratteristiche, dovevo scegliere tra "Serie G25", "Serie G20", "Serie S2", "Serie U2", "Serie X2" e via dicendo. Non so voi, ma io non ho la più pallida idea di cosa siano queste serie. Voglio semplicemente trovare il televisore giusto per me e non so se quello che voglio è U2, S2, X2 o qualsiasi altro modello.

Quindi, mi sono sentito letteralmente perso e non ho acquistato nessuno dei prodotti offerti. Chi ha progettato il sito non stava pensando come il consumatore; stava seguendo le linee guida interne all'azienda, che, se possono avere senso per gli addetti ai lavori, non significano niente per i comuni clienti. Non cadete in questa trappola. Presentate i vostri contenuti proprio come farebbe il consumatore, non come farebbero i vostri capi.

Usare vari punti d'ingresso

Quando approcciate il sito dalla prospettiva del cliente, tenete presente che potreste avere vari tipi di visitatori, con diverse motivazioni. Pertanto, dovreste considerare più punti di ingresso (in gergo, entry point) simultanei.

Per esempio, se vendete un certo tipo di prodotto, alcuni visitatori potrebbero essere interessati all'acquisto. Questo è un gateway di navigazione. Altri visitatori avranno bisogno di assistenza relativamente all'utilizzo di prodotti già

acquistati. Questo è un altro gateway di navigazione. Altri ancora potrebbero essere interessati all'azienda in generale, magari per proporre una candidatura o per investire nelle azioni della società. Gli ennesimi gateway di navigazione.
Oppure, pensate a questa situazione: un'azienda automobilistica vende tantissimi tipi di veicoli. Alcune persone potrebbero sapere quale modello desiderano e vorrebbero accedere facilmente alle relative informazioni. Altri, invece, conoscono il tipo di auto che desiderano (minivan, SUV ecc.) e vogliono navigare per tipo di veicolo. Altri ancora potrebbero voler dare un'occhiata alle automobili in base al prezzo, alla capienza, ai consumi. Dovete quindi fornire opzioni di navigazione per tutti questi approcci ai contenuti disponibili.

Essere coerenti

Quando lavorate alla navigazione di un sito e ai relativi elementi, dovete essere coerenti. Se vi riferite a una cosa in un dato modo in un punto del sito, non chiamatela diversamente altrove. Per esempio, la pagina di "Aiuto" non può essere indicata in un altro punto del sito come "Supporto"; il "Carrello" non dovrebbe essere chiamato anche "Lista della spesa". La coerenza nella nomenclatura è molto importante.
Dovreste essere coerenti anche nel modo in cui mostrate gli elementi di navigazione su ogni pagina. L'esperienza dei consumatori deve essere coerente, indipendentemente dalla sezione in cui si trovano. Quindi, dovete ripetere in ogni pagina le componenti di navigazione di base, siano esse sotto forma di menu, pulsanti, link o qualsiasi altra cosa. Accertatevi che gli elementi di navigazione siano nella stessa posizione su ogni pagina, così il visitatore saprà dove cercarli.

Dire ai visitatori dove si trovano

Oltre a voler sapere dove possono trovare ciò che cercano, i visitatori vogliono anche sapere in che punto della gerarchia del sito si trovano loro stessi. Mostrate la posizione in directory e sottodirectory; è una sorta di "percorso a tappe" del tipo: **Prodotti > Abbigliamento uomo > T-shirt > Manica lunga**. Questo percorso può anche avere collegamenti più diretti per permettere ai visitatori di tornare facilmente a un dato livello della gerarchia. Si tratta di rendere tutto chiaramente identificabile e facilmente navigabile.

Esatto, è compito vostro

Do per scontato che, in qualità di copywriter, vi sarà chiesto di scrivere i testi per gli elementi statici delle pagine del sito web. Magari no: alcuni tecnici e web designer potrebbero ritenerlo un compito talmente semplice e poco importante da non richiedere un copywriter esperto, e decidere di fare da sé. Sarebbe un errore.

Vi sarete probabilmente imbattuti in siti la cui navigazione è stata progettata da informatici puri. Questi sono i siti dove il sistema di navigazione non è molto utile; c'è forse un pulsante "Home" e poco altro. Probabilmente, pensano che i visitatori saranno in grado di capire da soli dove trovare le informazioni, quindi perché mostrare ciò che è ovvio? (Potrebbero anche pensare che se qualcuno non riesce a capirlo da solo, non merita di visitare il sito).

Avrete anche visto siti i cui testi degli elementi di navigazione sono stati scritti da web designer. Diversamente dai precedenti, qui ci sono gli elementi di navigazione (anche tanti, in molti casi), ma non si riesce a capire che senso abbiano. Per esempio, invece di "Home" c'è "Entra", "Torna alla base" e "tutto" (minuscolo, ovviamente). I web designer amano lo stile trendy e non fanno molto caso agli aspetti pratici della vita; ricordatemi di non rivolgermi mai a loro se avessi bisogno di indicazioni stradali!

È il motivo per cui il copywriter esperto deve partecipare anche alla progettazione della navigazione e dei testi che la accompagnano. Potreste essere gli unici del team a sapere come le persone reali usano realmente il sito. Dovete instillare nel processo il punto di vista dell'utente e proporre un linguaggio semplice da comprendere per i visitatori che non sono né ipertecnici né designer. Termini di navigazione in italiano semplice: questo è il vostro compito.

Questo è quello che dovete fornire quando vi viene chiesto di scrivere i testi per gli elementi di navigazione. E se non vi viene chiesto, inseritevi da soli nel processo. Dedicate così tanto tempo alla scrittura dei contenuti, perché sarebbe un peccato avere degli elementi di navigazione progettati male che impediscono agli utenti di trovare ciò che avete scritto.

Dare un titolo alle pagine

Prestate attenzione al nome che date a ogni pagina del vostro sito web. Mi riferisco ai titoli delle pagine e alle etichette assegnate a ciascuna pagina del sito.

Nota

Il titolo di una pagina viene definito attraverso il codice HTML, nel tag **<title>**. La maggior parte dei programmi di sviluppo di siti web permette di inserire il titolo delle pagine in un modulo, senza doverlo scrivere direttamente nel codice HTML.

Perché i titoli sono importanti

Il titolo della pagina è importante perché viene visualizzato in moltissimi posti, non solo sul relativo sito web. Ecco alcuni esempi:

- nella barra del titolo del browser web;
- come etichetta nel pannello di un browser web;
- nel menu dei preferiti o dei segnaposto nel browser web;
- nei menu "Avanti" e "Indietro" del browser web;
- nella cronologia del browser web;
- come testo del pulsante del browser nella barra delle applicazioni di Windows;
- come titolo delle applicazioni quando si passa da un programma all'altro premendo i tasti Alt+Tab in Windows;
- negli elenchi dei titoli nei risultati di ricerca di Google e di altri motori di ricerca.

Suggerimento

Il titolo della pagina è uno dei primi elementi considerati dagli spider per determinare il contenuto della pagina. I software ritengono che il titolo debba riflettere l'argomento della pagina; per esempio, se il titolo è "La pagina del servizio navetta", la pagina parlerà dei servizi navetta. Per gli indici dei motori di ricerca, gli spider usano le parole chiave che si trovano nel titolo.

Quando viene creato correttamente, il titolo dice ai visitatori cosa devono aspettarsi di trovare; e aiuta anche i motori di ricerca a determinare il contenuto della pagina.

Stabilire la lunghezza del titolo

Qual è la lunghezza ideale dei titoli delle pagine? Le regole del codice HTML stabiliscono un limite massimo di 64 caratteri. Quindi dovete tenere presente questo limite e cercare anche di usare tra 3 e 10 parole in totale. In questo modo il titolo risulterà sia leggibile per gli utenti (abbastanza breve da essere letto a colpo d'occhio) sia utile per i motori di ricerca (abbastanza lungo da includere delle parole chiave).

Identificare il titolo migliore

Cosa dovete scrivere nel titolo? Il nome ufficiale della pagina, naturalmente, se ne ha uno. Se la pagina non ha ancora un nome, dovete crearlo voi conformemente al relativo contenuto. Non potete mentire su queste cose. Dite ai clienti attuali e potenziali di cosa tratta la pagina, il più sinteticamente possibile.

Avvertimento

Di per certo non dovete dare alla pagina un nome di default o generico, come "Pagina01" o "NuovaPagina". Dedicate il tempo necessario a ideare un titolo univoco e descrittivo.

Poiché i motori di ricerca spulciano i titoli, dovreste anche includervi una o due delle parole chiave più importanti. L'ideale sarebbe inserirle in modo naturale, magari avvalendovi di alcuni segni di interpunzione o simboli vari: due punti (:), punto e virgola (;), linea verticale (|), trattino (–) o una semplice virgola (,).
Per esempio, se la vostra pagina tratta delle nuove fonti di energia, potreste usare il seguente titolo:

Nuove fonti di energia: eolica, solare, geotermica e biomasse

Sono 61 caratteri e 9 parole, entrambi perfettamente entro i limiti delle linee guida. I visitatori vedranno il titolo del sito nella barra del titolo e nei risultati di ricerca, e i motori di ricerca collegheranno questa pagina alle ricerche relative a tutti i tipi di nuove energie.

Nota

Quando contate i caratteri, ricordate di includere gli spazi, che hanno la stessa valenza di lettere, numeri e caratteri speciali.

Pulsanti, menu e link: quando usare le maiuscole

Come possono i visitatori passare da una pagina all'altra del vostro sito? Come già detto, le pagine principali – Home, Chi siamo, Aiuto ecc. – devono far parte di uno schema di navigazione coerente che appare sempre nella stessa area di ogni pagina del sito. Potrebbe essere nella parte superiore, su un lato o in basso (magari replicati in più posti: non è raro vedere gli stessi elementi di navigazione sia in alto sia in fondo alla pagina).

Sono tantissimi i modi in cui è possibile presentare questi elementi di navigazione: pulsanti, menu a discesa, link di testo e perfino immagini cliccabili. Sta al web designer decidere. Il vostro compito consiste nel decidere quali parole usare per ciascun elemento.

Alcuni testi sono facili da scrivere. L'home page, per esempio, dovrebbe essere sempre indicata con l'etichetta **Home**. Non serve scervellarsi.

Altri elementi richiedono invece uno sforzo in più. Per esempio, se avete contenuti distribuiti su più pagine, come gli articoli online, quale titolo usereste per il link che porta alla pagina successiva? Potreste andare sul semplice, così:

Successiva

o così:

Pagina successiva.

Potreste dire al lettore cosa fare:

Fai clic qui per andare alla pagina successiva

anche se, onestamente, quest'ultima opzione potrebbe sembrare un po' offensiva: non dovete dire ai visitatori di fare clic su *nessun* elemento di navigazione. Lo sanno.

Ancora meglio, dite al lettore cosa c'è nella pagina successiva, preferibilmente citando il titolo della pagina. Quindi, se parlate di Abramo Lincoln e la pagina successiva tratta della sua biografia, dichiaratelo nel pulsante o nel link:

Biografia di Lincoln.

Avvertimento

Non usate la parola **Altro** come testo di navigazione, perché non suggerisce minimamente cosa ci sarà nella pagina successiva. Evitate anche di usare l'URL della pagina successiva come link. Ripeto, non dice niente.

Quando scrivete i testi di navigazione, usate la forma attiva e siate diretti. Invece di dire **Creare un nuovo account**, scrivete **Crea un nuovo account**. E non sprecate le parole; dite al visitatore di cosa tratta il link e niente di più.

Fate attenzione: dovete essere coerenti anche in termini di maiuscole. Di norma si dovrebbe mettere solo la prima lettera della parola in maiuscolo, a patto che nel testo non ci sia un nome proprio di persone o un brand. Ricordatevi comunque di essere coerenti in tutto il sito. Se il link è composto da una frase intera, potete mettere il punto finale, ma se è composto da una o due parole, non è necessario.

Suggerimento

I motori di ricerca prestano molta attenzione ai testi dei link. Ai fini della SEO, cercate di inserire una o due parole chiave anche nei link alle pagine successive.

Scrivere pagine di errore utili

C'è un altro elemento del vostro sito per cui dovete scrivere del testo. È un posto in cui i visitatori non vorrebbero mai capitare, ma talvolta accade. Sto parlando delle pagine di errore, quei messaggi che appaiono quando c'è un problema nel sito. L'errore più comune è il cosiddetto 404, che si verifica quando una persona cerca di accedere a una pagina che, per un motivo o per l'altro, non esiste. Forse è stato digitato male l'URL, oppure il link che avete indicato è sbagliato. In ogni caso, questo è l'errore che appare quando non c'è nulla da visualizzare.
Ciò che il visitatore vede dipende dal testo che fornite per la pagina di errore 404 del sito. Potreste optare per il classico messaggio "Pagina non trovata", ma quanto è utile? Sarebbe meglio dare qualche informazione in più con un po' di personalità, unitamente ad alcune opzioni per poter procedere (la Figura 19.2 mostra una pagina di errore 404 particolarmente ispirata; mi piacciono i link ad altre pagine).

Figura 19.2 Una pagina di errore 404 di odopod (www.odopod.com) utile e spiritosa.[13]

13. WTF letteralmente è un acronimo tipico del linguaggio online che sta per "What The Fuck". [N.d.T.]

Per gli altri tipi di errore, provate a chiedere agli sviluppatori quale potrebbe essere la soluzione. I visitatori potrebbero visualizzare un messaggio d'errore quando una pagina si carica troppo lentamente, quando i dati non sono stati inseriti correttamente in un modulo oppure quando il sito ha dei problemi tecnici. Chiedete loro quale pagina di errore hanno preparato, quindi riscrivetela secondo il caso. Sta a voi pensare al modo di interfacciarsi con i visitatori del sito. Quando scrivete una pagina di errore dovete spiegare cosa sta succedendo e dire al visitatore cosa fare per ovviare al problema, cioè cosa fare dopo. Se basta ricaricare la pagina precedente, ditelo. Se l'utente deve tornare all'home page del sito, ditelo o, meglio, aggiungete un link per tornarvi. Fate in modo che tutti i messaggi di errore siano sufficientemente informativi e cortesi. Usate un tono gentile e positivo, e tenete presente che il visitatore sarà probabilmente un po' infastidito in quel momento, quindi siate simpatici e utili.

20

Scrivere per i dispositivi mobili

I testi che scrivete dipendono dal supporto per cui scrivete. Mi riferisco ai vari canali online – siti web, campagne email, social media e simili – ma anche ai diversi tipi di display. Non parlo della differenza tra lo schermo da 15" di un portatile e il monitor da 21" di un computer desktop; questi sono innocui. La grande differenza si nota quando i contenuti sono visualizzati su smartphone e tablet, dispositivi con display molto più piccoli.

Lo zoccolo duro della scrittura online è rappresentato proprio dai dispositivi mobili con schermi piccoli. E le difficoltà che comportano sono di giorno in giorno più evidenti, perché sempre più persone accedono a Internet dal proprio iPad e iPhone. Dovreste quindi creare delle versioni "mobili" dei vostri testi; e quelle versioni devono essere molto diverse da ciò che avevate scritto in origine.

L'importanza del fattore "mobile"

Parleremo di come i testi per i dispositivi mobili differiscano dai tradizionali contenuti destinati a essere fruiti sui computer. Prima però, diciamo perché è importante che prestiate attenzione al fattore "mobile".

La sua importanza è dovuta al fatto che la fruizione dei contenuti web sui dispositivi mobili sta soppiantando la tradizionale fruizione sui computer. Avete presente tutte quelle persone sull'autobus, in treno, in coda al cinema o alle poste intente a guardare il proprio cellulare? Sembra che chiunque sia impegnato a leggere gli aggiornamenti di stato su Facebook, a controllare l'email e a fare ricerche su Google. E, in questo caso, l'apparenza non inganna.

Ecco lo scenario in numeri: alla fine del 2011 erano oltre 6 miliardi gli iscritti ai servizi cellulari in tutto il mondo, un miliardo solo in America.[14] I telefoni cellulari acquistati nello stesso anno sono stati 1,7 miliardi, di cui circa 500 milioni erano smartphone, il che ha reso il mercato mobile un business molto più proficuo di quello degli anemici PC (solo 352 milioni di computer venduti in tutto il mondo nel 2011).[15]

Le cose si fanno ancora più interessanti se si dà un'occhiata ai dati sull'utilizzo di Internet sui dispositivi mobili. Secondo una ricerca, l'87% dei possessori di smartphone usa il telefono anche per controllare l'email o navigare sul Web, e il 25% di questi utenti accede a Internet principalmente con questo dispositivo.[16] Vuol dire che un quarto degli utenti di iPhone e dispositivi Android preferiscono surfare sul telefono invece che sul computer.

Per la vostra azienda od organizzazione, questo grande - sempre più grande - utilizzo dei dispositivi mobili per accedere a Internet rende imperativo rivedere le proprie attività online per adattarle a questa tendenza. Non potete, e non vorrete di certo, lasciare fuori centinaia di milioni di potenziali clienti; dovete invece raggiungere tutti gli utenti di Internet indipendentemente dal dispositivo che usano per accedere al vostro sito web o pagina di Facebook. Il telefono cellulare è un'ulteriore via d'accesso ai vostri contenuti online.

Nota

L'importanza del web mobile va oltre le statistiche numeriche. A differenza di chi si collega a Internet dal computer, che può farlo solo quando è seduto alla scrivania di fronte al proprio PC, chi usa la telefonia mobile può accedere al Web ovunque e in qualsiasi momento. Le persone portano sempre il telefono con loro, e hanno così sempre una connessione non-stop.

14. The International Telecommunication Union, 2012.
15. International Data Corporation, 2012.
16. "Smartphone Adoption and Usage", Pew Internet Project, 2011.

Perché il copywriting per i dispositivi mobili è diverso

Scrivere testi per i canali mobili (es. pagine web e pubblicità destinati alla visualizzazione sui dispositivi mobili) è più impegnativo che per altre forme di testi digitali. La colpa è da attribuire alle dimensioni della presentazione e alla natura locale del messaggio.

Lavorare con uno schermo più piccolo

Iniziamo parlando delle dimensioni. Quando scrivete "contenuti mobili", dovete adattare i testi affinché rientrino negli schermi più piccoli di smartphone e altri dispositivi mobili.

La maggior parte del marketing online è sempre stato fatto tenendo a mente i tradizionali browser web e gli schermi dei computer. Le pagine web tendono a essere sempre più grandi per occupare tutto lo spazio messo a disposizione dai monitor widescreen; usiamo i banner e le immagini a tutto schermo per riempire ogni singolo pollice disponibile. E i testi online si sono espansi per occupare quello spazio.

Questa non è la strada giusta da seguire con i dispositivi mobili. Ciò che funziona sul grande schermo dei computer non funziona affatto sul piccolo schermo dei dispositivi mobili. Non sono molto larghi e neanche abbastanza alti da evitare lo scorrimento. In pratica, il vostro messaggio online dovrà essere semplificato e "rimpicciolito".

Inoltre, dovete anche fare in modo che i contenuti siano ben visibili anche sugli schermi piccoli. I vostri testi potrebbero apparire bene su un monitor da 22", ma malissimo sullo schermo da 4" dell'iPhone. Sebbene ciò incida principalmente sulle immagini, influisce anche sul testo.

C'è poi da considerare la modalità di visualizzazione. Siete abituati a scrivere per gli schermi dei computer, che sono più larghi che alti (modalità panorama). La maggior parte dei display dei telefoni cellulari è in modalità ritratto, sono cioè più alti che larghi.

Non importa se state scrivendo tweet o aggiornamenti di stato su Facebook, email promozionali o post di blog, home page di siti web o articoli online. Le dimensioni e l'orientamento dello schermo dei dispositivi mobili influiscono sul modo in cui vengono visualizzati i contenuti.

Significa che dovete ripensare alla presentazione visiva, testo incluso. Su uno schermo piccolo potete presentare meno informazioni e meno immagini. È una sfida, che pesa principalmente sul copywriter.

Marketing mirato

Non dovrei neanche dirlo: le informazioni che presentate sui dispositivi mobili dovrebbero essere cucite su misura per quel mercato. Non mi riferisco solo al modo in cui vengono visualizzati i contenuti; parlo della necessità di rivisitare i contenuti stessi affinché rispondano alle esigenze degli utenti mobili.

Perché gli utenti mobili sono diversi dagli utenti di computer, in termini di utilizzo di Internet? A differenza degli utenti di PC, gli utenti mobili, sebbene portino sempre con loro il proprio telefono, non sono costantemente connessi; si collegano a Internet solo quando è necessario. La vostra abilità a comunicare con loro dipende più dalla loro capacità di raggiungere voi che l'opposto.

Non è necessariamente una cosa negativa. Quando si parla di marketing locale si pensa al marketing mirato, non al marketing di massa. Invece di comunicare un messaggio promozionale a migliaia o a centinaia di migliaia di persone – molte delle quali sono disinteressate a ciò che avete da dire – potete far arrivare un messaggio mirato ai pochi utenti mobili che sono interessati a quello che state promuovendo.

Ciò è in parte dovuto alla natura locale dell'utilizzo mobile. Le persone usano il telefono per ottenere le informazioni di cui hanno bisogno mentre sono in giro. Spesso, queste informazioni sono legate al luogo in cui si trovano: dove si trova il ristorante cinese più vicino, quale negozio ha i prezzi più bassi, come posso arrivare da qui a lì e cose simili. Tutto questo rende il marketing mobile sinonimo di marketing locale.

Pertanto, il vostro messaggio mobile deve essere più mirato a livello locale di quello che inviate alla popolazione generale di Internet. Dovrebbe anche essere più immediato: gli utenti mobili vogliono le informazioni subito, perché si stanno dirigendo da qualche parte. Cercate di essere brevi, locali e immediati: è questa la chiave della comunicazione mobile di successo.

Creare siti web mobile-friendly

Iniziamo a spiegare come dovreste cambiare il sito web per renderlo accessibile e semplice per gli utenti mobili. Non potete pensare che il vostro attuale sito sarà visualizzato bene anche sui telefoni cellulari; la maggior parte dei siti non è pensata per gli schermi degli smartphone.

Fate una prova. Prendete il primo telefono cellulare che vi capita a tiro (probabilmente ne avete uno in tasca o in borsa, giusto?), lanciate il browser web e navigate nel vostro classico sito. Che aspetto ha? Probabilmente, non bellissimo; l'home page è magari troppo larga e gli elementi sono troppo piccoli per poter essere visti comodamente (la Figura 20.1 mostra un tipico sito web non ottimizzato per i dispositivi mobili). Tra questi ci sono anche i fantastici testi che avete scritto con tanta fatica, che hanno ora le stesse dimensioni delle parole stampate sui bugiardini dei medicinali. In altre parole, sono decisamente illeggibili.

Figura 20.1 Il sito web dell'autore visualizzato su un iPhone: il testo è troppo piccolo per lo schermo di un dispositivo mobile!

Suggerimento

Non è solo una questione di aspetto. Anche il funzionamento dei siti deve essere diverso o, meglio, più semplice. Perché è più difficile navigare su un telefono con touch-screen che su un computer; non avete il mouse con cui spostarvi. Per questo motivo, i siti web mobili devono poter essere navigabili con meno clic (o tap) rispetto ai siti tradizionali.

Se volete guadagnarvi un posto nel Web mobile, vi serve un sito adatto alla visualizzazione su smartphone e altri dispositivi mobili. Cosa significa in termini di testi?

Ridurre il numero di elementi

Lo sviluppo di un sito web mobile ha una sua parola d'ordine: semplificare. La prima cosa che dovete semplificare è il numero degli elementi presenti in ogni pagina. Il tipico schermo dei cellulari ne può contenere una quantità limitata, e devono essere abbastanza grandi da risultare facilmente visibili.

Dovete quindi ridurre il numero di tutti gli elementi che appaiono contemporaneamente, testi inclusi. Invece di mostrarne una decina, optate per la metà o anche meno. Tutto sta nel capire quante cose possono rientrare in uno schermo piccolo e scegliere quelle più importanti.

Suggerimento

Quando riducete gli elementi che presentate nel sito web mobile, date priorità a quelli più rilevanti. Navigare tra le pagine di un sito mobile può richiedere molto tempo; quindi fate in modo che gli utenti vedano i contenuti più importanti all'inizio della prima pagina.

Questione di orientamento

Le pagine del Web tradizionale hanno un orientamento orizzontale (modalità panorama), con barre dei menu posizionate orizzontalmente, perché vengono solitamente visualizzate sugli schermi widescreen dei computer. I display dei cellulari, invece, hanno un orientamento verticale (modalità ritratto). Quindi, dovete modificare l'orientamento delle vostre pagine web affinché si adattino allo schermo dei dispositivi mobili.

Prendete per esempio la tradizionale home page del Dakota Jazz Club di Minneapolis, mostrata in Figura 20.2. Ha moltissimi elementi, e sono tutti organizzati in modo da riempire lo schermo widescreen dei computer; è senza dubbio un orientamento orizzontale.

Paragonatelo alla "pagina mobile" corrispondente mostrata in Figura 20.3. Oltre a ridurre il numero di elementi presenti, quegli stessi elementi sono disposti in senso verticale per adattarsi all'orientamento naturale del display dei cellulari. È sicuramente un'esperienza più piacevole per gli utenti mobili.

Testo vs. immagini

Ecco un altro aspetto molto importante dei siti web mobili: non presentano molte immagini. Lo spazio è prezioso e non può essere sprecato con illustrazioni inutili. Nella maggior parte dei casi, risulta più efficace presentare i contenuti sotto forma di testo e non di immagini; e questo implica maggior lavoro per voi, cari copywriter.

Figura 20.2 La tradizionale home page del Dakota Jazz Club (www.dakotacooks.com) ha contenuti disposti in senso orizzontale per la visualizzazione su schermi widescreen.

Figura 20.3 L'home page mobile del Dakota Jazz Club ha meno elementi e sono disposti in senso verticale.

L'utilizzo dei testi al posto delle immagini impatta anche sui tempi di download delle pagine. L'accesso al Web sui dispositivi mobili è solitamente più lento della connessione sui computer; ci vuole più tempo per scaricare gli elementi delle

pagine, soprattutto nel caso di immagini di grandi dimensioni. E poiché il tempo è denaro, se il vostro sito si carica troppo lentamente, gli utenti faranno clic verso altri siti prima ancora che tutto sia visibile. E questo non va bene.
Tenetelo a mente e riducete il numero degli elementi di grandi dimensioni che richiedono lunghi tempi di download. Non fate sì che gli utenti debbano aspettare ore solo per scaricare una bella foto.

Avvertimento

Se nel vostro sito principale avete inserito delle tabelle, eliminatele dal sito mobile. So che le tabelle sono perfette per presentare dati complessi, ma non sono visualizzate bene sui dispositivi mobili. Se una tabella è troppo larga (come è probabile che sia), sborderà dalla pagina.

Ridurre al minimo l'immissione di testo

Se il sito richiede molta interazione con i clienti, ripensate al modo in cui ottenere gli input dagli utenti. È difficile inserire delle parole su un telefono cellulare; dovete fare clic qua, premere là e fare più volte tap sulla tastiera solo per immettere qualche lettera. Considerate la possibilità di ottenere input attraverso semplici pulsanti o elenchi da cui i visitatori possono selezionare le varie voci. Richiedete meno immissioni possibili da tastiera.

Pensare come il cliente

Il mio ultimo consiglio per la progettazione di un sito web mobile efficace lo avete già letto più volte in questo libro. Quando dovete stabilire cosa inserire in una pagina mobile dovete *pensare come il cliente*. Lo scopo consiste nel sapere cosa gli utenti cercano e presentare tutto in modo intuitivo.
È importante per qualsiasi sito web, ma lo è ancora di più nel caso dei siti mobili, dove non avete molto margine di movimento. Non possono esserci troppe deviazioni; dovete stabilire il modo migliore di presentare tutto chiaramente. Quindi, dovete *sapere* – e non provare a indovinare – ciò che i clienti ritengono importante. Se non è nella prima pagina, l'utente non perderà tempo a cercarlo. Inoltre, sappiate che i navigatori del Web mobile sono spesso più "scomodi" rispetto agli utenti seduti alla scrivania di fronte allo schermo di un computer. Gli utenti mobili sono spessissimo *in movimento*. Devono trovare velocemente le informazioni in modo da poter continuare a fare ciò che stanno facendo (tenere d'occhio il proprio turno alle poste o camminare per strada). Navigano in modo molto diretto. Non lasciate che facciano fatica a trovare le informazioni; date loro ciò che cercano, e fatelo velocemente.

Uno o due siti?

È possibile avere un unico sito adatto all'utilizzo sia tradizionale sia mobile? Questa è un'ottima domanda.

In termini di design, probabilmente no. Considerando le dimensioni ridotte e l'orientamento verticale dei display dei dispositivi mobili rispetto agli schermi orizzontali dei computer, è difficile ideare un design che vada bene per entrambi. Che cerchiate di usare il vostro sito tradizionale per gli utenti mobili o quello mobile per gli utenti di PC, bisogna scendere a troppi compromessi. Sia voi sia i visitatori del sito ne preferireste uno progettato appositamente per ciascun tipo di schermo.

In termini di testo, comunque, potreste usare una taglia unica. Non significa che dovete usare il testo normale anche per i siti mobili. Significa che dovete limare il testo esistente per i display dei dispositivi mobili, quindi usare quei testi più concisi per entrambe le versioni del vostro sito. Se i limiti dei dispositivi mobili vi costringono a creare una versione più succinta del testo esistente, tanto meglio. I testi brevi sono sempre più apprezzati e più efficaci.

Scrivere testi "mobili" efficaci

Quando dovete scrivere testi che siano efficaci sui dispositivi mobili, vale la stessa regola, indipendentemente dal tipo di testo che state scrivendo (pagine web, post di blog, aggiornamenti di stato su Facebook). Dovere essere brevi, diretti e immediati.

Lo so, è lo stesso consiglio che ho dato per la scrittura online in generale. Ma è ancora più fondamentale nel caso dei testi mobili, dove lo spazio dello schermo è minore e la soglia di attenzione dei lettori è ancora più bassa. Dovete dare loro ciò che vogliono in uno spazio ancora più limitato. Quindi, dovete essere più succinti e diretti possibile.

Suggerimento

Le parole chiave e l'ottimizzazione per i motori di ricerca (SEO) per i siti mobili sono tanto importanti quanto lo sono per i siti web tradizionali. Non importa come viene visualizzato il sito, dovete comunque scrivere sia per i motori di ricerca sia per gli esseri umani.

Farla (più) breve

Più breve è, meglio è. Sul piccolo schermo dei dispositivi mobili, tuttavia, la brevità non è solo benvoluta, è necessaria. Lasciate che ve lo dimostri.

La Figura 20.4 mostra un'email visualizzata su un iPhone. Notate come le parole più lunghe comprimono le altre parole sulla stessa riga, e quante righe occupa ogni frase. È difficile da leggere e richiede che l'utente scorra molto per arrivare alla fine del messaggio.

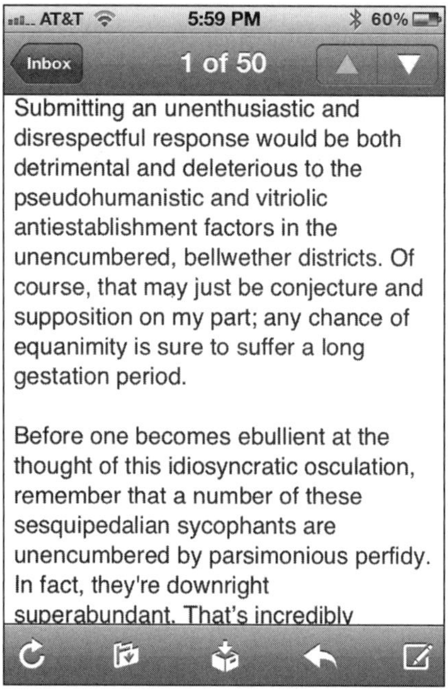

Figura 20.4 Le parole e le frasi molto lunghe sono difficili da leggere sullo schermo di un telefono cellulare.

Le cose si complicano ulteriormente nel caso dei messaggi di testo (viene fatto molto marketing tramite SMS). La Figura 20.5 mostra un messaggio di testo similmente lungo.

È ancora più difficile da leggere dell'email precedente. Siete già fortunati se due parole lunghe riescono a stare sulla stessa riga.

Cosa comporta tutto questo per la vostra scrittura? È semplice: dovete modificare il vostro testo usando i seguenti accorgimenti:

- parole più brevi;
- frasi più brevi;
- paragrafi più brevi.

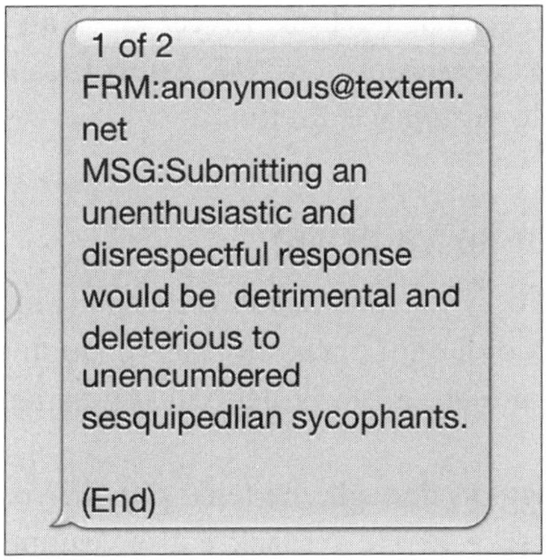

Figura 20.5 Un messaggio di testo eccessivamente difficile da leggere.

In effetti, tutto deve essere più breve, molto più breve, rispetto ai siti web e ai testi online standard. Usate parole composte da meno sillabe, frasi con meno parole e paragrafi con meno frasi. Fate in modo che le parole contino e controllate il conteggio delle parole.

Vale anche l'importanza di creare contenuti comprensibili a colpo d'occhio. Nel caso dei dispositivi mobili, si tratta di contenuti che il lettore può cogliere al volo. Suddivideteli in pezzi facilmente digeribili; è meglio avere tanti pezzi rispetto a un unico e lungo blocco di testo.

Suggerimento

Se siete soliti scrivere frasi lunghe, suddividetele in due parti.

Dovreste quindi fare un uso appropriato degli elenchi puntati e numerati. Le tabelle sono probabilmente improponibili, come abbiamo già detto, e non c'è nulla di più facile da scorrere degli elenchi puntati.

Essere diretti

Gli utenti mobili vogliono informazioni specifiche e le vogliono subito. Quindi dategliele. Dovete essere molto diretti e orientati all'azione. Non pontificate, non elaborate, non delucidate. Presentate solo i fatti, niente di più. Stiamo parlando di una scrittura con uno scopo preciso; rispondete alla domanda del caso e sparite.

Per presentare le informazioni nel modo più diretto possibile, invece di scrivere: **Dai un'occhiata quest'offerta spettacolare**, scrivete: **Offerta spettacolare!**, oppure: **Dai un'occhiata**. Invece di dire: **Consulta la documentazione allegata**

al prodotto, dite: **Leggi le istruzioni**. Invece di: **Non aspettare: approfitta subito di questi prezzi bassissimi**, scrivete: **Approfittane subito**. Non girateci attorno; ditelo in modo semplice e diretto.

Ciò che è importante va prima

Poiché scriverete testi brevi, verificate due volte che le informazioni importanti siano all'inizio: all'inizio di ogni paragrafo e all'inizio di ogni frase. Non fate sì che i lettori debbano andare a caccia dei dati fondamentali; dateglieli chiaramente e subito.

Se occorre fornire maggiori dettagli, metteteli più oltre o, meglio ancora, linkateli. Così facendo non sprecherete lo spazio a disposizione con informazioni che potrebbero volere soltanto alcuni lettori.

PARTE III
IL TOCCO FINALE

21

Scegliere i formati di distribuzione giusti

Parlando dei vari tipi di copywriting online, vige il tacito assunto che qualsiasi genere di testo scriviate sia distribuito o sul Web o via email in formato HTML. Ovvero, i vostri contenuti vengono formattati con il codice HTML e visualizzati come documenti HTML.

Certo, ci sono delle eccezioni (i testi per i tweet o gli aggiornamenti di stato su Facebook), ma il contenuto risultante viene comunque visualizzato in una pagina web. Eppure, questo non è l'unico modo in cui potete distribuire le vostre opere, perché non tutto in Internet è una pagina web in HTML: potete presentare i contenuti anche sotto forma di documenti PDF, Word e formati simili.

Quali sono i pro e i contro dei vari formati di file disponibili online? E quando dovreste usare un tipo di documento invece di un altro? È ciò di cui parlerò in questo capitolo.

Che cos'è più adatto al formato HTML

L'HTML è il formato più comune online. Sullo schermo di un computer è perfetto per mostrare sia il testo sia le immagini. Tutte le pagine web sono documenti HTML; tra queste ci sono anche le pagine dei blog, dei social network e qualsiasi cosa venga visualizzata di default in un browser web.

Nota

Per saperne di più su cos'è l'HTML e su come funziona, consultate il Capitolo 22, "Confrontarsi con la progettazione delle pagine web".

Che cosa non è adatto al formato HTML

Un web designer con le giuste competenze è in grado di creare pagine HTML dall'aspetto sensazionale e visivamente sofisticate, che fanno a gara con ciò che potreste vedere in un documento di desktop publishing. Sono rivali, ma non duplicati, perché l'HTML ha dei limiti: non permette di creare alcune intricate chicche visive.

Questo è il primo motivo per *non* mostrare i contenuti in formato HTML. Se sono prevalentemente visivi o richiedono un design sofisticato della pagina, l'HTML potrebbe non essere la scelta giusta. Sto parlando del posizionamento preciso dei vari elementi di testo e grafica: con l'HTML non è sicuro che ciò che mettete in un dato posto apparirà sempre in quel posto.

Ciò è dovuto in parte ai limiti del linguaggio HTML in termini di comandi di posizionamento disponibili. Esiste solo un certo numero di tag HTML, e talvolta non è possibile fare in modo che facciano ciò che si vuole venga fatto. La precisione del layout della pagina non è un punto forte dell'HTML: le pagine HTML non saranno mai tanto visivamente sofisticate quanto un documento di desktop publishing.

Il problema della precisione del design è dovuto anche al fatto che i vari browser web interpretano il codice HTML in modo differente. Fate una prova aprendo una pagina web in Internet Explorer, Google Chrome, Firefox e Safari: probabilmente, alcuni elementi saranno visualizzati diversamente in almeno uno di questi browser. Inoltre, i singoli utenti possono influire sulla visualizzazione della pagina modificando la larghezza della finestra del browser o perfino configurare quest'ultimo affinché utilizzi una dimensione del font più grande o più piccola. Infine, l'HTML ha troppe variabili per garantire che la pagina che avete ideato avrà sempre lo stesso aspetto per tutti gli utenti.

Quindi, se il vostro web designer non è in grado di fare in modo che il programma di editing HTML faccia apparire la pagina proprio come volete voi, o se il posizionamento degli elementi è importante, vi converrà usare un formato differente (probabilmente un PDF).

Non adatto al download

Oltre ai problemi legati al design, l'HTML è perfetto per mostrare bene pressoché tutti i tipi di contenuto. Se l'unica cosa importante per voi è che i contenuti siano visualizzati in un browser web, l'HTML è perfetto. Tuttavia, se volete che i visitatori scarichino e salvino i vostri contenuti per poterli consultare in un secondo tempo, l'HTML non è la scelta migliore. Certo, i documenti HTML possono essere scaricati e possono sempre essere visualizzati in un browser. Ma la visualizzazione dei documenti HTML salvati non è il massimo, e non è nemmeno una cosa che tutti gli utenti sanno fare.

Nota

Sapete come aprire nel browser un documento HTML salvato sul disco rigido? Non penso, e neanche molti dei vostri lettori lo sanno.

Se volete che un documento possa essere salvato e possibilmente inoltrato ad altri lettori, dovete usare un formato adatto: PDF o Word. I file HTML sono più indicati per la lettura online, non per l'utilizzo offline.

Quindi per che cosa è adatto l'HTML?

Ora sapete che l'HTML non è adatto alla visualizzazione di layout sofisticati, né per salvare e condividere i contenuti. Ma ci sono anche molti utilizzi per cui l'HTML è perfetto.

Prima di tutto, l'HTML è il formato migliore per la visualizzazione online. La maggior parte dei documenti HTML si scarica e si apre velocemente anche in caso di connessione Internet lenta, e viene solitamente visualizzata in modo abbastanza coerente in vari browser e su diversi tipi di computer.

Questo aspetto è molto importante. Tutti i browser web hanno delle proprie modalità di visualizzazione, ma se un utente usa Internet Explorer e un altro utilizza Google Chrome (o Firefox o Safari) vedranno entrambi pressoché la stessa pagina che avete ideato. Non importa se l'utente usa Windows o Mac OS, oppure se sta visualizzando la vostra pagina sull'iPhone o un altro dispositivo mobile: l'HTML è l'HTML e mostra gli elementi sempre allo stesso modo, indipendentemente da come vengono visualizzati.

L'HTML è anche il formato da preferire se si vuole integrare o inserire collegamenti ad altri contenuti presenti sul Web. Anche altri formati di file permettono di linkare, ma hanno dei limiti: l'HTML è l'unico formato che permette sia di linkare sia di integrare contenuti live. Se dovete fare dei collegamenti ad altre pagine web o integrare immagini e video da altri siti, l'HTML è l'unico formato che vi permette di farlo.

Dovreste creare dei documenti in formato HTML se volete distribuire i vostri contenuti nei seguenti modi:

- pagine web;
- blog;
- social media;
- email.

Significa che la maggior parte, ma non tutte, delle vostre creazioni sarà prodotta in formato HTML. Significa anche che, sebbene non vi occupiate della compilazione del codice (come è probabile che sia), dovete comunque vedervela con le utili funzionalità e le specifiche del linguaggio HTML.

Nota

L'HTML è anche il formato più adatto per la distribuzione di contenuti destinati alla visualizzazione sui dispositivi mobili, perché le pagine web mobili funzionano proprio come quelle tradizionali.

Che cosa è più adatto al formato PDF

Ho già accennato al fatto che l'HTML è in un certo senso in difetto quando si tratta di creare pagine con layout complessi. Se il posizionamento preciso degli elementi è imperativo, occorre optare per un altro formato.

Pensare in formato PDF

La maggior parte dei web designer professionisti è solita lavorare con programmi di desktop publishing (DTP) come Adobe InDesign o QuarkXPress. Questi programmi permettono di creare pagine e documenti visivamente sofisticati, come brochure e newsletter (posso assicurarvi che le pagine di questo libro sono state impaginate usando uno di questi programmi).

Se volete che le vostre pagine abbiamo un layout sofisticato, dovete fare in modo che i vostri designer utilizzino un programma di DTP. Non importa che si tratti di un documento di una sola pagina o più lungo, tutti i programmi di desktop publishing permettono di ottenere risultati nettamente superiori all'HTML, in termini di impaginazione.

Una volta terminato, il documento deve essere esportato in formato PDF. Il PDF, che sta per *Portable Document Format*, è un formato di file ideato da Adobe al fine di riprodurre accuratamente le pagine dei documenti su qualsiasi tipo di schermo o dispositivo. Un documento PDF appare identico sia su un notebook da 12" sia su un monitor desktop da 22", e anche sul display da 4" dell'iPhone. È uguale sui PC Windows e sui Mac. Ha sempre lo stesso aspetto, e per questo alletta la maggior parte dei designer.

Quindi, fate in modo che i vostri contenuti siano impaginati con un programma di DTP e salvati in formato PDF. Il documento PDF potrà poi essere caricato sul vostro sito web per essere visualizzato online nella maggior parte dei browser, o scaricato per essere aperto in Adobe Acrobat o altre applicazioni che supportano il formato PDF.

Nota

La maggior parte dei browser web integra la funzionalità di lettura dei PDF, così gli utenti possono visualizzarli direttamente nella finestra del browser. Per non saper né leggere né scrivere, potete inserire un link per scaricare il software Adobe Reader, utile per gli utenti che non l'hanno già installato.

Quando distribuire i contenuti in formato PDF

Ora che sapete come avere contenuti in formato PDF, dovete capire quando ha senso usarlo.

Naturalmente, tutti i documenti che richiedono un layout visivo sofisticato possono trarre vantaggio dal desktop publishing e dalla visualizzazione in formato PDF. Il PDF è preferibile anche per qualsiasi file debba essere visualizzato esattamente come è stato creato, ovvero, quando non volete avere a che fare con le piccole differenze dell'interpretazione dell'HTML da parte dei vari browser web (non tutti gli elementi appaiono identici in tutti i browser; saranno simili, ma non identici).

Di che tipo di contenuti stiamo parlando? Tanto per iniziare, delle istruzioni schematiche e di prodotto. Questi documenti sono estremamente visivi, devono poter essere perfettamente leggibili sia ingranditi sia rimpiccioliti, e non ammettono errori di visualizzazione. Il formato PDF offre la fedeltà di riproduzione di cui avete bisogno.

Inoltre, molti preferiscono distribuire le newsletter e le brochure in formato PDF, soprattutto se vogliono una riproduzione esatta del documento originale. Anche gli ebook sono perfetti in formato PDF, specialmente quelli in quadricromia o con un layout particolarmente elaborato.

Suggerimento

Personalmente, preferisco distribuire le brochure online in formato PDF. Mi sono imbattuto in troppi problemi di irregolarità di font e spaziatura con l'HTML. Quando voglio che i lettori vedano esattamente ciò che ho creato, scelgo il PDF.

Il leitmotiv è quindi che il PDF è la scelta giusta se volete che i lettori vedano i vostri contenuti esattamente come li avete impaginati. Molti programmi oggi disponibili permettono di salvare i documenti in formato PDF, anche i file di Word. È facile, pressoché universale e garantisce una precisione di visualizzazione impossibile con altri formati.

Quando *non* usare il formato PDF

Non sto dicendo che il formato PDF è sempre perfetto. Potreste averne bisogno, ma se la precisione di visualizzazione non è così importante, o se il vostro documento è prevalentemente composto da testo con solo un paio di immagini, la conversione in formato PDF è probabilmente una perdita di tempo. Per la maggior parte dei documenti online l'HTML funziona egregiamente e non comporta gli svantaggi del PDF.

Quali svantaggi? Vi chiederete. I PDF sono essenzialmente dei grandi file di immagine, dove anche il testo viene trattato come elemento grafico (è per questo che riesce a riprodurre esattamente il documento originale, è come se lo fotografasse). Poiché le immagini occupano più spazio del semplice testo, i file PDF sono più grandi dei documenti di testo o HTML. Di conseguenza, occupano più spazio di archiviazione e, più importante, richiedono più tempo per il download e la visualizzazione su computer. Se la velocità è un fattore importante (quando non lo è?), il formato PDF non è la scelta giusta.

Il formato PDF è anche un po' scomodo: solitamente prima di poter essere visualizzato (anche nel browser web), deve essere scaricato completamente, quindi se è di grandi dimensioni, il lettore deve aspettare (e aspettare e aspettare) che il download sia terminato. È un sacco di tempo sprecato davanti a una finestra del browser vuota.

Il lettore deve anche salvare il PDF e aprirlo poi in un altro programma. La maggior parte degli utenti navigati è in grado di farlo senza problemi, ma per molti utenti estemporanei risulterebbe poco chiaro nel migliore dei casi, e difficile nel peggiore dei casi. Se volete che per il lettore sia facile e comodo leggere il vostro documento, optate per il formato HTML.

Documenti da scaricare

Se presentate un documento in un formato diverso dall'HTML, probabilmente lo fate perché volete che il file venga scaricato e letto offline, usando il relativo software. Va benissimo, ma qual è il modo migliore di presentare un documento da scaricare?

L'approccio più semplice consiste nell'introdurre un breve link di testo, per esempio **Fai clic per scaricare il file** (talvolta vedo il nome del file come link, che non è però una chiara call to action). Quando il link viene cliccato, l'utente vede solitamente una finestra di dialogo con la dicitura "Salva file" e l'opzione che gli permette di scaricare e salvare il documento.

Personalmente, preferisco un approccio visivamente più ovvio. Creare un pulsante per il download è relativamente facile. Fornite ai vostri tecnici il testo per il pulsante (o da inserire accanto al pulsante); basterà che il lettore faccia clic perché il download abbia inizio.

In ogni caso, la possibilità di scaricare il documento deve essere palese e semplice. Se volete che i lettori effettuino il download, posizionate il pulsante in posizione ben visibile e chiedete loro esplicitamente di farlo.

Che cosa è più indicato per il formato Word

Un altro formato molto usato online è il DOC di Microsoft Word. Moltissime persone hanno Microsoft Word installato sul computer, quindi questo formato non dovrebbe creare problemi per gli utenti.

Condividere i documenti

In effetti, i documenti Word sono talmente onnipresenti da essere facilmente condivisibili. Questo è il primo vantaggio dell'offrire contenuti online in formato Word: gli utenti possono tranquillamente scaricare il file e inoltrarlo senza problemi a colleghi e parenti.

Naturalmente, per poter condividere un documento Word occorre prima scaricarlo. È un passaggio che alcuni utenti potrebbero trovare noioso, ma non dovrebbe essere un problema per i professionisti, che sono i principali utenti dei documenti Word online. Si vedono tantissimi resoconti aziendali, risultati di ricerche, moduli e notiziari in formato Word da scaricare. Una volta effettuato il download, gli utenti possono inoltrare il file via email o in altro modo ai propri colleghi, che possono poi aprirlo e modificarlo, se necessario.

Documenti facili da creare

I documenti Word sono perfetti anche per la distribuzione di contenuti creati da utenti inesperti, ovvero persone qualunque che potrebbero non avere le competenze per creare elaborati file HTML. Mi riferisco per esempio ai programmi scolastici, ai turni lavorativi, ai bollettini delle comunità. È facile creare un breve documento in Microsoft Word, caricarlo su un sito web o un blog, e fare in modo che gli interessati lo scarichino. Se è ciò che state facendo, allora usate Microsoft Word. I file di Word sono tanto accessibili quanto le pagine web HTML, senza la fatica e il tempo necessari per compilare il codice HTML. È un gran vantaggio.

Modificare e collaborare

Infine, se state creando un documento che dovrà essere modificato e usato da più utenti, non c'è niente di meglio del formato Word. I vostri colleghi hanno sicuramente Microsoft Word installato sul proprio computer e, oggigiorno, tutti sanno modificare un documento Word. Gli utenti comuni non sono in grado di modificare i file PDF, così come i documenti HTML; il formato Word, invece, è stato concepito proprio per questo scopo. Quindi, se la possibilità di apportare modifiche ai contenuti è un must, Word è la scelta giusta.

Altri tipi di documenti

HTML, PDF e DOC sono i tre formati più comuni in Internet (con l'HTML al primo posto della classifica). Ma in alcuni casi potreste voler usare altri formati, sicuramente meno comuni.

I formati ebook

Se state distribuendo un ebook online, potete usare il formato EPUB (Electronic PUBlication), soprattutto se il libro è prevalentemente composto da testo. L'EPUB permette ai lettori di modificare la visualizzazione del testo in base al dispositivo usato e alle esigenze personali; e aumentare o ridurre le dimensioni del testo è facilissimo.
L'EPUB è paragonabile al formato MP3, perché è pressoché universale; Kindles, Nooks e iPad supportano tutti i libri EPUB, così come moltissime applicazioni specifiche per la lettura di ebook su PC e Mac. Il concorrente MOBI di Amazon è simile all'EPUB, ma è supportato soltanto dai dispositivi e dal software Amazon e comporta problemi di DRM (Digital Rights Management, gestione dei diritti digitali). Il mio consiglio è di usare l'EPUB o, se il vostro libro ha una

formattazione particolare, di convertirlo in PDF per una rappresentazione più affidabile.

Nota

Il DRM è un sistema di tutela del diritto d'autore di contenuti digitali, ideato per impedire la copia non autorizzata o la pirateria di lavori coperti da copyright.

Formati di immagini

Se il vostro contenuto è composto prevalentemente da immagini, potete salvarlo in formato JPG, GIF o PNG. Poiché tutti i browser web sono in grado di mostrare le immagini, non ci sono problemi di compatibilità.
Se proseguite in questo senso, JPG o PNG sono più adatti nel caso di foto a colori e ad alta risoluzione, mentre il formato GIF è perfetto per le illustrazioni e i disegni al tratto. Notate comunque che i file di immagini non sono il massimo per la visualizzazione dei testi; se il documento è composto prevalentemente da testo, è consigliabile usare il formato PDF.

Altri formati Microsoft Office

In ogni caso, se dovete distribuire online un foglio di calcolo Excel, caricatelo nel formato nativo XLS. Lo stesso vale per le presentazioni PowerPoint: caricatele nell'originale formato PPT.
Il punto è: pressoché qualsiasi computer ha Microsoft Office (quindi Word, Excel e PowerPoint) installato. Scaricare un file di Office non dovrebbe creare alcun problema, quindi, se dovete presentare contenuti da consultare e modificare offline, questi formati sono perfetti.

Avvertimento

L'ubiquità di Microsoft Office non raggiunge il mondo dei dispositivi mobili: sono pochi gli utenti che hanno app che consentono la visualizzazione di documenti Office sul proprio smartphone.

22

Confrontarsi con la progettazione delle pagine web

I testi che scrivete sono solo una parte dei contenuti inclusi in una tipica pagina web. Dovete considerare anche le immagini – siano esse foto o di altro tipo – i video, le animazioni, le caselle di testo e cose simili.

Tutti questi elementi vengono inseriti nella pagina web usando un linguaggio chiamato HTML. In qualità di copywriter, è probabile che non verrete interpellati per lavorare al codice HTML (oppure sì, non vi è dato saperlo), ma è comunque utile conoscere almeno le basi di questo standard per massimizzare l'efficacia dei vostri contenuti, e sapere quando e come potete fornire del testo per gli elementi aggiuntivi.

Comprendere l'HTML

Senza entrare troppo nel dettaglio, voglio spiegarvi un paio di cose, non perché dovete conoscere ogni aspetto del codice HTML, ma perché è utile sapere che cos'è esattamente e come funziona, almeno in termini generici.

Che cos'è l'HTML

Partiamo dalle basi: se non lo sapete ancora, HTML sta per *HyperText Markup Language*, ed è la lingua franca del World Wide Web.
Ovvero, l'HTML è il linguaggio di programmazione usato per creare le pagine web, che sono quindi dei documenti in formato HTML. Questi documenti, come quelli di elaborazione testi, consistono di righe di testo, immagini, suoni e link, tutti organizzati secondo criteri prestabiliti. Ogni elemento della pagina è definito da uno specifico codice o tag HTML. Questi codici lavorano dietro le quinte per stabilire ciò che si vede quando la pagina web viene visualizzata nel browser.
L'HTML è in realtà un linguaggio abbastanza versatile. È tanto semplice da poter essere usato da pressoché chiunque per creare una pagina web elementare, ma contiene anche un certo numero di codici avanzati che gli sviluppatori professionali usano per creare pagine più elaborate e animate. E, fidatevi, esistono tantissimi software che permettono l'editing WYSIWYG (What You See Is What You Get, quello che vedi è quello che ottieni) per poi generare il codice HTML corrispondente, quindi non dovete per forza conoscere il linguaggio HTML per creare una pagina web.

Come funziona l'HTML

Il codice HTML potrebbe sembrare difficile, ma non è così. Prima di tutto, sappiate che non è altro che testo circondato da istruzioni, sotto forma di semplici codici, chiamati *tag*. Questi tag dicono al browser web dell'utente come mostrare ogni singolo elemento della pagina, inclusa la pagina stessa.
I tag si distinguono dal testo normale perché sono racchiusi tra "parentesi angolari" (<>). Ogni tag attiva o disattiva un dato attributo, come il grassetto o il corsivo. La maggior parte dei tag è composta da una coppia in cui un tag attiva e l'altro disattiva: attivate il codice prima del testo a cui si riferisce e lo disattivate alla fine del testo.
Per esempio, il tag **<h1>** è usato per trasformare le parole in titolo di primo livello; il tag **</h1>** indica dove termina questo attributo. Il tag **<i>** permette di rendere corsivo il testo; **</i>** disattiva la formattazione del corsivo (come potete

vedere, il codice di disattivazione non è altro che il codice di attivazione con l'aggiunta di uno slash iniziale, **</così>**).
Quindi se, per esempio, volete che una riga di testo sia visualizzata come titolo di primo livello, nel codice appare così:

<h1>Questo è il titolo di primo livello</h1>

e se volete che una parola in una riga di testo sia in corsivo, nel codice sarà così:

Questa è una riga di testo con un'unica parola in <i>corsivo</i>.

Nota

Il testo *non* delimitato da tag HTML viene visualizzato con la formattazione di default del documento: Times Roman regolare.

Esistono tag per il grassetto, il corsivo e il testo sottolineato. Alcuni tag indicano il tipo di font, le dimensioni e il colore delle parole. Altri incidono sull'allineamento del paragrafo. Altri ancora, molti in realtà, permettono di inserire elementi come i collegamenti ipertestuali, le immagini, gli elenchi e le tabelle.
Naturalmente, il codice può essere molto complesso, soprattutto se si entra nella sfera degli standard CSS (Cascading Style Sheets), XHTML e del nuovo HTML5. Queste nuove forme di HTML permettono di ottenere formattazioni particolarmente elaborate, sebbene richiedano delle competenze specifiche. Ma i concetti generali sono gli stessi: i codici HTML dicono ai browser come mostrare i vari elementi di una pagina.

Quanto dovete conoscere l'HTML?

Adesso sapete a grandi linee come funziona l'HTML. La domanda è: è veramente importante? Oppure, quanto approfonditamente dovete conoscere l'HTML visto che siete dei "semplici" copywriter?
La risposta è: dipende (lo so, odiate questa risposta).
La maggior parte delle aziende di grandi dimensioni si avvale di personale qualificato. In questo caso avreste dei web designer e/o dei tecnici che si occupano del codice HTML e voi sareste responsabili soltanto dei contenuti. Magari dovrete fornire solo i testi, mentre i designer si occuperanno delle immagini. In questo caso, non è necessario che conosciate una singola virgola dell'HTML.

→ *segue*

→ *continua*

Se lavorate invece per un'azienda più piccola, o se state creando il vostro sito web personale, magari non potete permettervi il lusso di avere un web designer e uno sviluppatore a disposizione. Vi ritroverete a dover fare tutto da soli. Prima di andare in panico, sappiate che anche in questo caso potete probabilmente contare su strumenti che vi semplificheranno la progettazione delle pagine web, dalla creazione basata su moduli all'editing WYSIWYG con programmi come Adobe InDesign. Conoscere un po' di HTML non farebbe male, ma tutto ciò che dovrete fare sarà posizionare gli elementi nella pagina e lasciare che l'applicazione generi il codice HTML per voi.

Per la maggior parte dei copywriter, l'unico caso in cui occorre conoscere l'HTML è quando si vuole applicare una formattazione particolare a una pagina o un post di blog e non si ha a portata di mano un tecnico qualificato. Capita abbastanza spesso nel caso dei blog, per cui gli strumenti di post-editing potrebbero non offrire la flessibilità di cui avete bisogno. Invece di fare a botte con lo strumento, è a volte più facile sporcarsi le mani e inserire manualmente quei pochi tag HTML, soprattutto perché non sarebbe il caso di impegnare lo staff tecnico per un semplice post del blog. Se conoscete le basi del codice HTML, sarete in grado di fare da soli.

Che cosa potete e *non* potete fare con l'HTML

Per un copywriter, il motivo principale per cui familiarizzare con l'HTML è sapere cosa può e cosa non può fare. In questo modo potrete evitare di chiedere cose impossibili e bizzarre e farvi ridere in faccia.

L'HTML può fare molto

Quindi, cosa potete fare con l'HTML? Tantissimo. Eccovi un elenco delle principali possibilità.

- Specificare la formattazione di singole parole, blocchi di testo o di tutto il testo della pagina. Parlo del grassetto, del corsivo e cose simili, così come del tipo, delle dimensioni, del colore del font e dell'allineamento dei paragrafi. Se volete che un paragrafo sia allineato a sinistra, con testo in Verdana 12 punti, e il successivo in Times New Roman 12 punti, l'HTML vi permette di farlo.

Avvertimento

Sebbene l'HTML permetta di sottolineare il testo, dovreste evitare questo tipo di formattazione; i testi sottolineati sembrano dei link cliccabili, e possono confondere i lettori. Usate la sottolineatura soltanto per l'anchor text (in questo caso non dovrete specificare la sottolineatura, per i link è automatica).

- Formattare righe di testo come elenchi numerati o puntati.
- Specificare il colore o l'immagine di sfondo di una pagina.
- Creare collegamenti ipertestuali per una parola o un blocco di testo. Potete anche linkare immagini ad altre pagine web.
- Inserire immagini e allinearle (a sinistra, a destra o centrate) in relazione a un dato paragrafo. Potete specificare anche le dimensioni dell'immagine e inserire una cornice.
- Inserire immagini e caselle di testo in posizioni fisse all'interno della pagina. Ovvero, potete specificare la posizione esatta nella pagina e l'elemento rimarrà lì, indipendentemente da cosa succede attorno.
- Inserire immagini e caselle di testo che si spostano nella pagina. Ovvero, l'elemento viene inserito in una posizione statica cosicché gli altri elementi scorrono intorno a lui, anche se si fa scorrere la pagina.
- Inserire video e animazioni Flash, nello stesso modo in cui inserite le immagini.
- Creare layout con più colonne, almeno fino a un certo punto. È possibile con il più sofisticato codice CSS, che sta diventando uno standard del Web.
- Inserire tabelle, anche complesse. Potete anche inserire immagini e altri elementi all'interno di singole celle della tabella, modificare lo spessore e il colore dei bordi, e specificare il colore di sfondo per ogni cella.
- Integrare elementi ospitati altrove sul Web. Per esempio, immagini da altri siti, video da YouTube e perfino "gadget" con dati forniti da siti come Google Maps.

Cosa significa questo per voi che siete dei copywriter? Semplice: potete usare qualsiasi o tutte queste tecniche per stabilire la posizione e la formattazione dei contenuti di una pagina. Probabilmente significa chiedere al web designer di farlo per voi, e fornirgli i singoli elementi laddove necessario. Se volete che una tabella, una casella di testo o un'immagine di date dimensioni accompagni il vostro testo di base, probabilmente può essere fatto.

Nota

Ho deliberatamente evitato di parlare degli aspetti tecnici della progettazione delle pagine web in questo capitolo e nell'intero libro. Sebbene il contenuto e la progettazione dovrebbero andare a braccetto, la vostra responsabilità come copywriter riguarda il contenuto; nella maggior parte dei casi, la progettazione sarà gestita dal personale tecnico o da un web designer. Per saperne di più su come trarre vantaggio dalla collaborazione con questi professionisti, consultate il Capitolo 23, "Lavorare con i web designer e i tecnici".

L'HTML non garantisce l'integrità di visualizzazione

Però, esistono delle "chicche" che non è possibile ottenere con l'HTML. Abbiamo parlato di alcune di queste nel Capitolo 21, "Scegliere i formati di distribuzione giusti", ma vale la pena ripeterle.

Prima di tutto, l'HTML non può garantire che una pagina web appaia nello stesso modo in tutti i browser. Sono molte le variabili che differiscono da browser a browser, per cui il vostro elaborato design avrà un aspetto diverso se la pagina viene visualizzata con qualcosa di diverso da Internet Explorer.

L'HTML non mostra tutti i caratteri speciali

Inoltre, alcuni caratteri speciali non sono inclusi nello standard HTML. Se usate uno di questi caratteri nel vostro testo, è possibile che non appaiano correttamente o che non appaiano affatto, nella maggior parte dei browser web.

Quali sono questi caratteri? Ecco quelli da evitare:

- le virgolette curve (“”). Usate quelle dritte (");
- le frazioni (¼, ½). Scrivetele normalmente (1/4, 1/2);
- le lettere accentate e i caratteri speciali (à, è, ç, ü).

Nota

Le virgolette curve vengono solitamente inserite automaticamente da Microsoft Word e altri programmi di elaborazione di testo. Poiché l'HTML mostra senza problemi le virgolette dritte ("), dovreste usare queste, invece di quelle curve generate automaticamente da Word.

Sembrano cose banali, ma è giusto saperle. Accertatevi di conoscere la regola e di evitare cose che l'HTML non sempre fa bene.

Lavorare con le immagini

Voglio parlare brevemente di una funzionalità opzionale dell'HTML relativa alla visualizzazione delle immagini nelle pagine web. Di default, le immagini non sono altro che file di immagini inseriti all'interno di una pagina attraverso il codice HTML.

Potete comunque aggiungervi una descrizione con un attributo HTML nel tag **<img>** (immagine). Questo *testo alt*, come viene chiamato, apparirà nel caso l'immagine non venga visualizzata per qualche motivo. Ancora più importante, è ciò che i motori di ricerca leggono quando tentano di capire il contenuto di un'immagine nella pagina (ricordate: i motori di ricerca non leggono le immagini, solo il testo).

Quindi, se volete fare un favore ai vostri lettori e se volete che il contenuto delle vostre immagini sia indicizzato da Google e dagli altri motori di ricerca (cosa che, naturalmente, volete), dovete fornire del testo alt per ciascuna immagine del vostro sito web. Tecnicamente parlando, si fa usando il seguente codice HTML:

```
<img alt="Questo è il testo alt per questa immagine" src="image.jpg">
```

Il testo alt è racchiuso tra virgolette dopo l'attributo **alt=**.

Potreste anche inserire il testo alt in un modulo del vostro programma di editing HTML. Digitate il testo nell'apposita casella (oppure datelo al vostro web designer da inserire), e il gioco è fatto.

Nota

Potete (e vi consiglio di farlo) aggiungere del testo alt anche per i video e le animazioni.

23

Lavorare con i web designer e i tecnici

La creazione di un sito web è frutto della collaborazione tra più persone; raramente è un lavoro abbozzato da un unico attore. In qualità di copywriter, lavorerete a stretto contatto con vari professionisti: gli addetti al marketing, gli sviluppatori e i web designer.

Come potete sfruttare al meglio la collaborazione con gli altri membri del team dedicato alla creazione del sito web e ottenere i risultati sperati? Non pensate di poter fare tutto da soli, lavorare in gruppo è l'unico modo per trasformare le vostre parole in un perfetto pacchetto di contenuti per la gioia dei visitatori del vostro sito web.

Chi è il boss?

La creazione di un sito web richiede un mix competenze. Il sito deve aver un bell'aspetto e i contenuti devono apparire nel modo giusto, quindi serve un web designer. Il sito deve anche essere scritto in codice HTML sfruttando tutte le moderne tecnologie, quindi serve uno sviluppatore web. Infine, il sito ha bisogno di contenuti, molti dei quali sotto forma di testo, quindi serve un copywriter, che siete voi.

La domanda a questo punto è: chi mette insieme e gestisce questo team di talenti? La risposta potrebbe determinare il successo o il fallimento degli sforzi di web marketing. In realtà la proprietà di un sito web viene spesso reclamata da più parti della stessa azienda. Il web designer pensa di essere l'eletto, lo sviluppatore pensa di essere l'eletto e il copywriter non sa a chi prestare attenzione. Il risultato è una sorta di lotta di potere, o pura inerzia, se nessuno prende le redini. Accade ancora di peggio se la funzione di capo viene espletata dalla persona sbagliata. Immaginate se il reparto finanziario dell'azienda gestisse il sito web: sicuramente non sarebbe dispendioso, ma a discapito della qualità dei contenuti o della qualità del design. Sebbene questo sia un esempio estremo, i risultati sarebbero similmente inappropriati, se la gestione e la progettazione del sito fossero affidati a persone che non hanno una visione incentrata sul cliente.

Qualcuno deve guidare il team ed è meglio che sia la persona giusta. Se non c'è un leader, il sito non avrà una sua identità specifica (ed è anche probabile che ci saranno dei ritardi sulla tabella di marcia). Se la gestione viene affidata alla persona sbagliata, probabilmente il sito soffrirà di un'ambivalenza tendente a una delle tre discipline principali: design, tecnologia o contenuti.

Deve esserci un equilibrio in termini di approccio, e deve esserci una persona o un reparto responsabile della visione del sito e del completamento del progetto. A chi spetta questo ruolo? Come potete immaginare, non ho dubbi sulla risposta.

Perché il reparto marketing dovrebbe orchestrare lo show

Nella maggior parte delle aziende, lo sviluppo del sito web è un lavoro di squadra tra i reparti di marketing, progettazione e tecnologia. Tutti e tre possono contribuire positivamente, ma solo uno di questi mette in posizione privilegiata il cliente. I web designer vogliono fare qualcosa di molto carino, mentre gli sviluppatori vogliono usare le tecnologie di ultima generazione; gli addetti al marketing sono gli unici a rappresentare le ragioni dell'utente.

Per questo motivo, se il progetto viene capitanato dal web designer o dallo sviluppatore, i risultati potrebbero essere disastrosi. Il sito finirebbe per essere troppo pesante in termini di design o di tecnologia, invece di integrare il giusto mix di entrambi a servizio delle esigenze dei clienti.

Quale tipo di sito vorrebbero creare i web designer? Se la decisione spettasse a loro, il vostro sito avrebbe un aspetto di tendenza, con un marcato design rivoluzionario. Il sito di un web designer sarebbe elegante, certo, pieno di tanti piccoli gioiellini stilistici e altri elementi di design del tutto inutili (inutili in termini di valore per il cliente). Il sito sarebbe scoppiettante e sfolgorante, e non avrebbe importanza se dietro allo stile non ci fosse sostanza. Tutto per la gioia degli occhi, niente spazio per i contenuti.

Naturalmente, non sarebbe molto meglio se a capo del progetto ci fossero gli sviluppatori. Questi preziosi professionisti amano cacciare dentro tutti i più innovativi ritrovati tecnologici, sotto forma animazioni, filmati e cose che sbucano qui e appaiono là. Il sito di uno sviluppatore sarebbe talmente avanzato tecnologicamente che molti, se non tutti i visitatori, non sarebbero in grado di visualizzarlo; richiederebbe un browser di ultima generazione, una connessione a banda larga ultraveloce e chissà cos'altro. E magari, da qualche parte, ci sarebbe anche un pochino di spazio per i veri contenuti, a patto che riusciate a farli stare tra animazioni e tutto il resto.

Questi due approcci hanno una cosa in comune: non pensano a come e perché i visitatori dovrebbero utilizzare il sito. I web designer vogliono mettere le loro belle immagini di fronte agli utenti senza chiedersi cosa vogliano realmente vedere. Gli sviluppatori cercano di usare tutte le ultime tecnologie senza chiedersi come saranno utilizzate o se saranno utilizzabili.

Spetta al reparto marketing, quindi, pensare a ciò che i visitatori vogliono, ovvero *pensare come il cliente*. La maggior parte dei clienti vuole qualcosa di specifico, di utile; gli utenti vogliono sostanza, non stile, e vogliono poter trovare ciò che cercano velocemente e facilmente. Bisogna quindi offrire contenuti utili presentati in maniera user-friendly. Il design e lo sviluppo entrano in gioco solo a servizio di queste esigenze.

Significa che il reparto marketing, rappresentato da voi copywriter, deve realmente cercare e fornire le risposte a queste esigenze. Non potete semplicemente buttare lì le ultime banalità e linee guida aziendali; dovete andare oltre ciò che l'azienda e i relativi dirigenti amano, e creare un sito focalizzato esclusivamente sui vostri clienti attuali e potenziali.

Quindi voi, "semplici" copywriter, dovete in qualche modo farvi carico del progetto di realizzazione del sito web. Dovete collaborare con i web designer e gli sviluppatori, ascoltare i loro consigli senza lasciare che si sbizzarriscano. E dovete gestire i vostri superiori, che vorrebbero far valere le loro idee personali su come presentare i contenuti, invece di portare il progetto verso una direzione orientata al cliente. Non dovrebbe essere troppo difficile, vero?

Quando i web designer e gli sviluppatori scrivono

In questo capitolo do per scontato che voi, copywriter, facciate parte del reparto marketing. Ma potrebbe anche non essere così.

Di solito, soprattutto nelle piccole aziende, il compito di scrivere viene affidato ad altri membri del team. Magari i web designer o gli sviluppatori pensano che il testo di una pagina non sia così importante (o che sia secondario rispetto al design o alla tecnologia), oppure semplicemente non ci sono le risorse o il budget necessari per un vero copywriter. Oppure, potreste essere dei web designer o sviluppatori incaricati di riempire con del testo gli spazi vuoti delle vostre pagine web.

Se non siete copywriter full time e state leggendo questo libro, avete già ricevuto tantissimi consigli che vi aiuteranno a usare le parole giuste nel modo giusto. Ma non è solo una questione di stile di scrittura; si tratta anche di guidare il progetto tenendo a mente i visitatori del sito. Sarà vostra responsabilità, come copywriter e non come web designer o sviluppatore, plasmare il contenuto e il design del sito affinché offra ciò che i visitatori si aspettano e necessitano. I vostri colleghi probabilmente non la penseranno così, quindi dovete farlo voi.

Ogni parola che scrivete deve servire il cliente, così come il modo in cui queste parole (e altri contenuti) vengono visualizzati nella pagina. Siete gli unici responsabili di questo compito, quindi dovete farvi avanti e accertarvi che venga fatto correttamente. Anche se non siete dei copywriter professionisti, quando lavorate al vostro sito web dovete pensare come uno di loro. Fa parte del vostro lavoro.

Focalizzarsi sul contenuto, non sul design o la tecnologia

In qualità di rappresentate degli utenti del vostro sito, dovete far valere l'assunto che la tecnologia e il design sono subordinati al contenuto. Non potete lasciare che i web designer o gli sviluppatori maltrattino il progetto; il design non può avere la meglio sul contenuto, e neanche la tecnologia. Il contenuto è re e dovrebbe influenzare il design e l'uso della tecnologia per il vostro sito.

Inoltre, sono tantissimi gli elementi tecnologici e di design che potrebbero intralciare il contenuto del sito: animazioni Flash, video e tutte quelle cose che solitamente portano i visitatori a dire "wow".

In altre parole, tutte le cose che i visitatori amano odiare.

È proprio così: gli elementi carini che i web designer e i tecnici amano così tanto, sono solitamente detestati da molti utenti del Web. I visitatori vogliono poter fare ciò che vogliono fare; non vogliono essere interrotti. E credetemi, le animazioni, i filmati e tutti gli elementi "frizzanti" sono interruzioni, indesiderate e inutili. Intralciano il raggiungimento di ciò che gli utenti vogliono.

Sono certo che, come utente, avete provato questa esperienza. Entrate in un sito e prima di visualizzare l'home page, vi appare davanti un'animazione o un video. Prima di poter iniziare a leggere le informazioni che stavate cercando siete costretti ad aspettare qualche secondo (o anche di più) che si carichi e poi che venga riprodotto il file animato. È un enorme sbarramento, che porta molti visitatori a cambiare sito.

Pensate a questa interruzione pre-home page come all'equivalente online di far aspettare i clienti fuori da un negozio mentre state allestendo uno spettacolo di marionette; non li fate entrare finché lo show non è terminato. Se fate una cosa simile nel mondo reale, la maggior parte dei clienti se ne andrà. Quindi, perché farlo online?

La stessa cosa vale per qualsiasi altro stratagemma tecnologico e di design. Certo, sono divertenti, e sono sicuro che piacciono tantissimo ai vostri web designer e sviluppatori. Ma sono realmente utili per i vostri visitatori, oppure li infastidiscono? Questa è la domanda da porsi e, solitamente, la risposta giusta è evitare di usare questi ammennicoli e focalizzarsi sul contenuto principale.

Quindi, lasciate perdere ciò che potrebbero pensare i vostri web designer e sviluppatori e ricordate che il contenuto è sempre il re. È bello avere un design elegante e non c'è nulla di sbagliato nell'includere la tecnologia più all'avanguardia, ma i contenuti sono veramente l'unica cosa importante per i visitatori. Potreste avere il sito più brutto del Web, ma se il contenuto è utile e originale (e ben scritto, naturalmente), catturerete comunque gli utenti. Non voglio dire che il design e la tecnologia debbano essere completamente ignorati, ma lo scopo principale deve rimanere la capacità di fornire i contenuti che i visitatori vogliono. E, in qualità di copywriter del sito, questo è il vostro lavoro.

Nota

Volete un esempio di contenuti che trionfano su un design debole? Basta dare un'occhiata a Wikipedia, uno dei primi 10 siti del Web, sicuramente tutto fuorché un esempio di design rivoluzionario; in realtà è bruttino da quel punto di vista. Ma il contenuto è di primissimo livello, motivo per cui attrae milioni di visitatori ogni giorno. Wikipedia è la prova che i contenuti sono importanti; il design molto meno.

Come gestire il team

Avete quindi un team di persone dedicato alla realizzazione del vostro sito web. In qualità di rappresentante del reparto marketing, vi verrà dato (o vi prenderete) l'onere di gestire il team. Come funziona esattamente?

Valutare le competenze

La prima cosa che dovete fare è valutare le competenze dei membri del team e farle combaciare con le competenze di cui avete bisogno per portare a termine il progetto. A mio avviso le competenze assolutamente necessarie sono:

- strategia e pianificazione;
- project management;
- contenuti (siete voi!);
- progettazione dell'architettura e dell'interfaccia utente;
- web design grafico;
- tecnologia web;
- produzione del sito.

Ogni singolo membro del team deve possedere più di una di queste competenze. Ma se nessuno possiede una di queste competenze, dovrete integrarle ingaggiando altri colleghi dell'azienda o professionisti free lance esterni.

Assegnare le responsabilità

Nel caso di progetti di grandi dimensioni, dovreste assegnare un ruolo specifico a ciascun membro del team. La Figura 23.1 mostra una tipica struttura per la realizzazione di un sito web, con i seguenti ruoli principali:

- **Project manager:** coordina le fasi del progetto. Il PM deve far rispettare il budget e le tempistiche stabilite dagli azionisti e comunicare loro i progressi. Spetta a lui il compito di mantenere gli altri membri concentrati sul progetto e gestisce le comunicazioni tra di loro. Chiamate questa persona "il boss", almeno temporaneamente.
- **Consulente sull'usabilità/progettista informatico:** il suo ruolo consiste nel dare forma all'esperienza utente e nell'organizzare i contenuti e la struttura del sito. È il portavoce principale degli utenti ed è più attivo all'inizio del processo di strutturazione del sito. Non ha una responsabilità delineata; pensate a questo ruolo più come a un consulente che non a un manager o a un tecnico.

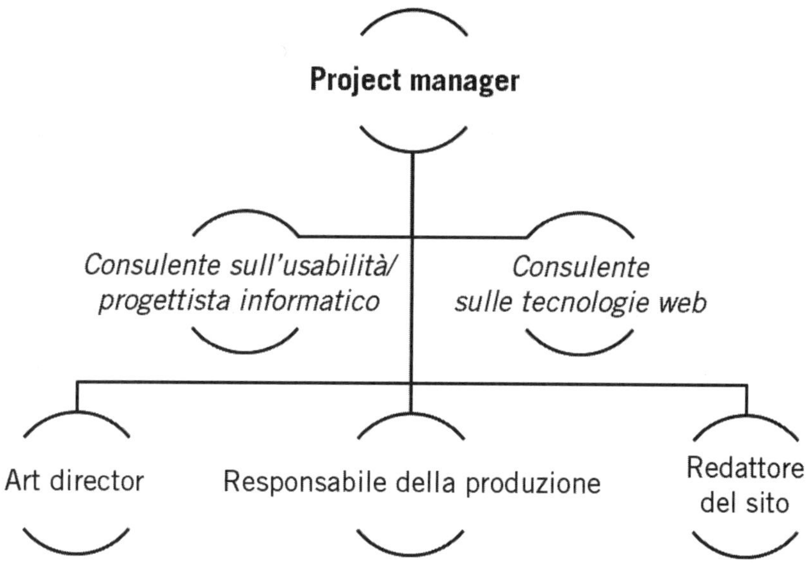

Figura 23.1 Un tipico schema del team dedicato alla realizzazione di un sito web.

Nota

I progetti più piccoli potrebbero non includere questa figura. In questi casi, un altro membro del team (come il redattore del sito) si occuperà di questi compiti orientati all'utente.

- **Consulente sulle tecnologie web:** è una posizione opzionale (più comune per i siti di grandi dimensioni) responsabile della scelta delle tecnologie che saranno usate per il sito web. Nel caso di siti di grandi dimensioni, questa persona ha il compito di progettare l'integrazione del database, di assegnare o di dare in outsourcing la programmazione web personalizzata, di risolvere i problemi legati alla sicurezza e cose simili.
- **Art director:** è principalmente responsabile del look e della percezione del sito. Questa persona (e il team) prende le decisioni più importanti relativamente all'interfaccia utente, all'aspetto della scrittura, ai colori, al layout della pagina e alle immagini. È una specie di "designer".
- **Responsabile produzione:** insieme al team dedicato alla produzione, è responsabile della trasformazione di tutti i mock-up della pagina in pagine HTML perfettamente funzionanti. È un ruolo che non si esaurisce con il completamento del progetto, perché deve garantire il funzionamento del sito su base giornaliera.

- **Redattore del sito:** siete voi, ovvero il copywriter e la persona responsabile di assemblare tutti i contenuti (testo e immagini) da usare nel sito. Voi e il vostro team dovete anche occuparvi di tenere aggiornati i contenuti: il vostro compito continua anche dopo la pubblicazione del sito.

Nota

I siti web non sono mai completamente finiti. Devono cambiare ed evolversi man mano che si evolve l'azienda che vi sta dietro; nuovi prodotti e nuovi servizi devono essere presentati in nuove pagine; i cambiamenti nel personale richiedono modifiche alle informazioni di contatto; e gli standard web in continua evoluzione comportano una revisione periodica del design del sito. Pertanto, considerate il vostro sito come un lavoro perennemente in corso, a cui occorre dedicarsi di tanto in tanto.

Come si evince dai nomi dei ruoli, il consulente sull'usabilità e il consulente sulle tecnologie web sono posizioni prevalentemente di consulenza che esulano dalle operazioni giornaliere. Gli altri ruoli non hanno una gerarchia definita, ma tutti riportano al project manager. L'art director non è né più né meno importante del responsabile produzione o del redattore del sito; ciascuno ha un ruolo e tutti devono collaborare alla costruzione del sito e alla sua manutenzione. Naturalmente, è compito del product manager fare in modo che ciò avvenga e che tutti i membri del team siano soddisfatti e positivamente collaborativi.

Il ruolo di redattore del sito

Se il vostro ruolo è quello di redattore del sito, dovete dedicarvi alla creazione del contenuto appropriato, nelle tempistiche stabilite, affinché l'art director e il responsabile produzione possano usarlo nei loro progetti. Dovreste anche essere proattivi rispetto ai tipi di contenuti che dovrebbero essere inseriti in ciascuna pagina; ne siete responsabili tanto quanto gli altri.
Il modo migliore di farlo consiste nell'essere attivamente coinvolti in tutti gli aspetti della progettazione del sito. Dovete dire (scusate, suggerire) agli altri membri del team quali contenuti devono essere inseriti in ogni pagina. È difficile farlo dopo che una pagina è stata progettata o prodotta. Dovete essere presenti con il vostro contenuto il prima possibile, e il più proattivamente possibile. Fatevi sentire e lasciate che gli operatori costruiscano le pagine intorno ai contenuti di cui hanno bisogno i vostri clienti.

Gestire il progetto

Se avete la fortuna di ricoprire anche il ruolo di product manager, buon per voi. Gestire personalità e competenze così diverse non è facile; tutti pensano che il proprio ruolo sia il più importante e che gli altri siano semplici valletti. Dovreste lasciarglielo credere, ma in realtà dovete gestire ogni membro del team in modo da riunire le loro competenze a servizio del progetto finale e dei vostri potenziali clienti.

È facile perdere di vista l'obiettivo finale quando si è in trincea; è comprensibile. Ma qualcuno, presumibilmente il project manager, deve avere una visione globale e gestire tutti gli altri per ottenere i risultati stabiliti.

Per finire: dovete sempre tenere a mente gli utenti del sito. Gli utenti, o meglio, le esigenze degli utenti, dovrebbero essere la forza motrice di ogni decisione che prendete, da quelle relative alle tecnologie da implementare, al design, fino ai contenuti. Fate ciò che è giusto per gli utenti e svilupperete un sito eccellente. Se ignorate gli utenti o rimanete imprigionati in lotte di potere intestine, finirete per avere un sito che nessuno vorrà visitare. Sono certo che la pensate come me: è preferibile la prima opzione.

24

L'ultima parola: pensare come il lettore

Ed eccoci alla fine... di questo libro, intendo. Il vostro viaggio come web copywriter continuerà, e spero che quello che avete imparato in queste pagine si dimostrerà utile.

Prima di salutarci, vorrei regalarvi qualche parola in più su ciò che ritengo la componente più importante del copywriting, online e offline. Sto parlando della necessità di entrare nella testa dei lettori e di fornire loro il contenuto di cui hanno bisogno nel modo più appropriato.

È ciò che amo chiamare "pensare come il lettore" ed è la chiave del copywriting di successo.

Tutto è importante, ma alcune cose di più

Nel libro abbiamo parlato di vari aspetti del copywriting online, dalla struttura di base alla scrittura per specifici canali e dispositivi. Tutte queste informazioni sono utili, soprattutto se siete neofiti o non molto esperti di scrittura. Dopotutto, è utile sapere quali parole funzionano meglio e come posizionarle nella pagina. Sapere come usare i due punti, la forma attiva, e non lasciare che il participio rimanga in sospeso sono solo una parte del gioco. Tutti possono imparare a scrivere, ma per scrivere bene ci vuole talento.

Non voglio dire che la punteggiatura, la grammatica e la scelta delle parole non siano importanti, lo sono. Ma ciò che scrivete è più importante di come lo scrivete. Utilizzare il contenuto migliore e più utile è il primo passo essenziale della scrittura di testi di qualsiasi tipo per qualsiasi media. Quando avete il contenuto tra le mani (o in testa), potete usare le regole più appropriate per renderlo facile da leggere e da assorbire.

Dare ai lettori ciò che vogliono

Sapere cosa scrivere e sapere come scriverlo riconducono a un unico concetto: pensare come il lettore (o il cliente, il visitatore del sito, l'amico del social network, scegliete voi). Quando sapete di cosa il visitatore ha bisogno, vi sarà facile fornire il contenuto giusto.

Dico che è facile, ma forse sto esagerando. È facile se riuscite a entrare nella testa dei vostri lettori. Dovete sapere cosa sanno (e non sanno), sapere cosa devono sapere, pensare come pensano. Poi, potrete fornire le informazioni che vogliono e di cui hanno bisogno, nel modo in cui amano leggerle.

Il concetto di "pensare come il lettore" è importante perché è incentrato sul lettore, *non* sullo scrittore. Uno dei grandi errori di chi scrive è dare per scontato che i lettori siano esattamente come lui, che tutti i lettori sappiano quello che sa lo scrittore, che siano interessati alle stesse cose a cui è interessato lui, e che vogliano ricevere quell'informazione proprio come vorrebbe riceverla lui. Raramente è così; gli scrittori che credono a questa follia finiscono per scrivere per se stessi, non per i loro lettori. È narcisistico, naturalmente, ma soprattutto, non è utile al lettore. Voi scrittori siete raramente il vostro pubblico di riferimento.

Quando scrivete per un'azienda o un altro tipo di organizzazione, un errore simile è pensare che i lettori siano come i dipendenti, i dirigenti dell'azienda o come gli altri esperti del settore. Questo è un errore fatale: i visitatori del sito di un'azienda raramente ne sanno quanto i vostri colleghi all'interno della società, e non sono neanche interessati alle stesse cose. Quando scrivete come se vi rivolgeste agli addetti ai lavori, finite per risultare incomprensibili per i vostri potenziali clienti. Il fatto che piaccia al vostro capo o al presidente dell'azienda, non significa che sia adatto ai vostri lettori di riferimento.

Avvertimento

È difficile piacere sia ai lettori sia al capo e ai dirigenti aziendali. Ed è difficilissimo far comprendere ai manager il concetto di "pensare come il cliente" e andare oltre ciò che essi amano o detestano.

Dovete fornire i contenuti che i lettori vogliono e di cui hanno bisogno, non necessariamente ciò che l'azienda vuole fornire. Solo mantenendo una visione focalizzata sul cliente/lettore sarete in grado di creare contenuti efficaci e coinvolgenti. Se distogliete l'attenzione dal lettore, scriverete solo per voi stessi.

Per creare e presentare i contenuti in modo che siano interessanti e utili per i lettori dovete sapere cosa trovano interessante e utile, che è la base del concetto di "pensare come il lettore". Se sapete cosa pensano, scrivere per loro sarà più semplice. Se non sapete niente di loro, buona fortuna. Ne avrete bisogno.

La presentazione conta

Sapere cosa sanno e di cosa hanno bisogno i lettori influisce sul contenuto che scrivete. È anche fondamentale sapere come e dove vogliono questa informazione; questo influisce sul modo in cui presentate i contenuti.

Quando si deve scrivere per il Web, è necessario avere una certa familiarità sia con i canali online (pagine web, email, social media e simili) sia con i dispositivi dei lettori (monitor dei computer, schermi di portatili, smartphone ecc.). Quando sapete come funzionano e in che modo i lettori interagiscono con loro, potrete mettere in pratica i consigli di questo libro. La presentazione su Internet è ciò che ci porta a scrivere contenuti brevi e "fatti a pezzi", e a pensare in termini di schermi invece che di pagine stampate.

In altre parole, la presentazione delle stesse informazioni agli stessi lettori sarebbe diversa su una pagina web rispetto a come risulterebbe in un libro. Sarà anche diversa in un post di un blog o di un tweet rispetto a una pagina web. E sarà ulteriormente diversa se pensate che quel post, quel tweet e quella pagina web saranno letti su un telefono cellulare.

Più cose sapete sui vostri lettori e su come e dove leggono, più i vostri contenuti saranno appropriati. Pensare come il lettore è un approccio essenziale per fornire i contenuti giusti nel formato giusto per i lettori per cui state scrivendo.

Scrivere parole che funzionano sul Web

E questo, cari lettori, è l'argomento di questo libro: aiutarvi a scrivere in modo più mirato per il vostro pubblico di riferimento. Che facciate vostro il mio consiglio o meno, potete sempre rimettere a fuoco i vostri sforzi chiedendovi semplicemente: ***Cosa vogliono i miei lettori?*** Rispondete a questa domanda e saprete cosa scrivere e come presentarlo.

Questa è la scrittura online. Lasciate che i lettori vi indichino la strada da seguire e vi ritroverete a scrivere parole che sul Web funzionano, e anche molto bene.

Appendice

200 parole che funzionano sul Web

Volete conoscere alcune parole "d'azione" che renderanno ancora più efficaci i vostri testi online? Eccovi 200 potenti parole che daranno una marcia in più a qualsiasi contenuto sul Web.
Ricordate, il potere porta a responsabilità, quindi non abusatene; alcune di queste parole messe qua e là nel testo possono dare risultati sorprendenti.

acquista
affare
affidabile
affrettati
aggiorna
aggiornamento
agisci
aiuto
allarga
applica
approva
arricchisci
assumi
attira
aumenta
autentico
autorizzato
bello
bonus
cattura
collaudato
colorato
colossale
combina
completa
compra
comunica
conferma
comfort
confronta
consegna
conserva
consigliato
consulta
contatta
contribuisci
controlla
convinci
coopera
correggi
costruisci
crea
decidi
descrivi
dettaglio
difendi
diminuisci
dimostra
diretto
divertiti
eccellente
eccezionale
eccitante
economico
elimina
enfatizza
entra
esamina
esatto
esclusivo
espandi
esplora
estendi
facilmente
famoso
finale
formidabile
forte
fulcro
garantito
genera
genuino

gestisci
grande
gratuito
guadagna
illimitato
immediatamente
impara
impressionante
in evidenza
incoraggia
indaga
informa
informati
inizia
innovativo
inventa
invitante
inizia
ispira
istruisci
lancio
leader
limita
maggiore
magnifico
massimizza
massimo
migliora
migliore
minimizza
mobilitati
modello
moderno
notevole
notifica
noto
novità
ordina
organizza
ottimo
parlane
partecipa
perfetto
perfeziona
permetti
personalizza
personalizzato
persuadi
pianifica
potente
potenzia
premio
prendi
prepara
presenta
previeni
previsione
prezioso
promozione
prova
qualificati
raffinato
rafforza
raggiungi
rapido
raro
reagisci
realizza
regalo
registrati
richiedi
ridotto
riduci
riferisci
rinnova
ripara
ripristina
riservato
risolvi
risparmia
rispondi
rivedi
rivelatore
rivitalizza
rivoluzionario
saldi
salvaguarda
sconto
scopri
seleziona
semplifica
sensazionale
servizio
sicuro
sostieni
sostituisci
sovvenziona
speciale
specialista
specializzato
spettacolo
spiega
stabilisci
stimato
straordinario
successo
suggerimento
super
supera
superiore
supporto
svela
trasforma
trasmetti
trasporto
trendy
trova
ultimo
unico
unisciti
usa
valore
valuta
velocemente
venduto
versione
vinci
visualizza

Indice analitico